CW00926986

PAPELES DEL TIEMPO

Ant Machado Libros

www.machadolibros.com

Historia de Oriente Medio
De 1798 a nuestros días

Massimo Campanini

Traducción de Julio Reija

PAPELES DEL TIEMPO
Número 20

© 2006 by Società editrice il Mulino, Bologna
© Traducción, Julio Reija, 2011
© Machado Grupo de Distribución, S.L., 2011
C/ Labradores, 5
Urb. Prado del Espino
28660 Boadilla del Monte (MADRID)
machadolibros@machadolibros.com
www.machadolibros.com

ISBN: 978-84-7774-256-2
Depósito legal: M-7.264-2011

Impreso en España - Printed in Spain
Top Printer Plus
Móstoles (Madrid)

Índice

Introducción

¿Qué se entiende por «Oriente Medio»? ¿Qué diferencias hay entre el «Oriente Medio» y el «Oriente Próximo» (otra locución ampliamente utilizada, sobre todo en los estudios académicos)? Los conceptos de «Oriente Próximo» y «Oriente Medio» son particularmente ambiguos. Pero comencemos por el propio concepto de «Oriente». ¿Respecto a qué es Oriente precisamente oriental? ¿Cuál es el «centro»? ¿Por qué Europa se define como «Occidente» (y, de nuevo, ¿con respecto a qué «centro»?)? Pues bien: de hecho, no existe tal centro. Ha sido más bien la cultura europea la que ha decidido ser «occidental», precisamente en contraposición con un «Oriente» que ha sido calificado con diversos términos connotativos como «próximo», «medio», «extremo» (o «lejano»), etcétera. La formulación de la idea de Oriente, pese a no haber quedado definida con exactitud, consintió a quien la había acuñado, es decir a Europa, identificarse como un elemento opuesto, como algo «otro» respecto a un antagonista más o menos potencial. Oriente se convirtió, en definitiva, en lo «distinto», lo «otro» de Occidente: una zona y un conjunto de territorios subdesarrollados, pobres e incivilizados (o fascinantes y exóticos, a lo sumo), que la Europa avanzada, rica y civilizada tenía el oneroso deber de educar y reconstruir (*the burden of the white man*), devolviendo a la historia a los pueblos marginados y excluidos del progreso. Ese planteamiento no tenía en cuenta para nada que los pueblos «orientales» también debían de ver Occidente como un «otro» distinto de ellos. Devolverlos a la historia, además, significaba homologarlos a la visión dominante, es decir, a la visión europea, occidental, considerada como superior, además de la única digna de ser compartida. Y eso sin tener en cuenta el hecho de que las culturas «otras» formaban parte ya de una historia, su propia historia. De hecho, los pueblos orientales han tenido una gran historia, tejida con civilizaciones antiguas y logros del pensamiento. El lado negativo de la cuestión es que esa oposición especular iba a producir, produjo y de hecho todavía produce una deformación de las imágenes recíprocas y, por lo tanto, una enemistad latente o claramente palpable, una conflictividad que recorre como un hilo conductor, en ocasiones subterráneo, el tejido de las relaciones entre Occidente y Oriente e, incluso en mayor medida, entre Occidente y el mundo islámico[1].

Oriente es, pues, un concepto que se desarrolló partiendo de una perspectiva eurocéntrica, y precisamente con esa misma perspectiva se procedió a rearticularlo en «próximo» y «medio» (o «extremo»). Ambas expresiones nacieron esencialmente a finales del siglo XIX, cuando Europa dominaba el mundo. El «Oriente Próximo» posee una extensión más limitada, comprendiendo, grosso modo, el territorio que va desde Egipto hasta Iraq (eje Oeste-Este), y desde Turquía hasta Yemen (eje Norte-Sur). El «Oriente Medio» engloba también el mundo iranio, extendiéndose hacia el Asia central (pero,

---

[1] Acerca de esta problemática resultan de particular interés el breve libro de E. Pace *Islam e Occidente* (Edizioni Lavoro, Roma, 1999) y *L'Occidente di fronte all'Islam*, editado por S. Allievi (Angeli, Milán, 1996).

¿dónde empieza y termina el centro de Asia?), y hoy en día se amplía a la zona del norte de África que queda al oeste de Egipto, con el que comparte (junto con Siria, Iraq y Arabia) varias características: la lengua escrita, la religión y la tradición cultural. Por lo tanto, proponemos en general como primera categoría hermenéutica (a pesar de que esté cargada de implicaciones negativas y, sobre todo, de imprecisiones) a utilizar predominantemente, en cuanto más funcional y omnicomprensiva, la expresión «Oriente Medio», siempre que se la considere extendida hasta englobar toda la ecúmene que va de Marruecos a Irán, incluyendo por tanto el norte árabe (y bereber) de África.

Una segunda categoría hermenéutica aplicada en este libro consiste en la consideración del Islam como la principal variable, tanto ideológica como política, de la historia de Oriente Medio. A pesar de que en esos territorios viva una minoría cristiana, numéricamente considerable en ciertos casos (como los de Egipto y el Líbano) y totalmente insignificante en otros (en el Magreb, por ejemplo, o en Iraq), la inmensa mayoría de los habitantes de esa área geopolítica es musulmana, y sus raíces culturales y civilizadoras se hunden profundamente en el Islam (a excepción, claro está, de Israel). Por eso utilizaremos otra expresión potencialmente cargada de defectos, la de «araboislámico». No encuentro ninguna expresión alternativa que pueda comprender todos los elementos de los que tratamos aquí. El término «árabe» se refiere al mismo tiempo a una estirpe (más allá del hecho de que se trate de musulmanes o cristianos) que habita todos los territorios que van desde Marruecos hasta Iraq (eje Oeste-Este) y desde los reinos de los jeques del golfo Pérsico y el mar Arábigo hasta Siria (eje Sur-Norte). El término «islámico», por otro lado, permite referirse también a otros grupos humanos como los turcos y los persas, que son musulmanes y viven en Oriente Medio, pero no son árabes. Me disculpo de antemano por cualquier inexactitud o ambigüedad que pueda derivarse de esta elección. Estoy convencido, por lo demás, de que el corazón del Islam sigue siendo la arabicidad, así como el corazón de la arabicidad es el Islam. Por eso este libro se encuentra en ruta de colisión con todos los intentos neoconservadores de separar Oriente Medio de su matriz árabe e islámica[2].

Una tercera categoría hermenéutica es la historia política. Este libro se ocupa de historia política, y de cómo el desarrollo de las ideas y las concepciones religiosas ha influido en ella. Introducir de forma sistemática elementos de historia económica o social habría multiplicado estas páginas de un modo inaceptable para un volumen al que se le ha prefijado explícitamente, entre otras cosas, un aprovechamiento universitario. Este análisis político evitará minuciosamente (o al menos tratará de hacerlo) recurrir a categorías interpretativas demasiado generales o transversales: de hecho, la propia realidad de Oriente Medio es demasiado plural y está demasiado segmentada como para permitírnoslo. La única categoría interpretativa que puede responder al criterio de la transversalidad será precisamente el Islam, que no sólo mancomuna a los pueblos, sino que, por ejemplo, subtiende también las lenguas que dichos pueblos hablan.

Para terminar haré algunas consideraciones acerca de la cronología. Este libro se ocupa de historia contemporánea, pero, ¿dónde empieza y termina la historia *contemporánea*? Aunque tal vez sea posible adjudicarle por convención un comienzo, la historia contemporánea no tiene, desde luego, un final. Está *in fieri*, en acto, se desarrolla ante nuestros ojos, y por lo tanto está abierta, es imposible de cerrar, de

---

[2] Cfr. la bibliografía incluida en el artículo de W. Charara *Instabilità costruttiva* (*Le Monde Diplomatique*, julio de 2005), p. 7.

concluir. Por lo general se entiende por historia contemporánea la de los siglos XIX y XX (el XXI está apenas empezando), y también aquí se ha respetado este criterio, a pesar de que del siglo XX se tratará, con gran diferencia, de forma más profusa y detallada que del XIX. Es difícil establecer una fecha como *terminus a quo* desde el que dar comienzo a la historia contemporánea de Oriente Medio. Pese a que cuanto estoy diciendo pueda suscitar distintas objeciones, insistiré de todas formas en la elección de 1798 como referencia, ya que fue entonces cuando Napoleón invadió Egipto, ocupándolo durante tres años. La expedición napoleónica a Egipto no resultó significativa desde el punto de vista histórico o político, dado que no dejó ninguna herencia particular en ese sentido, pero mantiene un gran valor simbólico. Bastaría para demostrarlo la maravilla y el entusiasmo con los que el cronista egipcio al-Ŷabatarī describió el encuentro con los franceses y el descubrimiento de sus artes y técnicas. De hecho, por primera vez en más de cuatrocientos años el corazón de las tierras islámicas entraba en contacto directo con Europa, portadora de la *modernidad*, y descubría que tenía un vacío que llenar respecto al progreso alcanzado por los «otros». En cuanto al *terminus ad quem*, la historia contemporánea corre el riesgo de quedarse en simple crónica y, de perder, por lo tanto, el carácter de investigación «científica». A pesar de ello, se ha decidido prolongar el desarrollo, por lo menos en las líneas esenciales, hasta el año 2005, tomando en cuenta sobre todo los dramáticos acontecimientos de estos últimos años. Cuanto suceda en el futuro podrá obviamente inducir a la modificación de algunos juicios. La elección de una exposición de tipo sincrónico, además, permitirá profundizar en las que parecen ser las articulaciones fundamentales de la historia política de Oriente Medio, aunque sea a costa de sacrificar acontecimientos o procesos tal vez menos decisivos o incisivos (por ejemplo, se dirá bien poco sobre los estados árabes del golfo Pérsico, excepto de forma indirecta). Todo ello contiene una buena cantidad de decisiones arbitrarias, pero espero que, de todas formas, ciertas elecciones (a veces drásticas) sean compartidas por la mayor parte de los lectores.

Este libro se ha visto beneficiado por la atenta lectura de Laura Guazzone (Università di Roma «La Sapienza») y Riccardo Redaelli (Università Cattolica di Milano), a quienes quiero agradecer aquí sus valiosas sugerencias. Por supuesto, cualquier posible error u omisión es exclusivamente responsabilidad mía.

Primera parte

El choque con la modernidad

Capítulo I

El impacto de la civilización europea. ¿Renovación o crisis del Islam?

1. LA SITUACIÓN POLÍTICA DE ORIENTE MEDIO A PRINCIPIOS DEL SIGLO XIX

Examinemos en primer lugar el mapa geopolítico de la zona. El organismo político preponderante, y aparentemente más sólido, era el Imperio otomano, que todavía dominaba una cantidad considerable de territorios en Europa, y que sometía formalmente a su control u obediencia, aparte de a Anatolia y Armenia, a toda la Media Luna Fértil, al norte de África hasta Argelia y (de forma parcial y fragmentada) incluso a la península Arábiga. Sin embargo, resulta importante destacar desde este momento que el control otomano era extremadamente laxo y lábil, y que muchos territorios árabes disfrutaban de una independencia que ni siquiera estaba muy encubierta. Ese era el caso de prácticamente todos los organismos gubernamentales norteafricanos, desde Argel o Túnez hasta Libia o Egipto. En Argel y Túnez, antiguos bastiones bereberes que siempre habían practicado una política independiente, reinaban soberanos (deyes y beyes) que provenían de las tropas turcas de guarnición —sobre todo de entre las filas de los jenízaros—, ya asimiladas y estacionarias en esos territorios. Argel era una suerte de república militar en la que los bajás enviados desde Estambul tenían una función puramente honorífica. En Túnez, a partir de 1705 los beyes Husayníes habían logrado consolidarse en una dinastía que tenía casi todas las características de una monarquía nacional. En Libia la dinastía de los Qaramanlī, en el poder desde 1711, había tenido que defenderse de usurpadores y agresores provenientes tanto de Argel como de Estambul, pero con Yūsuf ʿAlī (1795-1832) estaba viviendo un nuevo periodo de prosperidad económica y centralización del poder. En Egipto dominaban todavía los mamelucos, la élite guerrera de esclavos soldados cuyos antepasados habían sido destronados en 1517 por la conquista otomana de Selīm I, pero que, a causa de la debilidad del poder central, gestionaban de hecho los asuntos del valle del Nilo. Un mameluco sagaz, ʿAlī Bey el Grande, había llegado incluso a disputarles a los otomanos entre 1760 y 1773 la hegemonía de las ciudades santas de Arabia, al tiempo que mantenía relaciones en pie de igualdad con la mismísima emperatriz rusa.

La solidez del Imperio otomano era, además, tan sólo aparente, ya que a comienzos del siglo XIX acababa de sufrir una serie de desastrosas derrotas en las guerras europeas contra Austria y Rusia. La más devastadora de esas guerras había sido la que duró de 1769 a 1774, a la que puso fin el tratado de Küçük Kaynarce, que tuvo como consecuencias no sólo la pérdida de Crimea —de gran valor simbólico, dado que se trataba de una región poblada por musulmanes—, sino, sobre todo, tener que ceder ante la consolidación del poder ruso sobre territorios que tradicionalmente habían gravitado en la órbita otomana, como el mar de Azov y la cuenca del Dniéper. En el siguiente conflicto (1787-1791) sólo los acontecimientos europeos (en particular el estallido de la Revolución francesa) habían «salvado» a los otomanos, que lograron arrancarles a Rusia y Austria-Hungría una paz que no les resultó especialmente costosa. Esos fueron los años en que comenzaron las primeras tentativas de reforma del sultán ilustrado Selīm III (1789-1807). Pero el aperturismo del soberano a Europa y sus esfuerzos por modernizar el ejército habían fomentado la profunda hostilidad de los '*ulamā*' (ulemas) y los jenízaros, cuya acción conjunta condujo, precisamente en 1807, a su deposición y a la suspensión momentánea de las reformas.

Finalmente, había algunas naciones por completo independientes: Marruecos, que estaba en el extremo occidental de las tierras islámicas y bajo el gobierno de una dinastía de jerifes que se declaraba descendiente del Profeta; Yemen, donde reinaban los imanes zaidíes de la línea qāsimita (Saná no fue ocupada por los otomanos hasta 1872); y Persia, que en el siglo XVIII había vivido un periodo de grave inestabilidad política, resuelto en 1794 con la predominación de la estirpe de los Qāŷār. En Marruecos, entre finales del siglo XVIII y principios del XIX, durante el largo reinado de Mūlāy Sulaymān (1792-1822) se había vivido una consolidación de la sociedad urbana frente a la rural, que predominaba anteriormente (en parte gracias a la influencia de los ulemas aliados con el gobierno y la corte), y el intento por parte del sultán de reforzar el poder central en detrimento de las tribus, y en particular de los bereberes montañeses, refractarios a cualquier forma de control. En Persia el sah Faz 'Alī (1797-1834) se estaba defendiendo de una política cada vez más agresiva de Rusia, que pretendía expandir sus dominios en el Asia central. Faz 'Alī había tratado en primer lugar de jugar contra los rusos la carta de la amistad de Napoleón, pero tras la caída de éste se vio envuelto en una guerra (1827-28) de la que salió contundentemente derrotado. Persia fue obligada a concederles a los rusos privilegios comerciales similares a las capitulaciones (privilegios de carácter comercial y jurídico) de las que disfrutaban los occidentales en el Imperio otomano, y a renunciar a cualquier reivindicación sobre Georgia y otros territorios que habían pasado a estar bajo la hegemonía rusa.

2. EL «TAŶDĪD» O RENOVACIÓN DEL ISLAM ENTRE LOS SIGLOS XVIII Y XIX

El cuadro geopolítico que acabamos de bosquejar sugiere una fragmentación que justificaría la debilidad que los estados de Oriente Medio mostraron más tarde ante la agresión europea. Sin embargo, el mundo islámico no estaba en absoluto inerte. De hecho (sobre todo durante la primera parte del siglo XIX, y especialmente en África, aunque también en la India), se vio sacudido por movimientos de *ŷihād* (yihad) y neoislamización. Los movimientos de yihad en el África del siglo XIX no atañen a la historia de Oriente Medio, pero resulta interesante recordar por lo menos a algunos de sus personajes: el fulani Usumān ('Uzmān) Dan Fodio, que a partir de 1805 puso en pie un califato que tenía su centro en la actual Nigeria septentrional, y sobre cuyas cenizas se afianzó el colonialismo inglés; el tukolor (toucouleur) Haŷŷī 'Omar Tal, que tras realizar en 1849 una *hiŷra* (hégira) que evocó la emigración del profeta Mahoma había extendido su autoridad hacia el Alto Senegal, y había logrado además ocupar el reino bambara de Segú, a orillas del Níger, creando un estado que no iba a caer hasta los años ochenta del siglo XIX, frente a las fuerzas francesas; y finalmente el mandinga Samori Turé, que tras haber combatido contra los herederos de Haŷŷī 'Omar Tal se vio obligado por el avance de los franceses a retirarse, primero al medio Volta y luego a la actual Costa de Marfil, y que «se transformó en el jefe de la cruzada contra la invasión extranjera, abrazando de forma explícita el Islam»[1].

El movimiento de renovación islámica más importante de la primera edad contemporánea fue, en cualquier caso, el

---

[1] A. Gentili, *Il leone e il cacciatore. Storia dell'Africa sub-sahariana* (La Nuova Italia Scientifica, Roma, 1995), p. 88.

wahhabista, que nació en Arabia hacia mediados del siglo XVIII. El wahhabismo se afirmó ante todo como un movimiento teológico de purificación de las costumbres y retorno a las fuentes originarias del Islam. Mohammed Ibn ʿAbd al-Wahhāb, que dio nombre al movimiento, había nacido en 1703 en el Naŷd (Nechd), y después de realizar algunos largos viajes por la región de Oriente Medio volvió a su patria en torno a los cuarenta años de edad predicando la renovación del Islam. Tras haber despertado la hostilidad de su propia familia se mudó a Darʿiyya, donde cerró un pacto con el emir local, Mohammed Ibn Saʿūd, que le garantizó la protección política y tribal que necesitaba. El mensaje religioso de ʿAbd al-Wahhāb se inspiraba en el rigorismo hambalista y, sobre todo, en el gran teólogo medieval Ahmad Ibn Taymiyya (m. 1328). La doctrina wahhabista era muy sencilla, si bien era precisamente su sencillez lo que le proporcionaba su fuerza y su poder de atracción: un gran énfasis en la unicidad de Dios *(tawhīd)*, hasta el punto de que los wahhabistas fueron conocidos como *muwahhidūn* o «unitarios»; una estricta aplicación de las reglas éticas y jurídicas del Islam tradicional, rechazando todo cuanto no estuviese comprendido en el Corán o la *sunna*; y una inflexible hostilidad hacia cualquier manifestación de superstición o sincretismo que pudiese amenazar la pureza del mensaje islámico (los wahhabistas fueron, por lo tanto, intransigentes enemigos de los místicos sufíes).

La alianza de Mohammed Ibn ʿAbd al-Wahhāb y sus predicadores puritanos con los guerreros saudíes condujo a la constitución de un auténtico estado en la Arabia central y oriental. Los wahhabistas saudíes se atrevieron incluso a avanzar más allá de sus desiertos natales, y en 1803 llegaron a saquear Karbalāʾ, en Iraq, un lugar donde se practicaba el tan reprobado culto a los santos y sus reliquias (chiíes, en este caso). Cuando la osadía de los beduinos los llevó a asediar y ocupar las ciudades santas del Hiyaz, los otomanos, alarmados pero incapaces de

intervenir directamente, solicitaron la ayuda del bajá Mohammed 'Alī (cfr. *infra*, cap. II, § 3). La intervención egipcia fue
particularmente eficaz, y en 1818 Ibrāhīm, hijo de Mohammed 'Alī, logró ocupar la capital saudí. Esa derrota causó el
momentáneo ocaso del poder de los Āl Sa'ūd y el arredramiento del wahhabismo.

Resulta fácil juzgar someramente el wahhabismo como un
fenómeno retrógrado, conservador y fanático. Pero eso su-
pondría una peligrosa simplificación. Los movimientos de
taŷdīd, entre los que se cuenta el wahhabismo, demuestran la
efervescencia interna del Islam entre los siglos XVIII y XIX (*antes*
y aparte del contacto con Europa), y más adelante, como ya
hemos visto, se iban a caracterizar también como movimientos de reacción anticolonial, pero sus primeros orígenes se encuentran en una tendencia interna de revisión y rearticulación
de los fundamentos doctrinales.

3. Comienzos y desarrollo de la colonización

En realidad, la colonización de África y Asia por parte de las
potencias europeas empezó ya en el siglo XVII, cuando se fun-
daron en Holanda, Francia e Inglaterra las compañías comerciales y de las Indias destinadas a ampliar los espacios de
intervención económica europea hasta más allá de los océanos.
Los primeros pasos de dicha colonización fueron, sin embargo,
exclusivamente comerciales y económicos, aunque conduje-
sen a la fundación de emporios, la creación de estaciones de co-
rreos y reabastecimiento en las costas y el ejercicio de una
hegemonía para la explotación de los recursos locales en el comercio internacional. No fue hasta el siglo XIX cuando la hegemonía económica se fue transformando en verdadero
sometimiento y conquista efectiva, y ese proceso fue, además,
bastante dilatado en el tiempo. Ya en 1757, precisamente la

East India Company inglesa había asumido la responsabilidad de defender sus intereses económicos mediante la fuerza de las armas. En la batalla de Plassey los ingleses derrotaron al *nawab* de Bengala, sometiendo esa provincia a su control político. Era el primer paso del proceso que en el curso de un siglo iba a llevar a Gran Bretaña a derrocar al imperio islámico de los Mogol y transformar la India en una auténtica colonia, gobernada por un virrey designado desde Londres. No obstante, la primera expedición propiamente dicha destinada al sometimiento militar y político (y, por lo tanto, a la colonización) de un territorio araboislámico en Oriente Medio fue la que realizaron los franceses a Argelia en 1830.

Esa expedición se había organizado por razones de prestigio y *grandeur*, y tal vez incluso para distraer a la opinión pública parisina (el reinado de Carlos X se estaba desmoronando), y no sería hasta más tarde cuando se transformaría en una empresa imperialista propiamente dicha. Durante los primeros años, de hecho, los franceses se limitaron principalmente a controlar la costa. Los argelinos habían opuesto resistencia a la penetración francesa desde el comienzo, y esa resistencia se tradujo en una auténtica oposición armada entre 1841 y 1847. Encabezados por el emir 'Abd al-Qādir, que además de ser un jefe militar era un místico y un sabio, los argelinos trataron, sin éxito, de expulsar a los ocupadores. Al final se impuso la superioridad militar francesa, y 'Abd al-Qādir fue derrotado y exiliado. Por una parte, el emir ascendió a la categoría de primer y heroico exponente del nacionalismo argelino, mientras que por otra se ha sostenido, con una buena dosis de verdad, que fue precisamente a fin de sofocar la rebelión de 'Abd al-Qādir por lo que los franceses decidieron consolidar la ocupación de Argelia y transformarla en una verdadera colonia, tanto de explotación como de población.

Los siguientes pasos de la expansión colonial pasaron por la ocupación inglesa en 1839 de la sultanía de Aden (útil para el control de la vía marítima que conducía a la India antes de la excavación del canal de Suez), el sometimiento de Túnez a Francia en 1881, el de Egipto a Gran Bretaña en 1882 (y, a continuación, el de Sudán), el comienzo en 1904 del protectorado británico en Kuwait (prácticamente todos los países del golfo Pérsico se convirtieron en protectorados británicos), la imposición en 1912 del protectorado francés a Marruecos y la ocupación (en buena medida formal, a excepción de las zonas costeras) de Libia por parte de Italia tras una guerra con el Imperio otomano. Para el establecimiento de las posteriores hegemonías coloniales en la Media Luna Fértil iba a haber que esperar hasta la caída del Imperio otomano, después de la Primera Guerra Mundial. Más adelante trataremos con detalle todas estas cuestiones. De momento basta con recordar que en la franja geográfica que hemos denominado por convención «Oriente Medio» solamente los actuales estados de Turquía, Arabia Saudí y Yemen septentrional (y en una medida mucho más limitada el actual Irán) evitaron el protectorado o la colonización directa, si bien no siempre la indirecta. El condicionamiento del colonialismo, por lo tanto, debe ser juzgado como esencial para comprender las posteriores evoluciones de esa región, tanto para bien como para mal.

Es significativo que, entre los años 1830 y 1850, un modernista como el egipcio Rifā'a al-Tahtāwī juzgase a Europa como un bien, y no como un peligro (aparte de las preocupaciones de orden moral). Será a partir de los años setenta y ochenta del siglo XIX cuando cambie esa percepción. Como escribió Albert Hourani,

> la ocupación de Túnez por parte de Francia en 1881, y la de Egipto por parte de Gran Bretaña en 1882, afectaron a la moral [de los musulmanes], y a partir de esa época tuvo lugar un cambio radical en el pensamiento político de Oriente Próximo. Para algunos de los cristianos de Oriente en realidad las

ventajas de la presencia europea superaban a sus desventajas: la dominación europea no sólo no desafiaba su concepción del mundo, sino que de hecho podía inducir esperanzas de influencia y cultura para su comunidad, o de prosperidad para ellos mismos. Para un musulmán, en cambio, ya fuese turco o árabe, la toma del poder por parte de Europa significaba que su comunidad estaba en peligro. La *umma* era, entre otras cosas, una comunidad política que se expresaba en formas de vida políticas. Ahora bien, una comunidad que ya no controla el poder puede dejar de existir. Los problemas de la decadencia interna todavía aguijoneaban las mentes, pero por encima de ellos se presentaba un nuevo problema, el de la supervivencia: ¿cómo podían los países musulmanes resistir al nuevo peligro que provenía del exterior?[2]

4. *El impacto cultural de Europa*

No hay que olvidar que las nuevas interacciones de los pueblos árabes e islámicos de Oriente Medio con los grandes protagonistas de la historia mundial se vieron condicionadas por la ocupación colonial y el control imperialista de las grandes potencias europeas. Se trató por lo tanto de un regreso mediatizado por la violencia y la crisis. La Europa del siglo XIX no debe ser considerada como más *civilizada*, dado que, como es bien sabido, el concepto de civilización es relativo y se declina de formas muy distintas[3]. En cambio, la Europa del siglo XIX debe considerarse con certeza como más *potente* desde el punto de

[2] A. Hourani, *Arabic Thought in the Liberal Age. 1798-1939* (Cambridge University Press, Cambridge, 1983), pp. 103-104.
[3] Con las indudables diferencias que se pueden encontrar entre ambos, fueron probablemente Max Weber y Oswald Spengler los primeros en hablar en el siglo XX de un relativismo de los valores y, por lo tanto, de las civilizaciones.

vista militar, más *desarrollada* desde el punto de vista económico e institucional y, sobre todo, como portadora de ideas y principios en conflicto con el pensamiento araboislámico tradicional. La potencia de Europa se cifraba en su superioridad económica, tecnológica y militar, fruto de la Revolución industrial y el capitalismo. Se trata de una puntualización aparentemente obvia, pero de gran importancia, dado que evidencia cómo la Revolución industrial y el capitalismo han sido fases y evoluciones históricas de un determinado continente y una determinada zona geográfica durante un periodo histórico determinado, y por ende no son propios de Oriente Medio, a pesar de que algunos historiadores de la economía hayan querido subrayar que las modalidades y los tiempos del desarrollo económico fueron de hecho distintos entre Europa y Oriente Medio, pero no completamente divergentes. Desde el punto de vista metodológico, creo que la historia de «Occidente» y la de «Oriente» se desarrollaron (por lo menos a partir del siglo XV, y hasta finales del XVIII) siguiendo líneas directrices que se intersecaron sólo en casos esporádicos y poco importantes. Las largas luchas entre el Imperio otomano y diversos estados europeos no son significativas de por sí, ya que la mayor parte de las tierras islámicas permanecía encerrada en sí misma, e intacta en relación con los conflictos europeos y el proceso evolutivo de Occidente. Ahora bien, el hecho de que el mundo araboislámico de Oriente Medio no haya conocido la Revolución industrial y el capitalismo, ni tampoco el estado moderno y su difícil transformación hacia la democracia a partir del siglo XVII mediante la experiencia de la Revolución francesa y los movimientos constitucionales nos obliga a considerar la modernidad como una realidad exógena al área de la que nos ocupamos, donde fue importada a la fuerza.

Los pueblos y las culturas de Oriente Medio, es decir árabes, persas, turcos, bereberes y musulmanes principalmente, se encontraron frente a un dilema grave y difícil: sucumbir ante la superioridad tecnológica y científica europea, adecuarse a ella al precio de abandonar sus propias tradiciones como civilización (o modificarlas de una forma tan profunda que se volviesen irreconocibles) o buscar una «tercera vía» en la que el Islam y la antigua civilización de Oriente Medio encontrasen una manera de convivir e interactuar con la civilización europea y, sobre todo, de explorar nuevas formas originales de declinarse e identificarse. Al verlo ya con cierta perspectiva hemos de constatar que el Islam y la civilización de Oriente Medio no han sido aniquilados por Occidente. Algunos intelectuales musulmanes han considerado que debían renunciar a su pasado y su herencia (*turāz*). La mayor parte de la intelectualidad, pero también la mayoría de los hombres y las mujeres del pueblo, ha juzgado, por el contrario, que debía redescubrir su propia autenticidad (*asāla*). Se puede comprender cuán doloroso y accidentado ha sido este proceso, y lo absurdo y contraproducente que ha resultado pretender que el «otro» respecto a Europa, es decir el hombre islámico y de Oriente Medio, tuviese que convertirse y transformarse de improviso, cayendo en la alienación del abandono de sus propias raíces culturales, civiles y religiosas. El proceso de adaptación a la modernidad, de hecho, aún no ha terminado dos siglos después del acto simbólico de la expedición napoleónica a Egipto, sino que, por el contrario, ha sido coartado, desviado o por lo menos frenado por múltiples factores, que son precisamente los acontecimientos que se narran en este volumen.

En este punto resulta bastante oportuno recordar en compendio qué categorías de pensamiento, sociales, filosóficas y políticas han constituido mayormente un desafío para la *forma mentis* islámica y de Oriente Medio. Resaltaré tres de ellas, poniéndolas en relación con la *turāz* del pasado araboislámico: el concepto de pueblo-nación, el concepto de libertad y democracia y el concepto de secularidad. En la *turāz* araboislámica el lugar del pueblo-nación lo ocupaba la *umma*, es decir la comunidad de los creyentes, que desde el punto de vista político se reconocía en una institución supranacional y universalista como el califato. El concepto de libertad se resolvía en la obediencia a las órdenes de Dios y el servicio a las necesidades de la *umma*. El concepto de secularidad no pudo desarrollarse a causa del hecho de que el Islam es «religión y mundo» o «religión y sociedad» (*al-Islām dīn wa dunyā wa mujtamaʿ*), o sea una dimensión omnicomprensiva en la que los individuos están subordinados al interés comunitario y la dimensión de la fe no está separada del día a día de las relaciones sociales. En los tres casos, como se puede ver, el impacto de las ideas eurooccidentales llegaba a poner en tela de juicio la tradición y sugerir nuevas rutas, totalmente inusitadas, en el mapa político e ideológico. En cierta medida los acontecimientos que referimos en este libro constituyen la narración de cómo el mundo araboislámico reaccionó al impacto de las instituciones e ideas eurooccidentales buscando su propia vía, autónoma y original, de expresión.

Capítulo II

Movimientos de reforma y modernización

1. EL IMPERIO OTOMANO DESDE LAS «TANZĪMĀT»
   HASTA LA CRISIS DEL PODER CENTRAL

El fracaso del proyecto reformista del sultán Selīm III, del que ya hemos hecho mención, estaba destinado a frenar, aunque no a detener, el proceso que estaba en marcha dentro del Imperio otomano. De 1808 a 1839 el trono estuvo ocupado por otro soberano enérgico, Mahmūd II. Más afortunado (o más hábil) que su predecesor, Mahmūd comprendió que sólo podría proseguir con la transformación del estado si recuperaba por completo el control del ejército. Por ese motivo procedió en 1826 a disolver con un golpe de mano el cuerpo de jenízaros y exterminar a quienes se le oponían mediante un violento bombardeo de los cuarteles de Estambul. La reorganización del ejército buscada por el sultán no impidió, sin embargo, la derrota otomana frente a los griegos, que lograron su independencia en 1830, tras una lucha casi decenal por la liberación, aunque preparó, al otorgarle más autonomía al poder central, la subsiguiente marcha acelerada de las reformas o *tanzīmāt* («reorganización»), como son conocidas por la historiografía.

Naturalmente, eso no habría resultado posible mediante la sola intervención de los soberanos. Fue necesaria la participación de una élite dirigente preparada y previsora que respaldó y llevó a cabo técnicamente los decretos legislativos. Políticos como Mustafá Rashīd y Midhat Bajá, literatos y periodistas como Münif y Ziya Bajá y modernistas de distintas tendencias desempeñaron su propia labor a la hora de modernizar las estructuras administrativas y económicas, así como las tendencias ideológicas, del Imperio otomano. Pueden considerarse como etapas fundamentales de las *tanzīmāt* el edicto de Gülhane de 1839, el Jatt-ī Hümāyūn de 1856 y, finalmente, la concesión de la constitución de 1876. Una treintena de años durante los que se sucedieron cuatro sultanes: la constitución de 1876 fue aprobada bajo el sultanato de 'Abd al-Hamīd II, recién ascendido al trono.

Si bien es cierto, como ya se ha sugerido, que el proceso de las *tanzīmāt* tuvo un carácter más burocrático y organizativo que auténticamente correspondiente a aspiraciones liberales, es igualmente cierto que dicho proceso modificó en distintos aspectos y en profundidad la sociedad otomana. Desde el punto de vista de la administración se procedió a una sistemática racionalización del gobierno local, con la remodelación de las antiguas gobernaciones (*vilayet*) y su subdivisión en sanjacados y otras unidades progresivamente menores. Eso permitió sobre todo la extensión de la autoridad del gobierno central y una mayor eficiencia en la movilización de los recursos. Desde el punto de vista legislativo se obtuvieron los que tal vez fueron los resultados más asombrosos, tanto que se hizo patente que la cuestión de las leyes era la más importante en el proceso de reforma. En 1850 se promulgó un nuevo código comercial, y en 1858 un nuevo código penal, que evidentemente restringía los ámbitos de aplicación de la *sharī'a*. Entre 1870 y 1876 la promulgación de la famosa *Meŷelle* radicalizó esa tentativa de compromiso entre la ley religiosa islámica y la legislación laica, que imitaba de manera obvia la codificación europea. Por último, la constitución de 1876 reproducía los términos de la carta fundacional del reino de Bélgica. Menos eficaces resultaron las intervenciones en el campo educativo. La pretensión de promover la difusión de los estudios primarios más allá de los muros de los tradicionales *kuttāb* islámicos, además de la necesidad que se percibía de disponer de escuelas superiores modernas que impartiesen una enseñanza técnica, y no sólo humanística: todas estas buenas intenciones dejaron en realidad más espacio a las instituciones extranjeras (el liceo francés de Gálata, el colegio protestante de Siria, etcétera) que a instituciones autóctonas que estuviesen realmente a la altura. La propia universidad estatal no fue fundada en Estambul hasta principios del siglo XX.

Otro elemento de gran importancia, y que merece que nos detengamos un momento en él, fue el reconocimiento de que la pertenencia al Imperio otomano derivaba de criterios y derechos modernos de ciudadanía, más que de proveniencias etnorreligiosas. Esta modernización, así como la nueva conciencia de que el estado podía fundar su identidad en caracteres «nacionales» precisos, comprometió, obviamente, el sistema de las *millet*, es decir de las comunidades religiosas (musulmanes, judíos, cristianos ortodoxos, cristianos melquitas, etcétera) cuya autonomía en la práctica del culto, la profesión de fe y, sobre todo, la gestión de los delicados temas referentes al derecho privado y de familia había sido ampliamente tolerada por el Imperio. Eso no significa, sin embargo, que el elemento islámico sufriese un retroceso significativo. De hecho, durante los años sesenta del siglo XIX nació el grupo modernizador de los Jóvenes Otomanos, cuyo representante más eminente fue Nāmiq Kemāl. Los Jóvenes Otomanos hacían hincapié en el otomanismo, o sea en un criterio moderno de identidad estatal del Imperio, pero también en su pertenencia islámica: eran al mismo tiempo otomanos y musulmanes.

El reformismo del periodo de las *tanzīmāt* se muestra claramente como un movimiento que tomó impulso de la confrontación con Europa y la modernización, pero que con posterioridad se desarrolló siguiendo sus propias líneas particulares y características. Los resultados, sin embargo, fueron en su conjunto inferiores a las expectativas, y no lograron resucitar verdaderamente al exhausto Imperio otomano. Desde el punto de vista de la crítica historiográfica, las *tanzīmāt* han sido juzgadas de maneras contrastantes. El antiguo orientalismo de estudiosos como Bernard Lewis destacó su inutilidad a causa de la permanencia de una (presunta) autocomplacencia y un (presunto) desprecio por el «bárbaro infiel»[1]. El orientalismo más actual, como el de Malcom Yapp, ha subrayado, por el contrario, que pese a que las sombras fueran probablemente mayores que las luces las *tanzīmāt* demuestran que el Imperio otomano estaba muy lejos de la inercia y la pasividad, y que el camino hacia la reforma, que llevará en los años veinte a la construcción de la República de Turquía, tiene unos comienzos remotos[2].

Pero aún hay otro aspecto a destacar, de un valor teórico más general y capaz de sugerir una visión interpretativa más amplia. El Imperio otomano que descubre la nacionalidad, el estado y la ciudadanía se muestra como la realización de facto de la distinción entre religión y política en el Islam. Es ya un lugar común la afirmación de que el Islam es teocrático, y que siempre se ha dado una inevitable conmixtión del poder político y el religioso. La verdad es muy otra (todo lo contrario, en realidad). En primer lugar porque, al no existir en el Islam una autoridad central, tampoco ha existido jamás una institución como la Iglesia cristiana, ya sea católica, ortodoxa o de cualquier tipo. En ese sentido es absolutamente impropio hablar

---

[1] Cfr. B. Lewis, *The Emergence of Modern Turkey* (Oxford University Press, Londres-Nueva York, 1961), y en especial la p. 125.

[2] Cfr. M. Yapp, *The Making of the Modern Near East. 1792-1923* (Longman, Londres, 1987), en especial las pp. 97 y ss.

de «poder religioso» en el Islam. Los doctores de la ley musulmanes, los *'ulamā'* (ulemas), no han pretendido *nunca* (tal vez sea verdaderamente posible usar aquí un término tan asertivo), en cuanto representantes de la religión, gestionar el poder político. Los casos del Irán jomeinista o las corrientes radicales suníes (cfr. cap. IX, § 1-2) son absolutamente modernos, y van a contracorriente de las tendencias doctrinales dominantes durante la época clásica. Por otra parte, excepto algún que otro caso esporádico durante los primeros siglos de la historia islámica, los jefes de estado (ya fuesen califas, sultanes o emires) no se entrometieron en los asuntos religiosos, aunque tan sólo fuese porque la doctrina prevé que el jefe del estado detente un poder exclusivamente ejecutivo, y no legislativo. Por lo tanto el «secularismo», es decir la separación de religión y política, siempre ha sido una realidad fáctica en la historia islámica, aunque fuese normal, por parte de los teóricos políticos «medievales», sostener que el poder político debe defender la religión, así como la religión debe vertebrar éticamente el poder político. Pero eso es característico también, por ejemplo, de la razón de estado y el absolutismo monárquico de la Europa del siglo XVII, que nadie se atrevería a definir como teocrática. No ha de sorprender, pues, que a partir del Imperio otomano de las *tanzīmāt*, pero también posteriormente, con el nacimiento de los estados modernos, la mayor parte de éstos hiciese propias las características del estado denominado «secular» occidental. Todos los experimentos políticos nuevos y modernizadores del siglo XX, al menos hasta los años setenta, tuvieron lugar bajo el signo de la secularización y, en algunos casos, incluso del laicismo.

A pesar de que el reinado de 'Abd al-Hamīd II, como ya se ha evidenciado, pudiese haber representado potencialmente un paso adelante definitivo de las reformas, puso de relieve, por el contrario, una grave crisis interna del Imperio, crisis que preludió su definitiva caída tras el fin de la Primera Guerra Mundial. Hay que recordar, ante todo, que precisamente bajo su reinado estalló la enésima guerra rusootomana, entre 1877 y 1878. Las ambiciones rusas siempre se habían dirigido a la expansión imperialista en Asia central (véase más adelante el quinto parágrafo, referente a Persia), así como hacia el mar Negro y el Mediterráneo, para disputarles su control a los rivales europeos. Los rusos habían aspirado desde siempre a dominar los estrechos, una política que despertaba los comprensibles recelos de Gran Bretaña y Francia. Se encontraba presente también el factor «paneslavista» que incitaba a Rusia a erigirse en el garante de la independencia de los pueblos eslavos de la península balcánica sometidos bajo el yugo otomano. La guerra de 1877 a 1878 –nuevo episodio del conflicto secular entre ambas potencias–, en la que por un lado se podía ver a los rusos propendiendo a una política imperialista, y por el otro a los otomanos a la defensiva, resultó en una desastrosa derrota de estos últimos. El tratado de paz de San Esteban reconoció la independencia de Serbia, Rumanía y Montenegro, un reparto de Bulgaria y una amenazadora prolongación de la sombra rusa hacia el Bósforo. Todo ello preocupó a las potencias occidentales, que en el congreso de Berlín de 1878, pese a confirmar la independencia de Rumanía, Serbia y Montenegro, lograron imponerle a Rusia un retroceso y una amputación de la nueva Bulgaria. Por otra parte, Bosnia Herzegovina, habitada en gran medida por musulmanes, pasó a ser un protectorado austrohúngaro.

Desde el punto de vista de la política interna, pese a que la constitución había sido aprobada en 1876, pocos meses después de su ascensión al trono, 'Abd al-Hamīd II procedió ya en 1877 a destituir a uno de los artífices de la reforma, Midhat Bajá, y en 1878 suspendió las garantías fundamentales por tiempo indeterminado. De hecho, el sultán gobernó durante casi treinta años como un soberano autocrático y absoluto, aunque tuvo la intuición política de apoyar y legitimar «islámicamente» su autocracia. 'Abd al-Hamīd II trató, de hecho, de acreditarse en todo el mundo islámico atribuyéndose el título de califa y siguiendo una política panislámica. La propia constitución de 1876 consentía el uso del título califal por parte del sultán, pero 'Abd al-Hamīd fue más allá: el panislamismo se convirtió para él en una línea política seguida conscientemente con el objetivo de reforzar la pertenencia «identitaria» de los pueblos musulmanes. Todo ello lo indujo a tomar medidas para proteger y hasta favorecer la difusión de la lengua árabe y una participación más activa de los súbditos árabes del Imperio en la vida otomana.

De hecho, muchos nacionalistas árabes vieron Estambul como su punto de referencia, y no sólo porque se tratase de la dirección obvia en la que mirar para quienes quisiesen oponerse a la injerencia del colonialismo europeo, sino precisamente porque la política panislámica de 'Abd al-Hamīd aguijoneaba las esperanzas de muchos intelectuales y políticos también en la dirección del nacionalismo. Aparte de Ŷamāl al-Dīn al-Afgānī, de quien nos ocuparemos más adelante, entre ellos podemos recordar al jedive de Egipto, 'Abbās Hilmī II, refractario al control inglés de su país, y principalmente al magistrado nacionalista Mustafá Kāmil (cfr. *infra*, § 4). Ya durante el breve periodo entre 1908 y 1913 proliferaron las asociaciones de amistad entre árabes y otomanos: la Hermandad Arabootomana, fundada en Estambul en 1908; la Asociación de la Hermandad Arabootomana, nacida en El Cairo en 1909; y la Asociación al-Qahtāniyya (1909), que pretendía nada menos que redescubrir la identidad tribal de los árabes, y a la que se sumó un personaje, 'Azīz al-Masrī, que llegaría a ser uno de los protagonistas de la ofensiva contra los ingleses en Egipto durante los años treinta.

Mientras tanto, sin embargo, se había ido formando, a partir ya de los últimos años del siglo XIX, un movimiento de militares, intelectuales y jóvenes ambiciosos de tendencia mayoritariamente turca o incluso panturánica que tomó precisamente el nombre de Movimiento de los Jóvenes Turcos. Éste iba a retomar la herencia de los Jóvenes Otomanos, situándose a la cabeza del movimiento modernizador y contestatario con la autocracia de 'Abd al-Hamīd. En 1902 los Jóvenes Turcos, entre quienes se contaban incluso miembros de la familia real, habían celebrado un congreso en París, pero los acontecimientos se aceleraron en 1906, cuando se formó en Salónica la Sociedad Otomana por la Libertad, y el año siguiente, cuando la convergencia de varios grupos reformistas dio vida al Comité de Unión y Progreso (CUP), que disfrutaba del apoyo del ejército (muchos de los Jóvenes Turcos eran militares).

Durante los años posteriores se vivió sobre todo el enfrentamiento entre los partidarios de la reforma y los conservadores, agrupados en torno al sultán y las grandes autoridades religiosas. Si bien en julio de 1908, empujado por las manifestaciones y bajo la presión del ejército, 'Abd al-Hamīd había accedido a reinstaurar la constitución abolida en 1878, eso no significó el triunfo inmediato de los modernistas. El propio sultán y varios funcionarios y dignatarios de la corte trataron de limitar los efectos del regreso al constitucionalismo, e incluso dar un nuevo giro reaccionario. Precisamente para impedir ese peligro el CUP y el ejército intervinieron. En abril de 1909 tropas de élite al mando de Mahmūd Shevket Bajá marcharon sobre Estambul. El 13 de abril 'Abd al-Hamīd II fue destronado, pagando muy cara su obstinación autoritaria, y lo substituyó el insignificante Mehmet (Mohammed) V.

En realidad la situación política siguió siendo fluida, y las luchas intestinas del grupo dirigente provocaron que los gobiernos resultasen débiles. Esas dificultades internas se agravaron aún más a causa de otras dos breves guerras que los otomanos perdieron. En 1911 Italia, deseosa de conseguir la «cuarta orilla» en África para satisfacer así sus apetitos coloniales, le declaró la guerra a la Sublime Puerta con una excusa y, aprovechando el marasmo político que reinaba en Estambul, logró ocupar Trípoli y proclamar la anexión de Libia en 1912[3]. Pero aún más graves fueron las llamadas «guerras balcánicas» de 1912 y 1913.

En 1908, mientras las convulsiones del golpe de estado de los Jóvenes Turcos distraían a las autoridades otomanas del panorama internacional, Bulgaria había proclamado su independencia, y Austria-Hungría había procedido a la anexión de Bosnia Herzegovina. La situación parecía ser propicia para otra ofensiva más que borrase definitivamente de los Balcanes la presencia otomana. En 1912 Serbia, Bulgaria, Grecia y Montenegro estipularon una alianza y, aprovechando la evolución desfavorable de la guerra otomana en el frente contra Italia, desencadenaron una agresión que el Imperio no estaba en condiciones de resistir. El armisticio firmado pocos meses después bajo los auspicios de Gran Bretaña determinó que se le amputasen aún más territorios al Imperio: Grecia ocupó Creta y la Macedonia meridional; Serbia, Kosovo y la Macedonia septentrional; y Montenegro, una parte de Albania. La situación era dramática, y de hecho sólo un golpe de estado podía resolverla. El 23 de enero de 1913 un oficial perteneciente a los Jóvenes Turcos, Enver Bey, impuso por la fuerza un gobierno militar, llevando directamente al CUP al poder. La guerra se reanudó gracias a una rápida reorganización de las filas del ejército otomano, pero fue un arrebato de orgullo sin esperanzas reales. La paz definitiva se firmó en mayo de 1913 en Londres, confirmando las durísimas condiciones a las que debían some-

---

[3] En realidad, durante los años siguientes (a causa también del estallido de la Primera Guerra Mundial) el control italiano de Libia se limitó a las ciudades y las zonas costeras. Los otomanos apoyaron a la guerrilla libia contra los italianos, y les provocaron serias dificultades a las tropas de ocupación.

terse los otomanos. El Imperio perdió prácticamente todos sus territorios europeos, a excepción del territorio interior de Estambul, que comprendía también la antigua capital, Edirne. La exasperación de la opinión pública otomana se manifestó en junio, cuando el visir que había negociado la rendición, Mahmūd Shevket, fue asesinado en plena calle.

El significado de esos trastornos puede apreciarse desde varios puntos de vista. En primer lugar, y paradójicamente (aunque tal vez no demasiado), las derrotas contribuyeron a reforzar el gobierno del CUP y debilitar aún más las estructuras tradicionales del poder otomano. Entre 1913 y 1918 el estado estuvo gobernado esencialmente por una dictadura militar cuyos principales exponentes fueron Enver Bey, Gamāl Bajá y, sobre todo, Tal 'at Bajá, el más hábil y político de los tres jóvenes dirigentes del CUP. Es un tema controvertido si esa dictadura militar favoreció o no el paso del otomanismo al nacionalismo turco. Seguramente, aunque otomanismo y modernización siguieron siendo las consignas del gobierno militar, se vivió una división de facto entre turcos y árabes, con la consiguiente aparición de un potencial deseo de independencia en los territorios árabes todavía sometidos al Imperio (únicamente la Media Luna Fértil y parte de Arabia, como veremos en breve). Por supuesto, se llevó a cabo una tentativa de imponer la turquización a árabes y albaneses, ya que muchos consideraban que sólo un afianzamiento de la unidad étnica y lingüística del Imperio lo podría salvar del desastre. Incluso algunas minorías cristianas, las menos dispuestas a permanecer bajo gobierno turco, sufrieron persecuciones: en 1909 el CUP reprimió con dureza las protestas de los armenios, tal y como ya lo había hecho 'Abd al-Hamīd II. El genocidio de los armenios permanece como una mancha indeleble en el ocaso del Imperio otomano. Para finalizar, resulta igualmente importante destacar que el nuevo régimen turco favoreció implícitamente un debilitamiento del poder centrípeto del Islam y una mayor insistencia en aspectos «laicos» de la acción política y la propia simbología de la actividad nacional y estatal.

2. EL MAGREB QUEDA BAJO EL CONTROL COLONIAL DE FRANCIA

Antes de pasar a estar controlado por la Francia colonial, el Magreb (más concretamente Túnez y Marruecos) había vivido algunas fases de reactivación y afirmación durante el siglo XIX. Bajo el reinado de Ahmad Bey (1837-1855) Túnez se había desvinculado casi por completo del control otomano. Entre 1857 y 1860 se habían aprobado en primer lugar un «pacto fundamental» que garantizaba la igualdad de los súbditos ante la ley y la inviolabilidad de la persona y la propiedad, y luego una constitución (la primera del mundo araboislámico) que, al menos en el plano teórico, limitaba en cierta medida los poderes del soberano. Entre 1873 y 1877, además, el gobierno estuvo dirigido por un hábil reformista que había sido esclavizado de joven, aunque se había educado también en Francia: Jayr al Dīn (Jeiredín). Éste se dio cuenta de que el reino podría sobrevivir únicamente si tenía un ejército, una administración y una hacienda pública adecuados y eficientes. Así que trató de promover una serie de reformas modernizadoras que, como era de esperar, suscitaron la hostilidad tanto de los conservadores como de los europeos. Por eso fue obligado a dimitir, y Túnez volvió a un sistema autocrático y corrupto.

Marruecos sufrió muy pronto el asalto de las potencias europeas. En 1844, persiguiendo al jefe rebelde argelino 'Abd al-Qādir, los franceses desafiaron y derrotaron al ejército marroquí en la batalla de Isly. En 1860 estalló una guerra con España, que pese a no ser una gran potencia logró una victoria contundente contra los marroquíes y ocupó la ciudad de Tetuán, que pasó a sumarse a las anteriores colonias de Ceuta y Melilla. Esos desastres militares ponían de manifiesto la debilidad de las instituciones sultánicas. Sin embargo, bajo el reinado de Mūlāy Hasan (1873-1894) el estado se consolidó mediante una reforma administrativa que reforzó el control del centro sobre la periferia y permitió una potenciación del ejército que condujo al sultán a imponer por la fuerza su autoridad en las regiones más periféricas. Pero los sucesores de Mūlāy Hasan no estuvieron a la altura de los problemas que debieron afrontar. Los europeos –franceses, españoles y alemanes– condicionaron la sociedad marroquí con su superioridad financiera y tecnológica. La independencia del país se vio seriamente amenazada por el tratado de Algeciras de 1906, que ponía a Marruecos bajo el control financiero conjunto de Francia y España. Los alemanes, preocupados por el expansionismo francés, trataron de contrarrestarlo, y el clímax de esta crisis tuvo lugar en 1911, cuando el buque de guerra alemán *Panther* atracó en el puerto de Agadir. Europa estuvo al borde de una guerra, pero los alemanes (en esta ocasión) se retiraron, renunciando a sus aspiraciones hegemónicas en el noroeste de África. Mientras tanto, los españoles habían ampliado a partir de 1909 el territorio bajo su control más allá de los enclaves urbanos de Ceuta, Melilla y Tetuán. La situación era tan peliaguda que el sultán 'Abd al-Hāfiz no pudo hacer otra cosa que doblegarse y someterse al protectorado francés en marzo de 1912.

Túnez quedó bajo el control francés en 1881, y Marruecos en 1912. Los motivos generales que los condujeron a la pérdida de la independencia fueron al menos tres: *a*) el endeudamiento de los gobiernos con las potencias europeas (y especialmente con Francia) que les dio a los colonizadores un pretexto para intervenir en los asuntos internos de los estados africanos a la hora de defender sus propios intereses económicos; *b*) la debilidad militar que los volvió impotentes frente a la injerencia extranjera; *c*) la fragilidad de los movimientos reformistas, que fueron capaces de oponer una resistencia seria cuando Túnez y Marruecos fueron arrollados por la agresividad europea. No es tan relevante, sin embargo, parar mientes aquí en la manera en que Francia logró imponer su dominio como hacerlo en cuáles fueron las características comunes y divergentes de la colonización en ambos países.

La primera característica común importante es que Túnez y Marruecos, a diferencia de Argelia, no fueron colonias en sentido estricto, sino tan sólo protectorados. Formalmente, el sultán siguió reinando en Marruecos, y el bey en Túnez. Pero en realidad estos soberanos carecían por completo de poder. Los franceses ocupaban los puestos clave en los gobiernos, y el plenipotenciario francés dirigía de facto tanto la política interna como la exterior.

Una segunda característica importante, esta vez en sentido divergente, consiste en las distintas actitudes que los franceses tuvieron con sus países subordinados. En Túnez se siguió una política pragmática y flexible que no provocó fuertes hostilidades por parte de los habitantes, al menos hasta la Primera Guerra Mundial. Después de todo, el soberano formal era un musulmán, los europeos solían comprar, más que expropiar, las parcelas agrícolas y se buscó la cooperación de los ulemas en la administración de la justicia. En Marruecos, en cambio, los franceses se aprovecharon de la clara distinción de la población entre árabes (que vivían sobre todo en las ciudades y la costa) y bereberes (que vivían principalmente en el campo y las montañas) para aplicar el principio del *divide et impera*. Dado que eran los árabes quienes constituían la clase más rica y culta, los franceses apoyaron a los bereberes, tratando de aguijonear sus veleidades autonomistas y minimizar su pertenencia al Islam. Uno de los momentos culminantes de ese proceso fue la promulgación del decreto conocido como *dahīr* bereber, mediante el que los bereberes eran sometidos al sistema judicial francés en lugar de al islámico marroquí: durante los años treinta la oposición al *dahīr* bereber fue uno de los caballos de batalla del nacionalismo. Entre otras cosas, ese esfuerzo por fragmentar el tejido social y territorial de Marruecos, poco cohesionado de por sí a causa de un tribalismo muy difundido, era funcional para explotar mejor lo que el primer plenipotenciario francés, Lyautey (1912-1925) llamaba con cierto cinismo «*le Maroc util*», es decir las llanuras y ciudades, capaces de pagar los impuestos y proporcionar una abundante producción agrícola. El gobierno francés en Marruecos fue paternalista, y tuvo a menudo el apoyo de las cofradías sufíes, deseosas de mantener la sociedad tal y como estaba.

3. EL EGIPTO DE MOHAMMED ʿALĪ Y LOS PRIMEROS JEDIVES

Cuando, en 1801, los franceses abandonaron Egipto, la Sublime Puerta intentó retomar el control del país mediante el envío de tropas. Las facciones mamelucas, sin embargo, reavivaron las luchas intestinas, y los otomanos no encontraron otra solución que confiarle a Mohammed (Mehmet) ʿAlī, un joven comandante albanés llegado hacía poco al lugar, la tarea de reprimirlas. El comandante se dedicó a ello con tanto éxito que fue recompensado en 1805 con el título de gobernador. Desde esa posición consolidada acometió una labor de explotación, pero también de modernización, del país que iba a transformar profunda y definitivamente su fisonomía.

Antes de nada el bajá se deshizo de la estorbosa presencia de los mamelucos, cuyos cabecillas fueron atraídos en 1811 a una emboscada en la ciudadela de El Cairo, siendo exterminados allí mismo. Después de eso pudo proceder con las reformas. Su proyecto era claro y coherente: dado que quería convertirse en un soberano autónomo a todos los efectos y ejercer una política de poder, necesitaba un ejército eficiente; para ello era imprescindible organizar una burocracia que se ocupase de forma igualmente eficiente de recaudar los impuestos; con el fin de que los impuestos fuesen lo más altos posible, era necesario incrementar el aprovechamiento de las tierras y la producción agrícola. La coherencia del proyecto se reflejó en la coherencia de las intervenciones. Ante todo se procedió a mejorar la canalización y distribución del agua en el campo, así como a diversificar los cultivos, introduciendo, por ejemplo, el cultivo del algodón de fibra larga e incentivando la producción de remolachas azucareras. La antigua clase improductiva de señores rurales fue substituida por otra nueva clase (esencialmete compuesta por turcos, circasianos y albaneses) de terratenientes que formaron la élite dirigente agrupada en torno al bajá. Una clase de funcionarios bastante al corriente de las modernas técnicas de administración procedió a realizar un censo catastral de las tierras y una tasación muy onerosa, en especial para los campesinos pobres. Todo ello sirvió para financiar un ejército semiprofesional (se introdujo también la leva) adiestrado por oficiales europeos. Las exigencias del ejército llevaron incluso a la constitución de una incipiente industria mecánica y naval.

Es evidente que esos mecanismos produjeron una cierta transformación modernizadora de las estructuras administrativas y de producción en Egipto. Pero eso no debe eclipsar el hecho de que la gran mayoría de la población, principalmente campesina, permaneció en condiciones de absoluta indigencia, y que se (re)planteó una cuestión social que no fue resuelta hasta los años cincuenta (e incluso entonces lo fue de forma no del todo satisfactoria), durante la presidencia de Ŷamāl ʿAbd al-Nāsir (Nasser): el problema de la pequeña propiedad privada de la tierra. Las frecuentes revueltas campesinas fueron reprimidas sin piedad. Los terratenientes todavía formaban una casta de tipo feudal, y la industria se encontraba asfixiada por su dedicación casi exclusiva a satisfacer las necesidades del ejército. Por todo ello Mohammed ʿAlī no puede de ningún modo ser considerado, como han pretendido algunos, el primer «nacionalista» egipcio. Él mismo no se sentía egipcio (nunca aprendió el árabe), y su actuación estuvo dirigida a beneficiar a su propio linaje y a la nueva élite dirigente turcocircasiana antes que al pueblo que gobernaba. De todas formas, éste llegaría a disfrutar parcialmente de las repercusiones de la modernización. Por ejemplo, Mohammed 'Alī envió a Europa, y en especial a Francia, grupos de jóvenes estudiantes para que aprendiesen las técnicas y artes del progreso y, paralelamente, promovió la institución de nuevas escuelas en las que se impartiese una enseñanza moderna. Si bien no lo hicieran de forma inmediata, en las décadas posteriores esos fermentos innovadores favorecieron finalmente la formación de una conciencia nacional egipcia y un substrato cultural que llegaría a hacer de Egipto el más importante de entre los países árabes.

Mohammed 'Alī llevó a cabo una auténtica política de poder. Ya hemos mencionado sus injerencias en Arabia durante la época del wahhabismo. Entre 1820 y 1822 procedió a la conquista de Sudán. A partir de 1830 se atrevió nada menos que a arrebatarles Siria a los otomanos, y su ejército, conducido por su hábil hijo Ibrāhīm, llegó hasta Anatolia, derrotando en repetidas ocasiones a sus adversarios. Sin embargo, la intervención conjunta de Francia, Gran Bretaña y Rusia, interesadas por distintos motivos en que el Imperio otomano no se desmembrase, así como en evitar la consolidación de una nueva potencia en Oriente Medio, lo obligó a renunciar a sus pretensiones sobre la Media Luna Fértil. Tras haber aceptado retirarse de Siria, Mohammed 'Alī fue recompensado en 1841 con un rescripto imperial que le garantizaba el derecho a la sucesión hereditaria.

Desafortunadamente, Ibrāhīm murió antes que su padre (que lo hizo en 1849), y sus dos sucesores inmediatos, 'Abbās Hilmī I y Sa'īd, fueron personajes insignificantes. El único acontecimiento de sus gobiernos que merece ser destacado fue el comienzo por parte de Sa'īd, en 1859, de las excavaciones del canal de Suez. Esa empresa fue muy deseada por Francia y su emperador, Napoleón III, mientras que Gran Bretaña se mantuvo al principio indiferente o incluso hostil a ella. Sin embargo, una vez completado (en 1869), el canal se reveló de capital importancia para las comunicaciones y el comercio: de hecho permitía llegar rápidamente a la India y Extremo Oriente desde el Mediterráneo, evitando tener que circunnavegar África. Los europeos comprendieron en seguida ese valor intrínseco del canal, cuya propiedad permaneció por largo tiempo en manos de una compañía anglofrancesa. Pero, curiosamente, los colosales gastos de las obras pesaron de forma casi exclusiva sobre el tesoro del estado egipcio. El canal fue, en resumidas cuentas, todo un ejemplo de colonización económica: costeado por los egipcios, enriquecía a los europeos.

Los recursos dilapidados en la realización del canal y la indemnización de las tierras expropiadas fueron una de las causas no menos importantes de la bancarrota que sufrió Egipto bajo el gobierno de Ismā'īl, hijo de Ibrāhīm, que había ascendido al trono en 1863. Ismā'īl era un entusiasta admirador de Occidente, y anhelaba que su corte se asemejase a las europeas y Egipto se transformase en un país ya no africano, sino europeo. Por ello se embarcó en una serie de gastos ambiciosos pero insensatos que, si bien en ciertos aspectos elevaron el nivel de vida y modernización de Egipto, en otros lo condujeron al borde del abismo. En primer lugar, en 1867 Ismā'īl le compró al gobierno de Estambul, a un precio altísimo, el título de jedive, es decir de virrey, lo que supuso, junto con la independencia económica, la duplicación del tributo a pagar a la Sublime Puerta. Después dispuso que se promoviera aún más la agricultura, cuyos productos fueron por primera vez destinados a la exportación. Por último, soñó con expandir el imperio nilótico de su abuelo, financiando expediciones de exploración científica y embarcándose en una costosa guerra contra Etiopía que resultó en una clara derrota egipcia (1875). Un aspecto positivo del activismo de Ismāʿīl fue su relativa apertura política: en 1866 consintió que se formase una asamblea de representantes (no electivos, sin embargo, sino designados por el soberano) con funciones consultivas. En contraste, su filoeuropeísmo lo llevó a permitir una infiltración masiva de organizaciones misioneras, sobre todo católicas, y a favorecer la obtención por parte de funcionarios europeos de lucrativos cargos en la administración. Estas últimas medidas suscitaron el descontento de la población local, y en especial el de los musulmanes.

Precisamente en 1875 las arcas del tesoro egipcio estaban casi vacías. Al año siguiente Ismāʿīl hubo de declarar la bancarrota y solicitar la ayuda de los europeos. Gran Bretaña y Francia intervinieron fundando una caja de deuda pública que reglamentaba los ingresos y gastos del estado, poniendo así en marcha un control «dual» sobre el país. Las aspiraciones (a su manera sinceras) de Ismāʿīl de hacer de Egipto una gran potencia desembocaron así en la subordinación económica a Europa, una subordinación que pronto iba a volverse política. Cuando Ismāʿīl empezó a dejar de soportar las injerencias anglofrancesas y trató de retomar el control de la situación y el gobierno, los europeos decidieron obligarlo a dimitir con un golpe de mano y substituirlo por su hijo, Tewfiq (1879).

Bajo el virreinato de Tewfiq iba a tener lugar un acontecimiento decisivo: la insurrección nacionalista de ʿUrābī Bajá y la consiguiente ocupación inglesa. La élite turcocircasiana, fiel al jedive, y los funcionarios, consejeros, educadores y militares europeos que habían acudido en masa a Egipto, sobre todo durante el virreinato de Ismāʿīl, ocupaban la totalidad de los puestos de responsabilidad y gobierno, aparte de disfrutar de particulares privilegios económicos (estaba vigente el sistema de capitulaciones que les garantizaba a los extranjeros, por ejemplo, considerables exenciones fiscales y tribunales mixtos que les evitaban el ser juzgados por la ley egipcia). Todo ello marginalizaba a los «egipcios», es decir a la población autóctona, a la que por norma no se le consentía ascender en los grados militares ni ocupar puestos importantes en la administración. La única carrera que les era consentida a los nativos era la religiosa, en los tribunales locales o en la universidad islámica de al-Azhar. Al descontento popular, ampliamente extendido, se le sumaba el deseo de algunos terratenientes y burgueses ricos de tener más peso en la gestión política del país. En los años setenta del siglo XIX había surgido un movimiento nacionalista en estado embrionario, y luego había aparecido la figura carismática y populista de 'Urābī, un hijo de la tierra, un «egipcio» que había comenzado a acusar, con discursos acalorados durante multitudinarias manifestaciones públicas, al gobierno del jedive de tiranía, así como a la injerencia europea, que vejaba a un pueblo que llevaba demasiado tiempo al margen de la realidad que era tenida en cuenta.

La convergencia inicial de los nacionalistas moderados, mayoritariamente procedentes de la alta burguesía y la clase latifundista, y los partidarios de 'Urābī quedó comprometida por lo que parecía ser el extremismo del tribuno popular, aunque la carrera de 'Urābī se vio favorecida por la debilidad del gabinete al cargo en 1881.

Las exigencias de 'Urābī y los nacionalistas encontraron en el nuevo gobierno una mejor acogida que nunca, y al propio 'Urābī se le concedió finalmente la cartera del Ministerio de la Guerra.

Las agitaciones nacionalistas se propagaron, volviéndose más violentas, lo que preocupó tanto a los moderados, que se distanciaron de 'Urābī, como a las potencias europeas. Al final Francia se escabulló, pero Gran Bretaña decidió intervenir militarmente. Alejandría fue bombardeada en julio de 1882. 'Urābī y los suyos decidieron resistir y hacer frente a los ingleses en el plano militar. Se trataba de un proyecto irrealizable, y el ejército egipcio fue aniquilado el 14 de septiembre de 1882 en la batalla de Tell el-Kebīr. ʿUrābī fue arrestado y expatriado. Su empresa despertó el entusiasmo romántico de nacionalistas y liberales occidentales como Wilfrid Blunt. Tradicionalmente se considera a ʿUrābī como el primer nacionalista egipcio. Y está claro que fue el portavoz de las exigencias de liberación egipcias, pero resulta algo más controvertido si su movimiento fue verdaderamente progresista, si aspiraba a una liberación de las masas campesinas egipcias. Hay quienes incluso han llegado a sugerir que en el fondo ʿUrābī no era sino un portavoz de los grandes terratenientes.

Tras librarse del peligro que suponía ʿUrābī, Gran Bretaña decidió estabilizar su presencia en Egipto. El país se había vuelto demasiado importante estratégicamente tras la construcción del canal de Suez, que permitía una comunicación más rápida entre la perla del Imperio británico, la India, y la madre patria. Por lo tanto, a pesar de algunas dudas al respecto, el gobierno de Londres se decidió a instalar en El Cairo un cónsul general que, protegido por la fuerza del ejército británico, gobernase el país de acuerdo con los intereses británicos. Egipto llegó de este modo a encontrarse en una situación institucional como mínimo paradójica: formalmente era aún una parte del Imperio otomano, aunque regida en teoría por un virrey (el jedive) independiente de Estambul y sometida de facto al control político y militar europeo.

El cónsul general que gobernó Egipto ininterrumpidamente hasta 1907 fue sir Evelyn Baring, y luego lord Cromer, que fue sucedido primero por Eldon Gorst (hasta 1911) y después por lord Kitchener (hasta el estallido de la Primera Guerra Mundial en 1914). La presencia británica no fue en absoluto discreta: el cónsul general llevaba la voz cantante en cualquier decisión importante que tomase el gobierno, en el que además había varios ministros europeos. Sólo los asuntos religiosos escapaban en cierta medida al control colonial, que se preocupaba sobre todo por gestionar el tesoro, proteger Egipto de posibles repercusiones en política exterior y ponerle el bozal a todo desorden o movimiento independentista interno. Cromer planificó una política de liberalismo económico absoluto, reduciendo los impuestos sobre las grandes propiedades y aboliendo cualquier tipo de proteccionismo, con lo que se ganó la gratitud de los grandes feudatarios. Las medidas liberales, no obstante favoreciesen en cierto sentido el aumento de la producción, dejaban sin resolver la gravosa cuestión de la pequeña propiedad agrícola y los millones de familias de campesinos pobres que corrían el peligro de verse fagocitadas por los terratenientes ricos. Kitchener trató de solventar, al menos parcialmente, el problema aprobando la «ley de los cinco *feddan*», según la cual a los campesinos más necesitados ya no se les podrían confiscar todos sus bienes a causa de las deudas, puesto que podrían conservar precisamente la posesión de cinco *feddan* de tierra (poco más de dos hectáreas). Pero se trató de una medida más cosmética que realmente eficaz. La producción de arroz y cereales se incrementó, aunque permaneció siempre subordinada a la del algodón, útil a los intereses económicos ingleses. Sin duda, la administración colonial británica volvió más eficiente la gestión de los ministerios y la aplicación de las leyes. La política económica y fiscal fue muy rigurosa, y Egipto empezó a ser un país solvente. La asamblea de representantes, elegida por primera vez durante el virreinato de Ismāʿīl, fue conservada e incluso ampliada por Kitchener, aunque representaba más una tribuna de debate y, de cuando en cuando, de protesta que un verdadero órgano decisorio y de poder. Sea como fuere, nada de eso compensaba a los ojos de los egipcios el substancial inmovilismo social que conservaba los privilegios de las clases dirigentes, ni estaba sostenido por una adecuada política educativa que les mostrase a los nativos las ventajas de estar gobernados por una potencia extranjera. Cromer estaba convencido de que el egipcio era un pueblo esencialmente inmaduro y sumiso que no merecía esfuerzos en ese sentido. Hasta su tolerancia para con la libertad de prensa estaba justificada por la convicción de que el periodismo representaba una inocua válvula de escape para la difundida inquietud nacionalista, sin que pudiese poner en entredicho la supremacía colonial británica.

De hecho, el desarrollo de un movimiento nacionalista organizado fue la característica más destacada de la política interna del periodo de la colonización inglesa en Egipto. En 1907 se fundó el primer partido político propiamente dicho que tuviese en su programa la liberación total del país del colonialismo. Se trataba del Hizb Watanī o Partido Nacional, dirigido por el joven intelectual Mustafá Kāmil. Kāmil consideraba que la nacionalidad, *wataniyya*, era transversal, superior respecto a las diferencias de religión o censo, por lo que era sensible a las exigencias de la minoría cristiana copta. Sin embargo, estaba convencido de que el Islam era un elemento constitutivo e irrenunciable de la «egipcianidad». Por eso se atrevió a demostrar su abierta simpatía por el Imperio otomano, que por aquel entonces parecía el único organismo político islámico de cierta consistencia. Es importante señalar que Kāmil era un nacionalista «egipcio» que no sentía una particular inclinación a reconocer como hermanos al resto de los árabes. De hecho, el nacionalismo árabe iba a nacer en Siria, y no en Egipto (como veremos en el próximo capítulo). Su prematura muerte en 1908, con tan sólo treinta y tres años, dejó momentáneamente sin un líder al movimiento nacionalista. Pero mientras tanto habían ido apareciendo otras organizaciones como el Hizb al-Umma, cuyo exponente más importante fue el periodista Ahmad Lutfi al-Sayyid. El Hizb al-Umma era portavoz de un nacionalismo más «laico» que el de Kāmil, y se inspiraba en principios propios del liberalismo europeo. Era mucho más elitista que el Hizb Watanī, que por otra parte encontró pronto un nuevo líder, Mohammed Farīd. Como ya veremos, las circunstancias de la participación de Egipto en la Primera Guerra Mundial iban a inaugurar una nueva y decisiva fase de las reivindicaciones nacionalistas.

4. EL SUDÁN MAHDISTA

Durante los años ochenta del siglo XIX, en Sudán iba a aparecer y consolidarse un movimiento de *taŷdīd* no muy diferente del wahhabista que supuso un interesante ejemplo de continuidad de la islamización tradicional. Sudán, tras las conquistas de Mohammed 'Alī e Ismā'īl, formaba parte, formalmente, del Imperio egipcio, pero el control central era lábil y la administración egipcia no resultaba especialmente eficiente, en parte debido a una corrupción ampliamente extendida. La destitución de Ismā'īl por parte de los ingleses en 1879 provocó un relajamiento aún mayor de la autoridad extranjera que favoreció el afianzamiento de nuevas fuerzas islámicas.

En 1881 un joven predicador, Mohammed Ahmad, empezó a enviar a El Cairo y las regiones circunvecinas cartas en las que se proclamaba como el tan esperado *mahdī*, el mesías renovador del Islam. Mohammed Ahmad había nacido en torno a 1840 en la región del Nilo Blanco. Profundamente religioso, y afiliado al misticismo sufí, se había retirado a la isla de Aba y había empezado a predicar la renovación de las costumbres y el retorno al Islam originario. Rodeado de una aureola de santidad y dotes como sanador, sus discípulos se multiplicaron hasta que uno de ellos, 'Abdallāhi, que tenía una gran influencia sobre su maestro, lo convenció de que era el *mahdī* y debía proclamar públicamente su misión. La revuelta estalló de forma repentina, y obtuvo rápidamente un gran éxito. Las tropas del *mahdī* llegaron en poco tiempo a ocupar El Obeid, la capital de Kordofán. El gobierno egipcio se alarmó, pero varias expediciones militares organizadas por las autoridades locales entre 1881 y 1882 fueron derrotadas una tras otra. En 1883 el jedive Tewfiq, decidido a recuperar tanto su prestigio personal como el control de Sudán, envió la enésima expedición, esta vez al mando de un inglés, Hicks Bajá, pero nuevamente resultó en un desastre, y los egipcios fueron derrotados a principios de noviembre.

Esos éxitos les parecieron a los seguidores del *mahdī* verdaderos milagros, parangonables a la victoria del profeta Mahoma sobre los politeístas mecanos en Badr. El movimiento adquirió así un carácter cada vez más señero desde el punto de vista islámico. El propio Mohammed Ahmad estaba convencido de estar reviviendo los gloriosos tiempos del Profeta. Los mahdistas empezaron a ser conocidos como *ansār*, al semejanza de los ayudantes medineses que habían apoyado a Mahoma, y los colaboradores más íntimos del *mahdī* encarnaron a los compañeros del Profeta. Una vehemente expectativa escatológica se había apoderado de los *ansār*, cuyo entusiasmo los llevaba a soñar con subir hasta El Cairo, además de con renovar profundamente la religión. Sería ciertamente antihistórico atribuirle al *mahdī* una conciencia anticolonialista, pero su «guerra santa» adquirió indirectamente características anticoloniales, de oposición contra el corrupto gobierno turcoegipcio y sus protectores europeos, como había sucedido ya con los demás movimientos africanos de *taŷdīd*. Por lo demás, como es natural, no todos los mahdistas eran puritanos devotos: entre ellos había también antiguos esclavistas deseosos de aprovecharse de la situación para reanudar la trata, abolida por Ismā'īl, y beduinos que no soportaban ninguna forma de gobierno organizado, como era el caso del egipcio. De todas formas, el carácter heterogéneo del movimiento mahdista no le impidió ser eficiente, al menos durante sus primeros años.

Tras la derrota de la expedición de Hicks el gobierno de El Cairo decidió retirarse, y envió a Gordon Bajá a Sudán con la orden de programar una evacuación progresiva de los ocupantes egipcios. Gordon llegó a Jartum en febrero de 1884, pero se quedó aislado, desconectado de las líneas de comunicación a causa del avance de los mahdistas, y además se convenció de que podría hacer frente a los adversarios él solo. Jartum estuvo sitiada desde octubre de 1884 hasta enero de 1885, pero cayó antes de que los refuerzos solicitados finalmente por Gordon llegasen de Egipto. El comandante inglés murió en la batalla, pero pocos meses después lo siguió prematuramente a la tumba el propio Mohammed Ahmad, cuya muerte marcó en cierto sentido el final de ese experimento de *taŷdīd*.

Prosiguiendo de todas maneras con la pía ficción que ya había saboreado, 'Abdallāhi, el fiel seguidor del *mahdī*, lo sucedió como «califa» con la denominación, entre otras, de *jalīfa al-siddīq*, retomando así el título de Abū Bakr, califa del profeta Mahoma. La época heroica del mahdismo sudanés, sin embargo, había llegado a su fin. El imperio había alcanzado su mayor extensión posible. 'Abdallāhi realizó más expediciones militares, pero a pesar de obtener un éxito en 1889 derrotando y matando al negus de Etiopía, Juan IV, ese mismo año una ofensiva destinada a la invasión de Egipto fue duramente rechazada, y en 1893 un adicional impulso expansionista hacia Etiopía fue bloqueado por los italianos (que en el ínterin habían colonizado Eritrea) en la batalla de Agordat. La cohesión interna del grupo dirigente y las distintas tribus que habían abrazado el mensaje mahdista se debilitó progresivamente. Los conflictos tribales intestinos se vieron agudizados por las dificultades económicas (la carestía azotó el país a principios de la década de los noventa), y el gobierno de 'Abdallāhi parecía cada vez más alejado del ideal islámico de Mohammed Ahmad. El «califa» fue volviéndose más y más autocrático e intolerante, y su régimen se debilitó, al igual que el movimiento en general.

En marzo de 1896, tras las insistentes presiones del cónsul general en El Cairo, lord Cromer, que estaba convencido de que el control del Alto Nilo volvería más fácil y seguro el control de Egipto, el gobierno de Londres autorizó la organización de una expedición militar con el fin de echar abajo el estado mahdista. Las tropas angloegipcias fueron puestas al mando de Herbert Kitchener. Bastante más eficiente y determinado que Hicks y Gordon, y ciertamente favorecido por el cambio de las condiciones locales, Kitchener llevó a cabo una campaña rápida y victoriosa. Entre agosto de 1897 y abril de 1898 los mahdistas fueron reducidos, y el califa 'Abdallāhi, derrotado y eliminado. Sudán volvía a formar parte del imperio «egipcio», pero se trataba por completo de una ficción. La administración del territorio fue erigida en «condominio» angloegipcio, pero Sudán se transformó a todos los efectos en una colonia inglesa dirigida por un gobernador inglés, sin que Egipto pudiese interferir lo más mínimo en sus asuntos internos.

5. LA PERSIA DE LOS QĀÝĀR

La Persia de los Qāÿār destaca en el siglo XIX como un estado especialmente débil y subdesarrollado. Al contrario que el Imperio otomano y Egipto, abiertos en cierta medida a la modernización por los fermentos reformistas e innovadores, Persia siguió padeciendo defectos estructurales que impidieron su despegue. La primera de esas debilidades consistía en la propia institución monárquica. A los soberanos Qāÿār les resultaban indiferentes las condiciones de su estado, y (entregados a diversiones o al descubrimiento de Europa mediante largos viajes al extranjero) eran poco sensibles al destino de su país. Por otra parte, había varios elementos que esbozaban una Persia soñolienta, aunque también inestable: el atraso de una economía basada en un sistema agrícola en el que tenían una importancia fundamental los grandes feudatarios; la dificultad, debida a la naturaleza del territorio, de establecer transportes y comunicaciones eficientes entre las distintas regiones del reino; el extendido tribalismo y los conflictos sociales internos; y, *last but not least*, la autoridad de los hombres de religión chií, por lo general conservadores y celosos de sus privilegios de casta. Además, los rusos desde el Norte y los ingleses desde el Sur trataban de condicionar la política exterior persa y hacer gravitar el país en sus respectivas órbitas de influencia. De hecho, Rusia y Gran Bretaña consideraban Persia como una especie de estado colchón entre sus respectivas áreas de aspiraciones imperiales. La segunda, sobre todo, veía Persia como un instrumento útil para frenar una posible nueva expansión rusa hacia el Asia central que habría podido amenazar los intereses británicos en Afganistán, o incluso en la India. Desde este punto de vista tal vez sea posible decir que si Persia nunca estuvo sujeta a una colonización directa, ello dependió precisamente de la rivalidad entre ambos imperios, que en cierto sentido se neutralizaban recíprocamente.

La presencia extranjera en suelo persa implicaba también una agresividad económica de las potencias europeas, y los soberanos Qāŷār accedieron bien pronto a conceder, sobre todo a Gran Bretaña, privilegios comerciales y empresariales a cambio de financiamientos que sin embargo eran dilapidados en la corte, y no empleados para aumentar el bienestar del pueblo. En 1872 se le adjudicó al barón inglés Julius de Reuter un inmenso monopolio que comprendía la construcción de ferrocarriles, la explotación de los recursos mineros e incluso la gestión de la actividad financiera. La injerencia extranjera preocupó tanto a los *bazari*, la clase media local de comerciantes, como a los ulemas, interesados por varios motivos en la permanencia de la situación interna. Por lo tanto, cuando en 1891 el sah Nāsir al-Dīn les concedió a los ingleses también el monopolio del tabaco, muy consumido en Persia, tuvo lugar una auténtica insurrección popular, en la que por primera vez

—como iba a suceder también más adelante, durante la revolución de 1979— se estableció una alianza entre *bazari* y ulemas. Las violentas protestas de 1891 demostraron (sin que pretendamos atribuirles el carácter de un movimiento nacionalista) que se estaba desarrollando lentamente una forma de conciencia política, en la que los religiosos desempeñaban un significativo papel como legitimadores. Ellos fueron, de hecho, quienes dictaron una *fatwá* (fetua) que ordenaba a los persas dejar de fumar en señal de protesta, y que fue rigurosamente aplicada y obedecida. Nāsir al-Dīn se vio obligado a claudicar, y retiró la concesión.

El sah fue asesinado en 1896, y Persia entró en un periodo de grave inestabilidad política. En diez años iba a estallar la revolución constitucional, que puede ser considerada como un viraje modernizador encaminado a poner en tela de juicio tanto el mal gobierno de los soberanos como la presencia extranjera, cada vez más entremetida —recuérdese que en 1901 el inglés d'Arcy había obtenido la concesión de la búsqueda de petróleo—. La chispa que inflamó a los insurrectos fue una injusta y desproporcionada pena infligida en 1905 a algunos comerciantes de Teherán. Millares de exponentes de los *bazari*, junto con estudiantes y *mulás*, desfilaron por las mezquitas y, de forma pacífica pero determinada, mostraron toda su oposición al gobierno. Los religiosos chiíes más reputados, como Tabātabā'ī y Bihbahānī, se pusieron en seguida al frente del movimiento, imprimiéndole un marcado carácter religioso.

La energía de la protesta popular forzó al sah y al gobierno, entre julio y agosto de 1906, a aceptar las exigencias de los revoltosos. Se concedió la instauración de un parlamento o *maŷlis* cuyas elecciones se celebraron en septiembre. También en 1906 se promulgó una carta magna que contemplaba una notable limitación del poder del soberano, junto con el reconocimiento de la voluntad popular y el derecho del *maŷlis* de legislar en materia presupuestaria. Se trataba del reconocimiento parcial de una soberanía nacional que podía chocar con los principios islámicos según los cuales la legislación corresponde a Dios, de quien deriva la única legitimidad posible del poder. De forma inmediata se manifestaron en el seno de los constitucionalistas las rivalidades entre quienes tenían una tendencia mayormente laica y quienes, por el contrario, querían ceñirse a la tradición religiosa. Eso debilitó la autoridad del movimiento. No obstante, pese a que el nuevo sah, Mohammed 'Alī Shāh, había disuelto el maŷlis en 1908, el constitucionalismo volvió a llevar la voz cantante gracias a la aceptación de la que disfrutaba en el país. De todas formas, éste entró rápidamente en crisis. El nuevo gobierno constitucional recurrió a los Estados Unidos para obtener asesoramiento financiero, y Washington envió a uno de sus funcionarios. Esto suscitó las protestas de Rusia, que llegó a lanzarle a Persia un ultimátum, e incluso a enarbolar el fantasma de la guerra. Las amenazas rusas, unidas a las presiones británicas y el substancial desinterés estadounidense, precipitaron la crisis que condujo, en 1911, a la disolución del maŷlis y el final del movimiento constitucionalista. A pesar de que la enésima injerencia extranjera había provocado una vez más protestas en masa (a las que los rusos respondieron bombardeando la ciudad santa de Mashhad), éstas no lograron cuajar en un movimiento popular realmente organizado.

La «revolución» de 1906 a 1911 debe ser considerada en sus justas proporciones, y presenta varios claroscuros. Pese a haber manifestado sin duda las intenciones reformistas de al menos una parte de la intelectualidad, siguió siendo un movimiento esencialmente conservador. No es posible, por lo tanto, paragonarlo a la revolución, casi contemporánea, de los Jóvenes Turcos. Mientras que el Imperio otomano estaba de hecho (aun con todas las contradicciones del caso) en fase de modernización, Persia era un estado todavía subdesarrollado, sin unas infraestructuras políticas ni ideológicas que pudiesen apoyar al movimiento. El papel fundamental desempeñado por los ulemas, además, planteó de manera urgente el problema de las relaciones entre la gestión laica del poder y el peso de las tradiciones religiosas. Es cierto que durante la historia islámica clásica los soberanos no habían gobernado en calidad de teócratas, pero la difusión de las ideas políticas europeas, que sin duda habían inspirado a muchos de entre los protagonistas de la revolución constitucional, abrió la discusión, por una parte sobre la posibilidad de una intervención directa de los religiosos en la política, y por otra acerca de la posibilidad de buscar vías de expresión política totalmente «seculares». Por otro lado, durante el periodo revolucionario proliferaron en Persia las sociedades secretas que se oponían a los partidos de los notables, un elemento más de contradicción y atraso. El lado positivo de la experiencia constitucional fue que tanto en Persia como en el Imperio otomano los movimientos revolucionarios acrecentaron y consolidaron el papel del estado frente al arbitrio de las dinastías.

Capítulo III

El resurgir cultural árabe e islámico

1. LA «NAHDA»

El término *nahda* («renacimiento», «resurgimiento»), alude a una realidad muy heterogénea compuesta por actitudes mentales y expresiones políticas y sociales fruto de la efervescencia de la cultura y la intelectualidad araboislámica mientras el Imperio otomano languidecía para después apagarse definitivamente y las potencias europeas se disputaban la hegemonía sobre Oriente Medio[1]. La *nahda* se expresó en multitud de niveles, de los que aquí podemos dar sólo una pequeña muestra: *a)* el nivel público; *b)* el nivel social; *c)* el nivel político; *d)* el nivel filosófico y cultural.

El gran desarrollo del periodismo, sobre todo en el mundo árabe oriental (el Máshreq), a partir ya de mediados del siglo XIX constituye una clara señal de la afirmación de un espacio público de opinión y discusión. Muchos de los periodistas árabes eran de origen siriolibanés y religión cristiana. La mayor parte de ellos, sin embargo, emigró de Siria y el Líbano a

---

[1] Sobre los temas que tratamos en este capítulo sigue siendo fundamental el libro de A. Hourani, *Arabic Thought in the Liberal Age. 1798-1939* (Cambridge University Press, Cambridge, 1983).

Egipto, que por ello se convirtió en el auténtico centro de la prensa árabe. En Siria y el Líbano, de hecho, la censura otomana estaba más presente y alerta, mientras que en el Egipto de los jedives se respiraba un aire más libre. Sea como fuere, Beirut y El Cairo se destacaron ya en el siglo XIX como las capitales de la industria editorial de Oriente Medio. Fue sobre todo en los años setenta cuando se dio un gran florecimiento de publicaciones. El diario más prestigioso del mundo árabe, *Al-Ahrām*, comenzó a publicarse en El Cairo en 1875 por iniciativa de los hermanos Taqlá, de origen sirio (cristiano). En 1876, gracias a Ya'qūb Sarrūf y Fāris Nimr, otros cristianos de Siria, comenzó a publicarse *Al-Muqtataf*, un periódico reformista. Se subsiguió a continuación una proliferación de periódicos que, si bien no lograron construir una opinión pública amplia y ramificada debido a que el analfabetismo seguía prevaleciendo, supusieron un estímulo vivaz para la discusión culta, así como un medio para la expansión de ideas nuevas. Especialmente significativa fue la fundación, por parte de un cristiano siriolibanés, Ŷurŷī Zaydān, de *Al-Hilāl*, algo más que una revista: una asociación cultural orientada a la promoción de la cultura y las letras árabes. Comenzaron a aparecer, además, modernas instituciones culturales. En 1870 se fundó en Egipto la primera biblioteca nacional del mundo árabe. Y, aunque fuese con mayor lentitud, a principios del siglo XX fueron naciendo las primeras universidades modernas, como en los casos de El Cairo y Estambul. Naturalmente, tras los primeros pasos ese proceso se iba a propagar por todo Oriente Medio, volviéndose imparable.

En el plano social el fermento de la *nahda* llevó a la escena pública a nuevos actores sociales, empezando por el mundo femenino. Qāsim Amīn (1865-1908) fue un reformista que se tomó muy a pecho el tema de la liberación de la mujer. Entre 1899 y 1900 publicó dos libros, *La nueva mujer* y *La liberación de la mujer*, en los que defendía una inserción más activa del sexo opuesto en la vida pública y social. Qāsim Amīn era también un secularista que consideraba que la religión por sí misma no era capaz de construir el estado ni la cultura: la religión es un factor importante de la civilización, pero no el único. El feminismo en el mundo árabe encontró una apasionada portavoz en Hudá Shaʿrāwī (1879-1947). Hija de una rica familia de terratenientes egipcios, supo liberarse de las ataduras de la tradición, y en 1923 fundó el movimiento feminista egipcio, que pronto se convirtió en una caja de resonancia para todo el mundo árabe, estimulando el nacimiento de organizaciones similares en otros lugares. Hudá Shaʿrāwī era una intelectual que se comprometió en los planos teórico y práctico con el avance del mundo femenino: publicó y dirigió dos revistas, una en francés y otra en árabe, sobre las temáticas del feminismo, y trabajó con ahínco, sobre todo en las zonas rurales menos desarrolladas, para lograr una mayor atención para las mujeres en el plano social (evitando los matrimonios demasiado precoces, por ejemplo). El feminismo creció continuamente en el mundo árabe hasta después de la Segunda Guerra Mundial, aunque el reciente repliegue tradicionalista del Islam lo haya detenido parcialmente.

La introducción de nuevas categorías políticas (que habitualmente imitaban las de Occidente) fue uno de los síntomas de la *nahda*. Los conceptos más importantes fueron sin duda los de nación-patria (*watan*) y libertad (*hurriyya*). Ya hicimos mención del nacionalismo egipcio. En la primera mitad del siglo XIX, precisamente un egipcio, Rifāʿa al-Tahtāwī, buen conocedor de la cultura francesa, reflexionaba acerca del valor del *watan*, la patria, sin prefigurar en absoluto, sin embargo, una conciencia árabe. El *watan* era para al-Tahtāwī Egipto, y sólo Egipto. Por otra parte, el término *vatan*, en el sentido de patria, era ampliamente utilizado por la prensa otomana, aunque no designaba una entidad política precisa, individual y con fronteras definidas, sino más bien el Imperio otomano en su totalidad. La idea de patriotismo se encuentra también en los escritos de los primeros teóricos del panarabismo o nacionalismo árabe, y en este sentido fue utilizada por los sirios Būtrus al-Bustānī (1819-1883) y Adīb Ishāq (1856-1885). Fue Siria, por lo tanto, el lugar de origen del nacionalismo árabe, aunque en sus inicios se presentaba como un movimiento más cultural que político, y (pese a sostener la existencia de una nación árabe) no llegó a reivindicar la «liberación» de los territorios árabes por parte del Imperio otomano, al que pese a todo miraba con cierta simpatía.

La cuestión de la libertad constituyó el punto central del pensamiento y la actividad de Ahmad Lutfī al-Sayyid (1872-1963), al que ya hemos citado. Promotor del partido nacionalista egipcio Umma, Lutfī al-Sayyid se nutría del positivismo europeo, siendo lector de Comte, Mill y Spencer. Consideraba que la libertad individual es el bien más preciado, que hay que salvaguardar y fomentar. Su individualismo ético se tradujo en liberalismo político y económico. Pese a ser musulmán, era fundamentalmente indiferente a las religiones históricas. Admitía, sin duda, la necesidad de cultivar principios éticos y morales de los que las religiones son un vehículo lógico, pero de ninguna manera sostenía una superioridad del Islam en el cumplimiento de esa función. También al-Bustānī defendía la libertad religiosa, y sostenía la necesidad de un respeto recíproco entre las distintas confesiones. La polémica contra la tiranía en nombre de un mayor liberalismo político en Oriente Medio fue vehemente en el caso del sirio ʿAbd al-Rahmān al-Kawākibī (1849-1903), lector de Vittorio Alfieri. En su texto *Las características de la tiranía*, al-Kawākibī denunciaba el despotismo de ʿAbd al-Hamīd II, pero la solución que proponía iba más en la dirección islámica que en la «laica» de Lutfī al-Sayyid. De hecho, aquél pronosticaba una educación religiosa apropiada y una restitución de la soberanía a los árabes por parte de los turcos. Arabia debía convertirse en el centro de un califato islámico renovado que ejercería la autoridad religiosa sobre el mundo musulmán con la ayuda de un consejo consultivo (*shūrá*) nombrado por los gobernantes musulmanes. Todo ello debía implicar una renovación del pensamiento islámico con un retorno a la libre interpretación de las fuentes (*iŷtihād*). También en los planos filosófico y cultural descolló el ansia por una búsqueda de autenticidad y una recuperación de las raíces propias que implicó directamente al Islam. A este respecto es significativo el debate que se abrió en torno al célebre filósofo Averroes y su herencia. En 1852 el estudioso francés Ernest Renan publicó un libro sobre Averroes y el averroísmo en el que sostenía que el pensador andaluz había sido el único filósofo musulmán digno de dicho nombre, el único exponente racionalista de un pensamiento, el islámico, oscurantista y entregado a la ignorancia y la negación de la ciencia. Las violentas acusaciones contra el Islam de ser enemigo de la razón y la modernidad fueron repetidas por Renan durante una serie de lecciones en 1880. Ambas tomas de posición suscitaron agrias reacciones, y debates incluso a distancia. Inspirándose en Averroes, pero llegando mucho más lejos, el cristiano libanés Farāh Antūn (1874-1922) sostuvo la necesidad de separar la religión de la ciencia (una tarea que el filósofo andaluz se había impuesto, pero en la que había fracasado). Era fácil pasar del «secularismo» epistemológico al político: Antūn le imputaba al Islam el haber confundido subrepticiamente fe y política, un punto muerto del que el pensamiento árabe debía salir para emprender el camino de la modernidad. Es interesante señalar que Antūn, pese a admirar los Evangelios, no se abstenía de criticar al propio Cristianismo, poniendo en discusión sus dogmas, que consideraba como meros símbolos poéticos y retóricos, simples exhortaciones morales. Si las naciones europeas son más tolerantes que las musulmanas, decía, no es porque sean cristianas, sino porque en ellas dominan la ciencia y la filosofía, y porque la razón ha destruido el fanatismo religioso. Al crítico libanés le respondió el muftí egipcio Mohammed 'Abduh (del que hablaremos con más detenimiento en el próximo parágrafo). Éste exaltaba el carácter estrictamente islámico del pensamiento y la figura de Averroes, que, lejos de ser pruebas del fracaso de la razón islámica, eran demostraciones de su éxito: Averroes era un racionalista *musulmán*. También el maestro de 'Abduh, Ŷamāl al-Dīn al-Afgānī, reaccionó contra Renan, y en su *Refutación de los materialistas* sostuvo el carácter plenamente científico y racional de la religión islámica.

Muchos pensadores árabes, tanto cristianos como musulmanes, asumieron una conducta cientificista, condicionada por la lectura de los positivistas, pero también de Nietzsche y el socialismo humanista. Así, Shiblī Shumayyil (1850-1917) afirmaba que en el mundo árabe faltaban tres cosas: ciencia, justicia y libertad. Traductor de Büchner, uno de los positivistas alemanes más extremistas (uno de los que llegaban a sostener que el cerebro secreta el pensamiento igual que el hígado secreta la bilis), Shumayyil «divinizaba» la naturaleza, atribuyéndole el principio de unicidad, ese *tawhīd* (unicidad de Dios) que es fundamento del pensamiento religioso islámico. Por su parte, el copto Salāma Mūsā (1887-1958) era un defensor de Darwin y el evolucionismo, un socialista romántico que seguía los pasos de George Bernard Shaw, pero ante todo un «laico» integral, convencido de que el único camino hacia la salvación del mundo araboislámico era el de occidentalizarse de raíz, olvidar el pasado para hacer suyas la cultura y la civilización europeas.

Tāhā Husayn (1889-1973), literato y filósofo egipcio, puede ser considerado un representante típico de la *nahda*. Ciego desde su más tierna infancia, estaba no obstante dotado de una memoria prodigiosa y una aguda inteligencia. Comenzó sus estudios en la tradicional universidad religiosa de al-Azhar, en El Cairo, pero ésta lo desilusionó, y se fue a la universidad estatal egipcia en primer lugar, y luego a la Sorbona de París, donde obtuvo un doctorado. Fue profesor universitario en su país, y ministro de Educación durante los últimos gobiernos wafdistas a caballo entre los años cuarenta y los cincuenta. En 1926 y 1938 publicó dos libros (*Sobre la poesía árabe preislámica* y *El futuro de la cultura en Egipto*, respectivamente) que levantaron ampollas y provocaron duras polémicas. En *Sobre la poesía árabe preislámica*, en apariencia un texto de crítica literaria, Tāhā Husayn argumentaba que la célebre producción poética atribuida a los tiempos anteriores a la revelación de Mahoma, fundamento de la propia lengua árabe y su literatura, era en realidad una falsificación posterior. Esa tesis, sin embargo, no permanecía confinada dentro del campo de la exégesis estilística, ya que comprometer la pureza del árabe originario (en el que, no debe olvidarse, está escrito el propio Corán) podía significar poner en entredicho la pureza del árabe coránico, que la religión islámica considera milagrosamente perfecto, idioma de Dios. Por ello Tāhā Husayn fue acusado de desvalorizar la tradición religiosa, así como lo fue también de menospreciar la tradición árabe e islámica del propio Egipto con el segundo libro, *El futuro de la cultura en Egipto*. En éste Tāhā Husayn sostenía que su país no era en absoluto un país «oriental», perteneciente a Africa o al subdesarrollado mundo semítico, sino un país mediterráneo y, en el fondo, europeo, puesto que su historia se había entrelazado siempre, de forma fecunda, con la del helenismo y el imperio de Roma. El autor concluía a partir de esa premisa que Egipto debía reformar en profundidad su sistema educativo para adecuarlo a la modernidad.

La *nahda* fue, en su conjunto, un movimiento de gran vivacidad espiritual que contribuyó de forma decisiva a la modernización no sólo del pensamiento árabe, sino también de las sociedades árabes e islámicas. Asentó las bases culturales de las actuales sociedades de Oriente Medio, que se han integrado totalmente en el mundo global, pero no tuvo las dotes suficientes como para marginar al Islam, que volvió a aparecer en escena con prepotencia, como veremos, ya a partir de los años treinta, pero sobre todo tras el fracaso de las ideologías laicas que surgieron tras la Segunda Guerra Mundial. En conclusión, desde el punto de vista de las relaciones con la religión, y en particular con la religión islámica, puede sostenerse que la *nahda* aspiraba en general a una «modernización del Islam». Con esta expresión me refiero a esa tendencia a considerar el Islam como una ideología esencialmente desfasada que debía modernizarse y, por lo tanto, adecuarse a las necesidades de la nueva cultura y la nueva civilización (por ejemplo, confinándola al fuero interno del creyente y eliminando sus repercusiones sociales), o incluso ser depuesta como irrelevante o hasta perniciosa para el progreso de los pueblos árabes y de Oriente Medio. Esta segunda tesis, extremista, reunió en realidad a pocos adeptos (uno de ellos fue tal vez Salāma Mūsā, pero él era cristiano), o por lo menos a pocos que la profesasen públicamente. La primera subyace sin lugar a dudas en el pensamiento de hombres como Lutfi al-Sayyid o Tāhā Husayn, mientras que al-Kawākibī, por ejemplo, permanece, en ese horizonte de pensamiento, bastante aislado con su alegato a favor de un regreso al puro Islam político de los orígenes.

2. El nacimiento del movimiento salafista

La tendencia opuesta a la modernización del Islam es la de la islamización de la modernidad, es decir el punto de vista que considera el Islam como una ideología perfectamente capaz de interpretar la modernidad sin someterse a cambios o modificaciones particulares, o incluso como una ideología que anticipó la modernidad y debe, por lo tanto, ser tan sólo correctamente interpretada para poder timonearla.

Especial atención al respecto merece quien tal vez pueda ser considerado como el «padre» del modernismo islámico contemporáneo: Ŷamāl al-Dīn al-Afgānī (1839-1897). De origen persa (y, por lo tanto, chií), se hacía pasar por afgano para acreditar su sunismo. De hecho era un reformista y un político que quería renovar profundamente no sólo la cultura islámica, sino también el mundo islámico, que era –y sigue siendo– mayoritariamente suní. Durante los años setenta del siglo XIX vivió en Egipto, donde reunió en torno a sí un grupo de discípulos entusiastas, pero, expulsado del país debido a sus ideas subversivas, pasó los años siguientes en la India, para ir a parar en 1844 a París, donde publicó una revista, *El vínculo indisoluble* (*Al-ʿUrwa al-wuzqā*), que fue una verdadera forja del pensamiento reformista islámico. Agitador incesante, durante los primeros años de la década de los noventa se fue a Persia, a la corte de Nāsir al-Dīn Shāh. Después ʿAbd al-Hamīd II lo llamó a Estambul. Pese a que sentía simpatía por los otomanos y los apoyaba, Ŷamāl al-Dīn al-Afgānī cayó en desgracia (en parte porque fue considerado como el inspirador del asesinato del sah en 1896), y fue condenado a arresto domiciliario hasta su muerte (hay quien ha sostenido que murió envenenado por el sultán otomano).

Ŷamāl al-Dīn al-Afgānī albergaba la preocupación fundamental de renovar el Islam y devolverle su antiguo poder. Para ello era necesario defenderse de la agresión imperialista de Europa, y el método de defensa más eficaz era el de reconstruir un estado musulmán poderoso. El Imperio otomano podía servir para ese objetivo, aunque Ŷamāl al-Dīn al-Afgānī era en esencia un panislamista que quería restaurar la unidad de la *umma*. Para renovar el espíritu religioso, por otra parte, era necesario que los musulmanes alcanzasen una mejor comprensión de su propia cultura. Según al-Afgānī, el Islam no es sólo una religión, sino una civilización en el sentido más amplio del término. Era necesario regresar a los orígenes, al ejemplo de los *salaf*, la primera generación de creyentes: los compañeros y sucesores del Profeta (de cuyo nombre deriva el término *salafiyya*). Pero también resultaba indispensable revalorizar la potencialidad racional del Islam. Hacía falta dirigirse hacia el progreso y el desarrollo (Ŷamālal-Dīn era bien consciente de la superioridad de Occidente a ese respecto), es decir hacia una modernidad con la que el Islam se encontrase en total armonía.

El discípulo más eminente de Ŷamāl al-Dīn al-Afgānī fue Mohammed 'Abduh (1849-1905), el principal teórico de la *salafiyya*. 'Abduh había estado en compañía de su maestro en El Cairo durante los años setenta del siglo XIX. Comprometido con la insurrección de 'Urābī Bajá, se reunió posteriormente con él en París, donde colaboró en la redacción de *El vínculo indisoluble*. Tras algunos años de exilio en el Líbano, 'Abduh pudo volver a su país, donde fue nombrado muftí (la principal autoridad religiosa) de Egipto. Se implicó en la reforma del sistema educativo, sobre todo de al-Azhar, y promulgó opiniones jurídicas (fetuas) de gran modernidad. 'Abduh no escribió mucho, aunque sus escasos textos fueron extremadamente eficaces: un *Tratado sobre la unicidad divina*, verdadero ensayo moderno de teología islámica[2]; un libro polémico y apologético en defensa del Islam (*El Islam y el Cristianismo frente a la ciencia y la civilización*); y la primera parte de un comentario coránico fundamental que luego sería continuado por su heredero espiritual, Rashīd Ridá. 'Abduh estaba convencido de que el Islam era una religión genuinamente racional. El Islam, según 'Abduh, no sólo exige que se crea, sino que impone que se razone. La temática teológica y los dogmas de fe no son meramente afirmados por el Corán, sino que están argumentados a la luz de

---

[2] M. 'Abduh, *Trattato sulla unicità divina* (edición a cargo de G. Soravia, Il Ponte, Bolonia, 2003).

la razón. Por ello el Islam no tiene nada que envidiarles al Cristianismo y la civilización occidental por lo que respecta a la apertura a la ciencia y el progreso[3]. 'Abduh era un neomutazilista: defendía el libre albedrío humano frente a la predestinación, la funcionalidad de las causas segundas y las leyes científicas de la naturaleza (frente a la teología tradicional, de tendencia ocasionalista) y la creación del Corán (contrariamente a la teología tradicional, que lo considera increado). Estaba imbuido de filosofía clásica islámica, en especial de la aviceniana. Sostenía la necesidad de volver a los *salaf*, a un Islam puro y originario, pero sin un conformismo supino.

'Abduh reunió a su alrededor un vasto grupo de alumnos de las más variadas tendencias. El hecho de que muchos de los modernistas citados en el parágrafo anterior, desde Qāsim Amīn hasta Lutfi al-Sayyid, fuesen amigos o discípulos suyos, pese a ser mucho más «laicos» que su maestro, demuestra que la mentalidad de éste era bastante abierta, y que sus enseñanzas estaban orientadas a una reexaminación racional del Islam.

Más tradicional y, en un sentido estricto, más coherentemente salafista fue Rashīd Ridá (1865-1935), un sirio que pasó, sin embargo, la mayor parte de su vida en El Cairo. Ridá leyó el mensaje de 'Abduh con un planteamiento principalmente apologético, aunque orientado a reformar el Islam (*islāh*). Fue un organizador y un publicista, y continuó el comentario del Corán iniciado por 'Abduh —aunque sin llegar a completarlo— en la revista que dirigía, *Al-Manār* (*El faro*). El influjo de Ridá fue notable, especialmente en lo que respecta a la fundación de la Hermandad Musulmana, como veremos en el capítulo sexto.

[3] Tal vez merezca la pena citar aquí, aunque no se trate de un intelectual de Oriente Medio, al filósofo indio (hoy diríamos pakistaní) Mohammed Iqbāl (1873-1938). Éste extremó el carácter racional del Islam hasta el punto de sostener que la ciencia occidental es a fin de cuentas un producto directo de la herencia y la cultura islámicas.

Ŷamāl al-Dīn al-Afgānī, 'Abduh y Ridá forman una tríada de pensadores y activistas que tuvo un papel fundamenteal en el establecimiento de las bases del reformismo islámico, es decir de un reformismo del Islam endógeno, y no exógeno como podía ser el de la *nahda*. Su contribución fue esencialmente educativa y cultural, aunque, como veremos, la evolución del Islam contemporáneo lo encaminó mayormente en la dirección de la movilización política.

Segunda parte

Entre la Primera y la Segunda Guerra Mundial

Capítulo IV

La reestructuración política de la región

1. ORIENTE MEDIO DURANTE LA PRIMERA GUERRA MUNDIAL

La Primera Guerra Mundial representó una línea divisoria para Oriente Medio. Las poblaciones de esa región se vieron directa y gravemente implicadas, ya porque pusieron soldados a disposición de los ejércitos de las metrópolis coloniales (como los magrebíes para Francia), ya porque aportaron mano de obra e infraestructuras para las operaciones bélicas (como Egipto respecto a Gran Bretaña). En algunos casos eso tuvo importantes consecuencias en el plano social que alimentaron las reivindicaciones de independencia. En Egipto, por ejemplo, la injerencia extranjera implicó por un lado un empeoramiento adicional del estado social de los campesinos, y por el otro una aceleración de la conciencia nacionalista. En los protectorados magrebíes de Francia se reclutó a numerosos jóvenes que formaron batallones «árabes» que combatieron dentro del ejército regular de la madre patria colonial (tan sólo entre los argelinos se contaron 25.000 muertos). En Libia, como ya diremos más adelante, llegó incluso a proclamarse una república.

No obstante, las consecuencias más importantes de la guerra tuvieron lugar en el plano político. Por una parte, la perspectiva de que el Imperio otomano, aliado de los imperios centrales de Alemania y Austria-Hungría, se disgregase alimentó los apetitos coloniales no sólo de Francia y Gran Bretaña, sino también de Rusia e Italia. En el acuerdo de Constantinopla, de marzo de 1915, se le llegó a prometer a Rusia (aunque ciertamente Gran Bretaña y Francia esperaban no tener que respetar esa obligación) la anexión de Estambul, además del control de los estrechos. En general, los gobiernos de la Triple Entente aspiraban a conseguir un Oriente Medio asiático sometido a sus respectivas esferas de influencia: la de Rusia al Norte, dominando Anatolia y el Asia central (objetivo que también sería perseguido más tarde por el imperialismo soviético) con la perspectiva de realizar el antiguo plan de proyectarse hacia el Mediterráneo mediante el dominio de los Dardanelos; la de Gran Bretaña en el Sur, a fin de controlar el golfo Pérsico y la parte septentrional del océano Índico, vital para las comunicaciones inglesas con la India, y sobre todo para la protección de la perla del imperio; y la de Francia en el «centro», que correspondería a Siria y la alta Mesopotamia hasta Mosul, al parecer por meras razones de *grandeur* y enriquecimiento colonial mediante la explotación de los recursos locales.

Esas decisiones fueron tomadas en el plano teórico, ignorando por completo las necesidades y aspiraciones de las poblaciones locales, lo que tuvo graves repercusiones para la credibilidad de Occidente, sobre todo entre los árabes. Sus dos articulaciones fundamentales fueron los acuerdos Sykes-Picot de 1916 y la declaración Balfour de 1917, de los que resulta necesario analizar tanto los términos como (sobre todo) las consecuencias.

2. LOS ACUERDOS SYKES-PICOT Y LOS ACONTECIMIENTOS POSTERIORES

El tratado Sykes-Picot supuso una cínica traición de los compromisos diplomáticos adquiridos con anterioridad, y en particular con los árabes, por parte de Gran Bretaña. Es necesario, por lo tanto, describir los hechos con suma precisión. En la Meca, el jerife (descendiente del Profeta) Husayn al-Hāsimī soñaba con reconstruir un imperio árabe en los territorios en los que una vez habían reinado los califatos de los Omayyadi (omeyas) y los 'Abbāsidi (abasíes). En 1911 había llegado incluso a proponer su candidatura al califato. Es posible que al-Hāsimī fuese tan sólo un «notable» más reputado que los demás en la Arabia de aquella época, atento a los intereses de su familia y su clan, y ciertamente no un héroe de la independencia antiotomana, ni una especie de nacionalista árabe *ante litteram*. No obstante, su sueño parecía potenciar la esperanza de un resurgimiento de la antigua tierra del Profeta, que durante demasiados siglos había permanecido al margen de la alta política. Husayn tenía un adversario peligroso, el emir del Nechd, 'Abd al-'Azīz Ibn Sa'ūd, pero por el momento los ingleses contaban con él porque sabían que la aportación de los árabes en la lucha contra los otomanos podía resultar de gran ayuda para la Entente: los árabes podían, de hecho, distraer a un gran número de fuerzas otomanas de otros frentes (y no sólo en Oriente Medio), implicándolas en una extenuante guerra de guerrillas en territorios duros, desérticos, mal comunicados y, por lo tanto, difíciles de defender.

La correspondencia que el jerife mantuvo con el nuevo cónsul general británico en El Cairo, sir Henry McMahon, entre julio de 1915 y marzo de 1916 parecía presagiar lo mejor para los árabes. Por ejemplo: el 24 de octubre de 1915 McMahon le mandó a Husayn una carta en la que, pese a ciertas reservas, reconocía y aprobaba «la independencia de los árabes en los territorios incluidos dentro de los límites y fronteras propuestos por el jerife de la Meca»[1]. Parecía un reconoci-

---

[1] Cit. en el libro de M. Yapp *The Making of the Modern Near East. 1792-1923* (Longman, Londres, 1987), p. 279.

miento de las aspiraciones de los hachemitas, aunque aún quedaba lejos el establecimiento claro, tanto por parte de los unos como de los otros, de cuáles eran los territorios y las fronteras a los que se hacía alusión. Confortado por las propuestas inglesas, en octubre de 1916 Husayn se decidió a proclamarse rey de los árabes, aunque las potencias europeas no quisieron reconocerlo con ese título, sino solamente como rey del Hiyaz, lo que suponía un considerable reajuste de sus pretensiones.

Mientras tanto, el 3 de enero de 1916 el plenipotenciario inglés, Mark Sykes, y el plenipotenciario francés, François Picot, firmaron un tratado en el que (retomando los términos de la entente de Constantinopla) se le reconocía a Gran Bretaña una influencia exclusiva en el bajo Iraq y, en general, en todos los territorios árabes al sur de la Media Luna Fértil, desde Palestina hasta el golfo Pérsico, mientras que a Francia se le reconocía una influencia exclusiva desde Siria y el Líbano hasta Mosul, en el alto Iraq. En un nivel totalmente teórico, eso no entraba en conflicto con la hipótesis de crear un estado árabe, tal vez bajo la égida de Husayn de la Meca o alguno de sus hijos, 'Abdallāh y Faysal, a condición de que aquél fuese obsecuente con los deseos de Occidente. Pero de hecho la redistribución de los territorios árabes tras la tan esperada caída del Imperio otomano, aunque se hubiese llevado a cabo reconociendo su independencia, iba a estar inevitablemente limitada por el gravoso condicionamiento de la injerencia, benévola pero interesada, de las dos mayores potencias coloniales. Así, cuando en 1917 estalló la insurrección árabe que llevaría al segundo hijo de Husayn, Faysal, a Damasco con la ayuda de los ingleses y el mítico Thomas Lawrence («Lawrence de Arabia»), Gran Bretaña y Francia ya sabían que las aspiraciones árabes iban a verse frustradas, y que serían los europeos los que tendrían la última palabra sobre los territorios arrebatados a los otomanos derrotados. La llamada «Declaración de los siete» del 16 de junio de 1918 tiene por lo tanto un cierto regusto irónico: Gran Bretaña garantizaría «la independencia completa y soberana de los árabes que habitan esta área [y que] el futuro gobierno de estas regiones se basaría en el principio del consenso entre los gobernantes».

La insurrección árabe fue particularmente eficaz, y contribuyó en buena medida a debilitar la resistencia otomana. También gracias a la insurrección árabe, además de a la eficiencia de sus destacamentos, le resultó posible al general Allenby derrotar a los otomanos y subir desde El Cairo en dirección a Siria, pero allí las veleidades de los árabes fueron reprimidas bien pronto. El 1 de octubre de 1918 las milicias irregulares árabes del emir Faysal Ibn Husayn fueron las primeras en entrar en Damasco, seguidas por las tropas regulares británicas de Allenby. Los nacionalistas proyectaron inmediatamente un gobierno árabe en Siria. Se convocó un congreso nacional de junio de 1919 a julio de 1920, pero las tensiones tribales internas, la falta de funcionarios idóneos para la tarea de organizar *ex nihilo* una administración y la dificultad de poner en pie un ejército eficiente ralentizaron su trabajo, volviéndolo extremadamente fatigoso. Faysal llegó incluso a viajar a París para solicitar de la conferencia de paz el reconocimiento de la independencia de «Arabia», pero las decisiones de las grandes potencias iban a ir en otra dirección. Impulsada por el presidente estadounidense Wilson, en el verano de 1919 una comisión de investigación conocida como «Comisión King-Crane» había sondeado a la opinión pública siria, y había concluido que, a excepción de la comunidad católica, los sirios deseaban exclusivamente la independencia, y se mostraban más favorables a Gran Bretaña que a Francia. Pese a ello, en septiembre de 1919 Gran Bretaña y Francia acordaron en Deauville una inmediata evacuación británica que les dejaría el campo libre a los galos. El gobierno inglés, a pesar de las promesas hechas en el pasado, respondió a las interpelaciones de Faysal aconsejándole que tratase de sacarle a Francia todo lo que pudiese, admitiendo así de forma implícita que se desentendía de esa cuestión tanto en el presente como en el futuro.

El Congreso Nacional Árabe, en un último gesto de orgullo, le ofreció el 7 de marzo de 1920 a Faysal el trono de la Gran Siria, y dicho reinado llegó en efecto a proclamarse. Pero Francia, segura de que Gran Bretaña no comprometería en modo alguno las amistades europeas a causa de los asuntos de Siria, no estaba dispuesta a aceptar el hecho consumado. Con el pretexto de poner fin a las hostilidades antifrancesas, cada vez más graves y extendidas en esa zona, en julio de 1920 las tropas francesas desembarcaron en el Líbano, y poco después sometieron Damasco a un bombardeo. El tropel que componía el «ejército nacional» árabe fue aplastado, y el 1 de agosto Faysal tuvo que abandonar Siria para refugiarse en Palestina.

La situación se estabilizó al margen de la conferencia de paz de París: primero con la conferencia de San Remo, en abril de 1920, que justamente estableció el reparto de Oriente Medio en mandatos, siguiendo *grosso modo* las líneas previstas ya por los acuerdos Sykes-Picot; y luego con los tratados de Sèvres (de agosto de 1920) y Lausana (estipulado entre diciembre de 1922 y julio de 1923). En esas sedes diplomáticas se estableció que los «mandatos» implicarían para Francia y Gran Bretaña una especie de administración fiduciaria de los territorios de Palestina y la Media Luna Fértil (pero no llegó a preverse cuál habría de ser su evolución posterior, ni la obligación o el modo de satisfacer las aspiraciones de los árabes). Ahora bien, aunque los signatarios no estaban concienciados de que algo habría que cederles a los árabes (ni tenían la voluntad de hacerlo), la situación evolucionó precisamente en esa dirección.

En noviembre de 1920 'Abdallāh, el hijo mayor de Husayn de la Meca, subió hacia Siria a la cabeza de un pequeño pero aguerrido grupo de beduinos. Esa jugada preocupó a los franceses, que habían manifestado claramente su intención de conservar su influencia sobre la región al transformar el mandato en un auténtico control colonial, y los llevó a pedirle a Gran Bretaña que interviniese. En la conferencia de El Cairo, de marzo de 1921, se decidió separar Transjordania de Palestina, dejando aquélla en manos de 'Abdallāh. Ese emirato no fue proclamado oficialmente hasta 1923, y tendría que esperar hasta 1946 para transformarse en un verdadero reino, que cambiaría su nombre por el de Jordania.

La formación de Iraq fue menos lineal. La intención francesa de permanecer en Siria requería ciertas medidas respectivas a las tierras de la Media Luna Fértil sometidas al mandato británico. Varios elementos convergían para favorecer el nacimiento de un estado (o al menos un organismo político autónomo) en Mesopotamia: la posibilidad de explotar los recursos petrolíferos, el plan estratégico para proteger el flanco occidental de la India, el deseo de contrabalancear la agresividad francesa y responder a ella en el plano del prestigio como potencia y la convicción de que Basora, ciudad clave para el plan estratégico antedicho, sólo podía ser controlada a través de Bagdad, y ésta, a su vez, únicamente a través de Mosul. El gobierno de Londres albergaba, con todo, ciertas dudas sobre cómo debería proceder. La situación cambió cuando, durante la segunda mitad de 1920, estalló por toda la zona que hoy en día llamamos Iraq una serie de revueltas en las que actuaron sociedades secretas nacionalistas, y que tuvieron también una específica orientación religiosa (los chiíes, por ejemplo, protestaban por la presencia de europeos «infieles» en las ciudades santas de Najaf y Karbalā'). La clásica regla colonial británica del *indirect rule* aconsejaba hacer de Mesopotamia un reino formalmente independiente, que debería permanecer de todos modos bajo estrecha supervisión británica. Así, en el verano de 1921, tras un referéndum que, obviamente, confirmó la preferencia de la población local por tener un gobierno árabe, se le consintió a Faysal que se ciñese la corona de Iraq, que agrupaba las antiguas provincias otomanas de Mosul, Bagdad y Basora. El nuevo estado permaneció, no obstante, bajo la férrea tutela de los británicos, que vieron reconocido su derecho de interferir en las cuestiones presupuestarias, de defensa y de política exterior. Ese estado, además, resultaba particularmente heterogéneo (y, por lo tanto, frágil) precisamente a causa de la fragmentación étnica y religiosa sobre la que se había construido. De hecho, Iraq reunía un sur (árabe) chií, un centro (árabe) suní y un norte predominantemente curdo (suní). Así se asentaron los cimientos de las rivalidades internas de carácter religioso, sectario y étnico que tendrían grandes consecuencias después de la guerra de 2003.

Si bien ambos hijos de Husayn habían visto satisfechas algunas de sus ambiciones, fue el propio Husayn quien quedó abandonado. El fracaso de su sueño de resucitar un califato árabe le iba a dejar cada vez más espacio al agresivo señor del Nechd, 'Abd al-'Azīz Ibn Sa'ūd. Inmediatamente después de la Primera Guerra Mundial, las fuerzas saudíes se enfrentaron a menudo con las del jerife en auténticas batallas, y los mecanos se llevaron, por lo general, la peor parte, hasta que en 1925 el Hiyaz quedó bajo la directa soberanía saudí. Gran Bretaña se lavó las manos respecto a ese conflicto de la Península Arábiga, mientras que decidió conservar la posesión de Adén, aunque no fuese estrictamente necesaria para la defensa de la India. En cuanto a Palestina, ésta permaneció bajo la directa administración británica.

Pese a esos tardíos intentos de realizar un «desagravio» objetivo, la «traición» a los árabes y la evidente voluntad imperialista de Francia tuvieron un peso enorme durante las décadas siguientes, puesto que los árabes habían comprendido que no podían fiarse de los europeos. Francia, por ejemplo, interpretó su mandato en un sentido netamente colonial. Un gesto claro en esa dirección fue la división de la Gran Siria en el Líbano y Siria propiamente dicha. Estas dos entidades estatales nacieron oficialmente en 1924 (Siria) y 1926 (el Líbano), aunque sin ninguna autonomía real.

Los franceses permitieron en 1926 precisamente que el Líbano se proclamase una república y adoptase una constitución, pero ésta contenía peligrosos elementos de ambigüedad que más tarde se pondrían de manifiesto. De hecho, no había existido en toda la historia —ni durante la Edad Media ni bajo el Imperio otomano— una entidad política con el nombre de «Líbano». Las fronteras del nuevo estado, trazadas sobre el papel por los franceses, reunían bajo una única bandera un conjunto heterogéneo de confesiones religiosas. Si los habitantes del Líbano podían de hecho ser considerados todos árabes por su idioma y su cultura, la fragmentación confesional enfrentaba a unos contra otros. Los enfrentaba por sus intereses económicos, así como por sus lealtades y sus alianzas políticas. En 1926 la mayoría (55%) de los libaneses era cristiana, y entre esos cristianos la confesión con más fieles era la maronita. Los cristianos estaban muy unidos a los franceses, y no estaban en absoluto a favor de ningún tipo de iniciativa, árabe o no, que se moviese en la dirección del (pan)islamismo. Los seguían después, en orden de relevancia cuantitativa, los musulmanes suníes, los musulmanes chiíes y los drusos. En conjunto había dieciocho grupos de pertenencia religiosa reconocidos. La constitución, cuya formulación definitiva se data de 1943, terminó por fotografiar políticamente esa jerarquía cuantitativa. El cargo de presidente de la república (en un sistema explícitamente presidencialista) le correspondía a un cristiano (más concretamente a un cristiano maronita); el de primer ministro, a un musulmán suní; y el puesto de *speaker* (es decir, presidente) del parlamento, a un musulmán chií. La constitución reflejaba las relaciones de fuerza existentes, pero resultaría inadecuada en cuanto dichas relaciones cambiasen. Además, la manifiesta convergencia de intereses entre franceses y cristianos anticipaba un motivo de fricción y hostilidad entre las comunidades cristianas y las islámicas o paraislámicas (los drusos) que más adelante (piénsese en la guerra civil de 1975 a 1989) iba a tener resultados desastrosos.

Por lo que a Siria respecta, tras una revuelta protonacionalista durante el bienio 1925-1927, sofocada por los franceses no sin dificultades, en 1928 se celebraron elecciones para formar una asamblea constituyente que debía preparar la carta fundamental del estado. Los nacionalistas obtuvieron la mayoría, pero la constitución que elaboraron en 1930, que apuntaba a la reivindicación de la formación de una Gran Siria (es decir, un estado que comprendiese también el Líbano) y vaciaba explícitamente de significado el mandato, fue ignorada por Francia, que impuso una mucho más moderada. En 1932 se celebraron unas elecciones políticas de las que surgió una élite de notables moderados del agrado de Francia, aunque el bloque nacionalista, que había obtenido un cuarto de los escaños, hiciese notar su tendencia anticolonial.

Resultaría ciertamente forzado achacarles a los acuerdos Sykes-Picot todas las evoluciones políticas que hemos bosquejado hasta ahora. Esos acuerdos, sin embargo, ponen de manifiesto hasta qué punto existía un elemento de insinceridad y ambigüedad que había dominado desde el primer momento las relaciones entre las potencias coloniales europeas y los árabes. El fallo se encontraba por lo tanto en el origen, y de hecho explica la evolución subsiguiente. Todos los estados árabes surgidos, en periodos más o menos largos, del sistema de mandatos (Transjordania, Iraq, el Líbano y Siria) se mostraban en el fondo como creaciones artificiales, resultado de los juegos diplomáticos de las grandes potencias, y por lo tanto sobre su futuro gravitaba una considerable hipoteca.

3. LA DECLARACIÓN BALFOUR Y LA CUESTIÓN DE PALESTINA

Las implicaciones de la llamada «declaración Balfour» fueron aún más graves, si es posible, que las de los acuerdos Sykes-Picot. En 1897 el Congreso Sionista de Basilea, dominado por la figura de Theodor Hertzl, había auspiciado el regreso de los judíos de la diáspora a Palestina. Con ese proyecto se había identificado, entre otros, un activo e influyente propagandista, el doctor en química Jaim Weizmann, que había trabajado para el gobierno inglés, dentro del cual tenía muy buenas conexiones, con el fin de obtener su reconocimiento y su compromiso. Precisamente gracias a Weizmann el gabinete de Londres hizo pública el 2 de noviembre de 1917, a través del ministro de Asuntos Exteriores, lord Balfour, la declaración homónima según la cual Su Majestad veía con buenos ojos la institución de un hogar para los judíos en Palestina, y comprometía al gobierno a favorecer su creación. Los motivos reales y profundos de la declaración Balfour contienen algunos elementos ambiguos. Aunque Gran Bretaña deseaba mantener buenas relaciones con los Estados Unidos y Rusia, y si bien la comunidad judía inglesa simpatizaba con el sionismo, no parecía que existiese una relación directa entre los intereses estratégicos de Gran Bretaña en Palestina y el sionismo. Puede que otros factores contribuyesen también: el moralismo victoriano, deseoso de recompensar a un pueblo, el judío, sometido desde hacía siglos a persecuciones y exilios; el deseo de asegurarse un apoyo más sólido en Oriente Próximo, haciendo de los sionistas una especie de avanzadilla de los intereses británicos (y, por extensión, europeos) en aquella zona; la convicción de que las influyentes minorías hebreas de Rusia y los Estados Unidos le estarían agradecidas a la corona británica por su intervención, etcétera. Ninguna de esas motivaciones, si se toma de manera aislada, resulta sin embargo verdaderamente convincente. Podría incluso suponerse que la declaración Balfour no fuese más que un romántico gesto de amistad. En cualquier caso, dicho documento representó la autorización objetiva que muchos sionistas estaban esperando para poder dar comienzo a una inmigración legal a la tierra de sus antepasados.

Cierto es que los flujos migratorios se mantuvieron durante mucho tiempo bastante limitados. Algunos datos estiman que en 1922 los judíos en Palestina eran alrededor de 80.000 dentro de una población total de 750.000 personas, y en 1929 eran 156.000 en un total de casi un millón, lo que representaba una clara minoría[2]. El sionismo que se estaba afirmando en Palestina era además un movimiento de origen casi exclusivamente europeo (por lo menos durante esas primeras fases) y «laico»: el factor estrictamente religioso era importante, pero no decisivo; resultaba mucho más significativo el elemento étnico, de identidad nacional hebrea, vinculada a la tierra de los ancestros. Además, muchos inmigrantes traían consigo ideas socialistas y proyectos de experimentación política y económica como los kibutz, cooperativas agrícolas no muy diferentes de las soviéticas. Los judíos comenzaron en seguida a disputarles a los árabes el agua y la tierra, los dos bienes primordiales de Palestina (en especial el primero), que aún hoy están en el centro de sus preocupaciones políticas. La ocupación de las tierras tuvo lugar por medio tanto de la compra directa a propietarios árabes transigentes como de violentas expropiaciones. Esa disputa condujo por lo tanto, de forma inmediata, a tensiones, conflictos y enfrentamientos. Los judíos supieron organizarse con prontitud. Nacieron organizaciones como el Mapai (Partido de los Trabajadores de la Tierra de Israel), que se convirtió en el principal organismo de representación política del sionismo en Palestina, la Histadrut, una poderosa central sindical que coordinaba las actividades y las reivindicaciones económicas en el plano político, y finalmente el Hagana, una suerte de ejército regular, bien pertrechado y organizado.

[2] Véase el libro de T. Fraser *Il conflitto arabo-israeliano* (Il Mulino, Bolonia, 2004[2]), p. 15.

El problema de la convivencia de dos pueblos (y dos culturas distintas) en la misma tierra se convirtió rápidamente en un factor decisivo. Y la mayor parte de las comisiones que trabajaron para estudiar la situación (la Peel de 1937, por ejemplo) llegaron a la preocupante conclusión de que tanto árabes como judíos eran irreductibles, y que una división del territorio parecía, por lo tanto, la solución más lógica y deseable. Gran Bretaña era la potencia que tenía la mayor parte de la responsabilidad de esa situación, puesto que Palestina era uno de sus mandatos. La política británica, sin embargo, fue tan oscilante como de costumbre. Durante los años treinta, a pesar de las persecuciones hitlerianas en Europa (o, por el contrario, precisamente a causa de ellas), el flujo migratorio se intensificó, y en 1936 la población hebrea rondaba las 400.000 personas. Eso irritó y preocupó a los árabes, y fue una de las causas que provocaron el estallido, ese mismo año, de la «gran revuelta árabe» en Palestina. Encabezada por el muftí de Jerusalén, Haŷŷī Amīn al-Husaynī (Husseini), perteneciente a una de las familias arabopalestinas más ricas e importantes, la revuelta obtuvo el apoyo de la opinión pública árabe. Tenía un marcado carácter anticolonialista, y se manifestó mediante acciones de guerrilla, pero sobre todo con una serie de duras huelgas que pusieron en crisis las estructuras económicas y sociales locales. A Gran Bretaña le costó mucho controlar la revuelta, utilizando de manera intensa incluso el ejército, pero las manifestaciones fueron apagándose progresivamente. Husseini no fue un jefe a la altura de los problemas a enfrentar. La peligrosidad de la situación y la necesidad de no enemistarse políticamente con los árabes, en parte para seguir controlando las fuentes petrolíferas, llevaron a los ingleses a publicar en 1939 un libro blanco en el que se le ponía un límite preciso a la inmigración judía a Palestina. De esa forma se frustró el propósito de la declaración Balfour, y los sionistas constataron que ya no podían contar con los ingleses. Además, si el gobierno de Londres había considerado en un primer momento la posibilidad de una repartición, después se decidió a abandonar ese proyecto. El resentimiento de los judíos hacia los británicos se fue volviendo más y más intenso, y se transformó en una auténtica intención de sublevación.

Capítulo V

Las inquietudes de la posguerra

1. LA CAÍDA DEL IMPERIO OTOMANO Y EL NACIMIENTO DE LA TURQUÍA MODERNA

El nacimiento de la Turquía moderna fue un proceso particularmente violento y doloroso. El armisticio firmado en el puerto de Mudros el 30 de octubre de 1918 había apartado al Imperio otomano de la guerra, pero los verdaderos problemas, al igual que para todas las potencias derrotadas, iban a comenzar precisamente entonces. Tal y como sucedió con Alemania, que fue injustamente acusada de ser la principal (o incluso la única) responsable del conflicto por los vencedores, que la castigaron en consecuencia[1], las potencias de la Triple Entente estaban resueltas a usar el puño de hierro con los otomanos. Si en 1917 se les había hecho saber a los estadounidenses que uno de los objetivos de la guerra por parte de la Entente era el de «barrer de Europa al Imperio otomano, que había demostrado ser totalmente ajeno a la civilización occi-

---

[1] Hay que recordar que la miopía de los vencedores con respecto a Alemania fue una de las razones no menos importantes que atizó un espíritu nacionalista y revanchista que Hitler supo aprovechar a su debido tiempo, con todas las consecuencias del caso.

dental»[2], al final del conflicto un influyente funcionario del Ministerio de Asuntos Exteriores inglés, Ronald Graham, dijo: «es absolutamente esencial para nosotros, si queremos un futuro de paz y orden en la India, Egipto y el mundo musulmán, demostrar con una claridad inequívoca que los turcos han sido derrotados y deben ser obligados a aceptar las condiciones que les impondremos»[3]. Además, durante las conversaciones entre las potencias vencedoras inmediatamente posteriores al armisticio, a la inflexible postura de los británicos se le iban a sumar las aspiraciones de los griegos. El primer ministro heleno, Elefterios Venizelos, logró convencer a los aliados de que satisfacer las ambiciones de Atenas significaría contribuir a debilitar aún más a los otomanos. Los griegos pudieron, por lo tanto, ocupar militarmente Esmirna sin disparar ni un solo tiro en mayo de 1919, aunque su invasión, acompañada de agresiones y actos violentos, dispuso a la población local en su contra.

El sultán Mehmet (Mohammed) VI y los principales miembros del gobierno estaban convencidos de la imposibilidad de resistir a las presiones e intimaciones de los aliados. Por eso, cuando en las regiones orientales de Anatolia se manifestaron las primeras oposiciones organizadas al armisticio y la injerencia griega por parte de nacionalistas turcos, decidieron enviar a un hombre enérgico para restablecer el orden. Se eligió a un brillante general de cuarenta años que se había distinguido durante la guerra como un hábil comandante: Mustafá Kemāl. Éste, sin embargo, lejos de reprimir la oposición, se puso al mando de los nacionalistas. Tras un primer congreso en Erzurum, y durante la realización del segundo en Sivas, en sep-

[2] Cit. en el libro de R. Schulze *Il mondo islamico nel XX secolo* (Feltrinelli, Milán, 2004), p. 65.
[3] Cit. en M. Yapp, *The Making of the Modern Near East. 1792-1923* (Longman, Londres, 1987), p. 299.

tiembre de 1919, se promulgó un pacto nacional que proclamaba que todos los territorios habitados mayoritariamente por musulmanes debían ser considerados como partes integrantes del estado otomano. El pacto pretendía, evidentemente, evitar la desmembración que se cernía amenazadoramente sobre el Imperio. Pero la ira de los nacionalistas se avivó aún más cuando, el 16 de marzo de 1919, las tropas aliadas obligaron al gobierno, al que juzgaban demasiado acomodadizo con respecto a los independentistas, a dimitir, y procedieron a ocupar virtualmente Estambul. El 23 de abril de 1920 se reunió la Gran Asamblea Nacional Turca, que además de escoger Ankara como su capital reivindicó la gestión de los poderes ejecutivo y legislativo. El sultán-califa Mehmet VI siguió, por otra parte, siendo reconocido, y se estipuló reservarle un cierto papel dentro de un estado turco renacido. El 1 de abril de 1921 fue promulgada además una constitución.

De hecho, el tratado de Sèvres confirmó las lúgubres previsiones de quienes temían la disgregación del Imperio. El tratado preveía varios puntos: 1) el control militar extranjero de los estrechos y una substancial internacionalización de los mismos; 2) la cesión a Grecia de toda Tracia, el territorio de Esmirna y algunas islas de la costa anatolia (¡e incluso se había hablado de cederles a los griegos la mismísima Estambul!); 3) el nacimiento de una Armenia independiente mediante la substracción de tierras a la Anatolia nordestal. El Curdistán permanecería por el momento en manos otomanas, pero estaba prevista su independencia para antes o después. Y eso sin tener en cuenta que, al haber abandonado temporalmente la conferencia de paz, Italia no había visto reconocidas sus ambiciones sobre la zona de Antalya (aun habiendo conseguido las islas del Dodecaneso), aunque no había renunciado a hacer valer sus intereses en un futuro. En resumen, se trataba de unas condiciones durísimas, explícitamente orientadas a la aniquilación de los otomanos y la reducción del antiguo imperio a un muñón de territorio carente de fuerza económica y política. El tratado de Sèvres podría no haber sido, sin embargo, suficiente para provocar una respuesta efectiva por parte de los nacionalistas si los griegos no hubiesen desencadenado en 1921 ofensivas adicionales hacia el Este, llegando incluso a amenazar Ankara. El peligro consolidó las filas de los turcos, estimulando su espíritu de reacción. Mustafá Kemāl organizó hábilmente un ejército que en agosto de 1922 se movilizó en una violenta contraofensiva. A causa también de las dificultades políticas en su propio país, los griegos se colapsaron rápidamente, y a ya principios de septiembre los nacionalistas estaban liberando Esmirna, y firmaron el subsiguiente armisticio desde una posición de fuerza: pese a que se admitía una momentánea presencia extranjera en los estrechos, la administación civil de todas las zonas ocupadas les era restituida a los turcos, mientras que a los griegos se les imponía una evacuación total. El posterior tratado de Lausana le reconocía finalmente a Turquía unas fronteras seguras, estabilizaba la extensión de los territorios europeos del estado (confirmando la posesión de Estambul y ampliando los confines hasta Edirne) y devolvía definitivamente a manos turcas el control de los estrechos. El 2 de octubre de 1923 las últimas tropas británicas abandonaron Estambul.

Así, los proyectos de las potencias occidentales vencedoras para construir un nuevo orden sobre los escombros del Imperio otomano fracasaban ignominiosamente. Es posible que en este caso, bien distinto del de la repartición de la Media Luna Fértil árabe, las ambiciones coloniales fuesen excesivas, ya que Estambul y Anatolia componían un bloque territorial y cultural homogéneo. Por otra parte, el nuevo gobierno de Ankara había procedido inmediatamente, ya en 1920, a iniciar un diálogo con los bolcheviques, y eso reforzó sin lugar a dudas su posición. La amistad entre nacionalistas turcos y revolucionarios rusos fue, por otro lado, de corta duración, pero resultó útil para las necesidades de ese momento.

El paso del uso del nombre de «Imperio otomano» al de «Turquía» derivó del hecho de que, ya en 1922, tras la liberación de Estambul, la Asamblea Nacional de Ankara, liderada por Mustafá Kemāl, había procedido a abolir el sultanato, poniendo fin así a un imperio que había durado seis siglos. Mehmet VI fue depuesto, mientras que a ʿAbd al-Maŷīd II, su efímero sucesor, se le permitió conservar el título honorífico de califa y el prestigio de ser el líder espiritual de los musulmanes. El 29 de octubre de 1923 se proclamó la República Turca, y Mustafá Kemāl se convirtió en su presidente. En marzo de 1924 el califato espiritual fue finalmente abolido. El fin de este califato, una institución cuya historia había estado siempre estrechamente entrelazada con el Islam, del que había sido inseparable, suscitó una gran oleada de emoción: en el primer parágrafo del capítulo sexto examinaremos estos aspectos de doctrina política.

La República Turca pronto se caracterizó, bajo el impulso indiscutiblemente iconoclasta y modernizador de Mustafá Kemāl, como una realidad completamente peculiar dentro del Oriente Medio musulmán. Apenas fue nombrado, el presidente promovió una serie masiva y sistemática de reformas constitucionales, culturales y de las costumbres encaminadas a cambiar completamente el rostro del estado, y que le valieron el sobrenombre de Atatürk, el «padre de los turcos». Fueron precisamente el Islam y su organización los que recibieron los golpes más duros: las escuelas coránicas fueron clausuradas; los ulemas, privados de sus funciones; y las órdenes místicas, disueltas. Con el paso del tiempo, el Islam dejó de ser la religión oficial, y Turquía fue el único estado de mayoría musulmana que abolió ese principio constitucional. Incluso el derecho de familia fue reformado, introduciendo el matrimonio civil y aboliendo la poligamia. En 1932 se extendió el de-

recho a voto a las mujeres. La adopción del calendario grego-
riano en lugar del que se basa en la hégira del Profeta y el abandono del alifato, substituido por el alfabeto latino, fueron
reformas en apariencia menos substanciales, pero de un profundo significado simbólico, puesto que pretendían separar a
Turquía del mundo islámico (y de «Oriente») y proyectarla
hacia Europa, una aspiración que este país alberga aún con an-
siedad.

La actuación de Mustafá Kemāl puede ser ciertamente considerada como una «nacionalización del otomanismo», como ya
ha sido sugerido. Pero en realidad se trata de algo más, puesto
que abandonó la característica estructural islámica del otomanismo. La nueva Turquía se mostraba más bien como un país
fuertemente centralizado y estatalizado, cumpliendo en cierto
modo una de las reformas previstas ya por las *tanzīmāt*. En el
Imperio otomano el ejército había desempeñado siempre un
papel central, y en la nueva Turquía ese papel fue particularmente enfatizado, hasta el punto de que el ejército llegaría a
convertirse en el garante no sólo de la estabilidad del estado,
sino también de su laicización. Como podrá verse más adelante, eso no resulta en modo alguno una novedad dentro del
panorama político de Oriente Medio. En cualquier caso, se
trata de una peculiaridad poco favorable para los procesos de-
mocráticos, y Turquía tuvo que regirse durante mucho tiempo
mediante un régimen muy compacto, del que la militarización
y una turquización a veces exasperada fueron las características más constantes.

2. El experimento «liberal» en Egipto

En 1914, poco antes de que estallase la guerra, Gran Bretaña decidió transformar Egipto directamente en un protectorado, y con ese fin depuso al jedive ʿAbbās Hilmī II. Durante

la guerra el movimiento nacionalista (cuyos exordios ya han sido discutidos en el capítulo tercero) permaneció en calma, con la esperanza de que una vez terminado el conflicto Gran Bretaña reconocería las aspiraciones independentistas egipcias. Antes incluso de que se iniciasen las conversaciones de paz de París en 1919, una «delegación» (wafd) de nacionalistas encabezada por Sa'd Zaglūl, nuevo líder del movimiento, presionó a Londres para ver reconocidos los derechos de Egipto. Los británicos respondieron arrestando a Zaglūl. El pueblo egipcio se sublevó inmediatamente, dando lugar a lo que pasó a la historia como la «revolución» de 1919, y demostrando una insospechada madurez del sentimiento y la conciencia nacionales. A los ingleses les resultó difícil controlar la insurrección, que fue vasta e implicó a todas las clases sociales y todas las religiones del país. La revolución de 1919 fue tan sólo el primer acto de una continua tensión reivindicativa que inquietó a los británicos más previsores, temerosos de perder por completo el control de Egipto. Así, después de tres años de desórdenes, el gobierno de Londres aceptó en 1922 declarar unilateralmente a Egipto como una monarquía independiente, y Fu'ād, último descendiente de Mohammed 'Alī, se ciñó la corona. Se trataba de una independencia con un precio muy alto, ya que Gran Bretaña se reservó el control del ejército, la policía y el canal de Suez, y aspiraba a condicionar la política exterior del país.

Mientras tanto, la «delegación» encabezada por Zaglūl se había transformado en un partido (el Wafd, precisamente), y esa formación política se convirtió en el tercer actor principal, junto con el rey y Gran Bretaña, sobre el escenario egipcio de la era «liberal». Los treinta años que van de 1922 a 1952 son, de hecho, los del Egipto denominado «liberal» –probablemente la experiencia de liberalismo más orgánica del mundo árabe–. Es por lo tanto esencial entender los motivos del fracaso del liberalismo egipcio, a fin de comprender por qué fracasaron otras experiencias análogas (escasas, por otro lado) en el resto del mundo araboislámico.

Evidentemente, el primer motivo debe buscarse en la permanencia de la subordinación colonial. A pesar de que la injerencia inglesa era más discreta que en tiempos de Cromer, Egipto seguía fuertemente condicionado por las estrategias políticas de Gran Bretaña. Los nacionalistas trataron en repetidas ocasiones de arrancarles a los británicos algunas concesiones significativas, pero el acuerdo más favorable que lograron negociar fue el tratado de 1936. Éste contemplaba medidas «cosméticas» a favor de Egipto, como la substitución del alto comisario por un auténtico embajador o la entrada del país en la Sociedad de Naciones. Pero al mismo tiempo corroboraba el derecho de Gran Bretaña a mantener tropas en Egipto (a expensas del estado egipcio), utilizar las infraestructuras egipcias en caso de guerra y conservar la posesión del canal de Suez. Ni siquiera tras la Segunda Guerra Mundial logró alcanzarse una verdadera autonomía, y el acto unilateral con el que un gobierno wafdista denunció en 1951 el tratado de 1936 no tuvo ningún efecto práctico. Los ingleses no abandonaron Egipto hasta 1956, cuando las condiciones políticas del país habían cambiado ya de forma radical.

El segundo motivo del fracaso de la experiencia liberal consiste en la política autocrática o indiscutiblemente absolutista de los soberanos. Para empezar, Fu'ād, a quien la carta fundamental le reconocía amplios poderes entre los que se encontraba el de disolver el parlamento a voluntad, ejerció varias veces esa prerrogativa, mostrando su desprecio por las instituciones representativas. Basta pensar que entre 1922 y 1952 hubo diez legislaturas con una duración media de tres años, mientras que la constitución preveía cinco. Además, entre 1928 y 1934 el rey suspendió primero las garantías parlamentarias, para después poner en el gobierno (de 1930 a 1933) al reaccionario Ismā'īl Sidqī. Luego hizo que se abrogase la constitución de 1923, substituyéndola con otra, la de 1930, que duplicaba sus poderes. Tras la caída de Sidqī y la abolición de la carta fundamental promulgada por Fu'ād, en 1934 se dio la paradójica situación de un sistema constitucional que se sostenía (precariamente) sin que estuviese en vigor constitución alguna (posteriormente sería restaurada la de 1923).

También Fārūq, que sucedió a Fu'ād en 1936, trató de gobernar sin el parlamento, pero sobre todo intentó reprimir la actividad del Wafd. Por otra parte, albergó el proyecto de eludir el control inglés. Entre 1939 y 1942, mientras la guerra arreciaba, Fārūq trató de lograr que las riendas del ejecutivo fuesen controladas por uno de sus más fieles seguidores, el chambelán 'Alī Māher, al tiempo que no ocultaba sus simpatías por el eje italoalemán, precisamente por cuanto tenía de antibritánico. Gran Bretaña no podía consentir que Egipto fuese dirigido por un gobierno que le era desfavorable, por lo que en febrero de 1942 intimidó al rey con sus tanques para imponerle un ejecutivo wafdista. Bajo la amenaza de verse obligado a abdicar, Fārūq se doblegó. Ese acontecimiento fue vivido por la opinión pública como una auténtica vulneración de la dignidad nacional.

El tercer y tal vez más importante motivo del fracaso del liberalismo se encuentra en la debilidad del propio Wafd. Este partido, intransigente al principio, se fue volviendo con el paso del tiempo más y más acomodaticio. Fueron los wafdistas quienes estipularon el tratado de 1936, y también, como acabamos de decir, quienes se ofrecieron a gobernar bajo la protección militar británica en 1942. Esas oscilaciones socavaron la confianza del pueblo, que con el correr de los años terminó por dejar de identificarse con los antiguos nacionalistas. Por otra parte, el Wafd, pese a ser interconfesional (entre los barones del partido se encontraban muchos coptos), permaneció como una formación elitista, poco dada a prestar oídos a las reivindicaciones de las masas, reacia a poner en marcha auténticas reformas económicas y políticas y enredada en los juegos de poder. Desde 1922, además, y durante los años siguientes, sufrió varias escisiones que la debilitarion. Los partidos que brotaron del tronco wafdista (como el Liberal Constitucional o el Saadista) a menudo se mostraron complacientes con el rey y la corte. Las rivalidades recíprocas entre wafdistas, liberalistas constitucionales y saadistas condujeron en no pocas ocasiones a la parálisis de la actividad parlamentaria.

Después de 1945 Egipto cayó en una crisis irreversible. La mala situación económica fue el detonante de las graves protestas sociales. La desastrosa participación del país en la guerra de 1948 contra Israel (cfr. cap. VII, § 3) puso de manifiesto la poquedad y la corrupción de la clase dirigente. En el seno de la Hermandad Musulmana (cfr. cap. VI, § 2), la principal organización religiosa de arraigo popular, se abrió paso un brazo armado que organizó varios atentados. El rey se reveló incapaz de gestionar con energía la situación, y los partidos estaban agonizando, inmersos en sus controversias recíprocas. Los ingleses también contribuyeron por su parte a la crisis: en enero de 1952 el comandante de la guarnición de Ismailia, respondiendo a algunos sabotajes, ordenó abrir fuego sobre los policías y soldados egipcios atrincherados en un cuartel del canal de Suez, causando alrededor de cincuenta muertos. La ocupación extranjera resultaba cada vez más insoportable.

Era natural, por lo tanto, que se formasen grupos revolucionarios con el objetivo de dar un vuelco a la situación. Y era igualmente natural que dichos grupos revolucionarios naciesen fuera del marco de la legalidad institucional. En un año indeterminado (probablemente durante la Segunda Guerra Mundial, o poco después) había nacido entre los jóvenes oficiales del ejército la sociedad clandestina de los Oficiales Libres. Formaban parte de ella los que llegarían a ser protagonistas de la historia egipcia posterior: Ŷamāl 'Abd al-Nāsir (Nasser, el segundo presidente de la república), Anwār al-Sādāt (Sadat, el tercer presidente de la república) y 'Abd al-Hakīm 'Āmer, entre otros. Estos jóvenes no tenían una auténtica ideología: sentían el peso de las injusticias sociales, no soportaban la corrupción y la impotencia de la vieja clase dirigente y eran nacionalistas deseosos de liberar definitivamente a su patria. Con esas pocas ideas en la cabeza, tuvieron sin embargo la sagacidad y la habilidad de trabajar entre bambalinas e ir ganando numerosos adeptos para su causa.

Mientras Fārūq se engañaba pensando que gozaba de la fidelidad del pueblo, y los partidos y el gobierno estaban paralizados por sus luchas intestinas y su incapacidad para administrar el país, los Oficiales Libres consiguieron organizar un golpe de estado que llevaron a cabo con éxito el 23 de julio de 1952. El soberano fue forzado a exiliarse, aunque la república no fue proclamada hasta un año después. El grupo dirigente de los revolucionarios, consciente de su propia inexperiencia, trató durante los primeros meses de conservar un gobierno civil, mientras señalaba como líder de la revolución a un anciano y respetado general conocido incluso en el extranjero y visto con buenos ojos por el pueblo, Mohammed Naŷīb (Naguib). Pero pronto, con la ayuda de Naguib, nombrado primer presidente de la república, los militares asumieron en primera persona las responsabilidades del gobierno. Inmediatamente fue puesta en marcha una reforma agraria para aliviar la miseria de los campesinos (aunque con resultados en su conjunto insatisfactorios). Proclamaron que querían luchar contra el imperialismo extranjero, en favor de la unidad árabe y para restaurar la justicia en nombre del Islam (eso dijo Nasser en un discurso pronunciado pocas semanas después del golpe). Las grandes potencias, tranquilizadas por la prestigiosa figura de Naguib, no reaccionaron. Nacía así el Egipto republicano, cuyo destino lo llevaría a interpretar un papel central en la historia contemporánea de Oriente Medio.

3. LOS MOVIMIENTOS NACIONALISTAS EN EL MAGREB

Argelia

La derrota de Francia en la guerra contra Prusia de 1870 a 1871 y la caída de Napoleón III hizo que las condiciones fueran propicias para una sedición árabe en Argelia. Las malas condiciones económicas, agravadas por una serie de carestías y epidemias, así como la cada vez más extendida injerencia francesa, empujaron a los argelinos, precisamente en 1871, a una vasta insurrección tribal encabezada por Mohammed al-Muqrānī. Las confusas aspiraciones independentistas de los rebeldes estaban más impregnadas de religión que de un nacionalismo moderno. La insurrección fue extremadamente violenta, como todas las insurrecciones imprevistas y provocadas por la pobreza, pero fue reprimida con una dureza igualmente despiadada, hasta el punto de que el de 1871 fue el último verdadero levantamiento en Argelia antes de la década de los cincuenta del siglo XX. Las consecuencias fueron graves: los franceses se apoderaron con rapacidad de las tierras argelinas, y promovieron una auténtica política de asimilación. El colonialismo francés fue muy duro:

> se extendieron las zonas administradas por asambleas municipales de mayoría francesa, y en esas zonas los musulmanes no tenían prácticamente ningún poder. Pagaban impuestos directos superiores en gran medida a los de los colonos —aunque los ingresos eran utilizados principalmente en beneficio de los europeos—, estaban sujetos a un código penal especial —aplicado por jueces franceses— y se invertía poco en su educación[4].

---

[4] A. Hourani, *Storia dei popoli arabi* (Mondadori, Milán, 1991), p. 292.

De hecho, la propia legislación aplicada en la colonia era la que acentuaba las condiciones de sometimiento de la población local. En 1881 se puso en práctica el *Code de l'indigénat*, que permitía procesar a los musulmanes por cuarenta y seis tipos de delito distintos sin que ningún procedimiento legal permitiese la tutela de los derechos de los acusados. Las condiciones de explotación del territorio y la población argelinos facilitaron la transformación de Argelia en una colonia de población. Se calcula que cuando estalló la Primera Guerra Mundial residían en el país unos 750.000 franceses, que para la época de la Segunda Guerra Mundial ya habían ascendido a un millón. Conocidos como *pieds noir*, los colonos franceses vivían concentrados sobre todo en la zona de Argel y Orán. Gestionaban la administración y ejercían profesiones liberales, aunque también se dedicaban a la agricultura. La expropiación sistemática de las tierras árabes continuó, por lo tanto, en paralelo a un proyecto para separar a la población local de sus raíces culturales. Se trató incluso de convertir a los musulmanes al Cristianismo: el arzobispo de Argel, monseñor Lavigerie, sostenía en los años setenta del siglo XIX que la única política que merecía la pena seguir en relación con los «indígenas» era la conversión forzada, a fin de liberarlos de la barbarie. Se realizó una clara distinción entre población árabe y bereber y población hebrea: a los judíos se les permitió muy pronto convertirse en ciudadanos franceses, cosa que, por el contrario, les fue sistemáticamente denegada a árabes y bereberes, pese a que Argelia se había convertido en un departamento francés a todos los efectos.

A pesar de todo ello, el nacionalismo argelino fue durante mucho tiempo bastante moderado y transigente. La élite indígena europeizada era conocida —con algo de desprecio— como los *évolués*. Ferhat 'Abbās, uno de los instigadores del movimiento de los Jóvenes Argelinos, fue uno de sus exponentes más relevantes. Deseoso de afrancesarse, llegó a sostener (desde cierto punto de vista, con razón) que nunca había existido una nación argelina, y que el futuro de Argelia estaba con Francia y en Francia. Defensor en un primer momento de la asimilación, más tarde se dio cuenta de que ese proyecto resultaba irrealizable, por lo que en los años cuarenta, cuando fundó la organización de los Amigos del Manifiesto por la Libertad, orientó sus peticiones hacia la creación de una república argelina confederada con Francia. Por otra parte, Massalī Haŷŷ, verdadero padre de un nacionalismo auténticamente argelino, fue el principal dirigente de la Étoile nord-africaine (ENA), una organización nacida en Francia entre los obreros que habían inmigrado allí en 1926, y que por lo tanto tenía raíces en tierra argelina, si bien otros independentistas magrebíes formaban también parte de ella (el nacionalismo árabe estaba obteniendo adeptos de todo el norte de África). La Étoile nord-africaine era de tendencia marxista, pero Massalī Haŷŷ no era inmune a las inclinaciones islámicas.

En síntesis, podemos decir que Argelia experimentó entre los años veinte y cuarenta un nacionalismo deseoso de dialogar con Francia, pese a conservar su especificidad argelina. Fue el persistente y obstinado rechazo de los franceses —y en especial de los *pieds noir*— a considerar a los argelinos dignos, si no de la asimilación, sí al menos de una equiparación, lo que hizo flaquear las esperanzas de acceder a una igualdad real con los colonizadores. La ley Blum-Viollette (propuesta por el gobierno socialista del Frente Popular en 1936), que preveía la concesión de la ciudadanía francesa a algunas categorías de argelinos (oficiales del ejército, licenciados, funcionarios del gobierno...), se topó con la firme hostilidad de los colonos. Durante la Segunda Guerra Mundial, además, era bastante improbable que el gobierno colaboracionista y filonazi de Pétain se moviese en esa dirección. Los fracasos del nacionalismo «desarrollado» condujeron progresivamente a un regreso del islamismo y una radicalización de la oposición política. Muchos seguidores de Massalī Haŷŷ pasaron tajantemente de la bandera roja a la verde. El propio Ferhat ʿAbbās tuvo que convencerse a la larga de que únicamente la lucha armada liberaría a los argelinos.

La continuidad del islamismo se vio garantizada sobre todo por la Asociación de Ulemas Reformistas de Argelia y su prestigioso fundador, el salafista ʿAbd al Hamīd Ben Bādīs (1889-1940). Discípulo indirecto de ʿAbduh y Ridá, y educado en El Cairo y la Zaytūna de Túnez, Ben Bādīs fue sobre todo un periodista y un propagandista. Dirigió un periódico, *Al-Shihāb* (*El bólido*), con el que difundió sus ideas reformistas. Sintetizaba su pensamiento en la frase «Argelia es mi patria, el árabe es mi idioma, el Islam es mi religión», fórmula en absoluto banal, puesto que proponía un concepto moderno de patria y enlazaba el nacionalismo, un valor laico, con el Islam, un presupuesto religioso. Ben Bādīs fue también un exégeta no científico, sino popular del Corán, y mediante sus comentarios promovía la acción social y la renovación cultural de los musulmanes, y en especial la de los musulmanes argelinos.

Túnez y Marruecos

El movimiento nacionalista dio sus primeros pasos en Túnez a partir de finales del siglo XIX, cuando Bashīr Sfār fundó en 1888 el periódico *Al-Hadīra*, una forja de ideas reformistas y modernizadoras. El salto de calidad se dio sin embargo en 1920, cuandio nació el partido Destūr (Constitución), una auténtica formación política con aspiraciones independentistas cuyo líder principal fue ʿAbd al-Azīz al-Zaʿlibī. Pero el Destūr era elitista, y permaneció alejado de las exigencias reales de las masas, por lo que un grupo de jóvenes intelectuales, educados en su mayoría en escuelas arabofrancesas, decidió promover la formación de un segundo partido, el Neo Destūr, que pronto substituyó al anterior en el corazón de los tunecinos. Durante los años treinta se erigió como líder del Neo Destūr un abogado que también había estudiado en Francia, Habīb Bū Rqība (Burguiba). Los neodesturianos ambicionaban no sólo lograr la independencia, sino incluso llegar a crear una nueva sociedad. La sociedad civil tunecina, por otro lado, se mostraba dinámica y activa, y resulta significativo que en 1946 se formase la Unión General Tunecina del Trabajo (UGTT), una central sindical y política que contribuyó a la transformación de las reivindicaciones salariales y laborales en un sentimiento anticolonial.

El nacionalismo marroquí, en cambio, tuvo desde sus orígenes un cariz principalmente islámico. Muy pronto se difundieron por el país las ideas salafistas, que se oponían a las supersticiones del marabutismo, el culto a los santos tan ampliamente profesado en el ambiente popular sufí. También desde la óptica de un nacionalismo de carácter religioso ha de ser juzgada la labor de Mohammed Ibn 'Abd al-Karīm al-Jattābī (Abdelkrim). Imbuido de salafismo, Abdelkrim encabezó una sublevación antiespañola en el Rif marroquí, y de 1921 a 1926 dirigió una república que aspiraba a crear una sociedad islámica progresista. El ejército español fue derrotado en repetidas ocasiones por las tropas de los republicanos del Rif, hasta que la intervención francesa resolvió la situación a favor de los colonialistas y Abdelkrim tuvo que rendirse.

Fue durante los años treinta cuando el nacionalismo marroquí se organizó en verdaderas formaciones políticas. El Bloque de Acción Nacional apareció en 1932, y reunió bajo una sola bandera a intelectuales laicistas educados a la francesa e intelectuales musulmanes, entre los que descollaba 'Allāl al-Fāsī. Cuando el gobierno disolvió el Bloque en 1937, los nacionalistas se reorganizaron en el Movimiento Nacional para la realización de Reformas, que inició una serie de luchas sociales reprimidas con firmeza por los franceses. Durante los años cuarenta el Movimiento Nacional se reconstituyó como Partido de la Independencia o Istiqlāl, que en seguida estableció como primer punto de su agenda la exigencia de la independencia total. ʿAllāl al-Fāsī fue el principal protagonista de la expansión y el arraigo del Istiqlāl, que en 1947 alcanzó los 15.000 afiliados. Pero este partido sufrió un decrecimiento cuando quiso ponerse al mando del movimiento nacionalista el joven sultán Mohammed V, que llegó a desafiar abiertamente a los franceses.

4. LIBIA DESDE LA «RECONQUISTA» FASCISTA HASTA LA INDEPENDENCIA

A pesar de pertenecer formalmente al imperio colonial italiano tras la guerra italoturca de 1911 a 1912, Libia nunca había sido realmente sometida y pacificada. Los italianos dominaban las ciudades costeras, pero los territorios interiores y el desierto escapaban a su control. La debilidad del control italiano la demuestra el hecho de que en noviembre de 1918 algunos notables lograron incluso proclamar una «república tripolitana» aprovechando la flaqueza de Italia, que acababa de salir de la Primera Guerra Mundial, y la inminente caída del Imperio otomano. La principal fuerza político-religiosa de Libia seguía siendo de todas formas la Sanusiya, una cofradía mística de obvias connotaciones políticas. El jefe de la Sanusiya, Idrīs al-Sanūsī, encabezó un nacionalismo libio islámico, y cuando en 1922 el fascismo llegó al poder en Italia huyó a El Cairo, donde estrechó lazos con los ingleses para organizar la resistencia contra los ocupantes.

Pero el fascismo, coherente con su extremismo nacionalista, decidió proceder a una «reconquista» de Libia[5]. De

[5] Véase el libro de E. Santarelli, G. Rochat, R. Rainero y L. Goglia *Omar al-Mukhtar e la riconquista fascista della Libia* (Marzorati, Milán, 1981).

hecho, el país iba a transformarse en una colonia de población, un «pulmón» agrícola para absorber la supuesta superpoblación de Italia. Los intentos de llevar a cabo esa nueva colonización fueron sin embargo duramente combatidos por los libios, que encontraron un héroe independentista en el jefe sanusí 'Omar al-Mujtār. Para truncar la resistencia de este último, a quien la población local apoyaba firmemente, y que tenía su plaza de armas en la Cirenaica, en 1930 se envió al general Graziani, que tras algunas tentativas infructuosas decidió deportar en masa a la población de la región conocida como la Montaña Verde para así crear un vacío alrededor de los rebeldes. A pesar de su desesperada resistencia, 'Omar al-Mujtār fue capturado finalmente, y pereció en la horca el 16 de septiembre de 1931. Se calcula que la represión italiana les costó a los libios unos 40.000 muertos, aparte de decenas de miles de refugiados, principalmente huidos a Egipto. El colonialismo italiano era además paternalista y fundamentalmente racista, tanto en Libia como en Eritrea y Somalia[6]. A causa de ello fue más bien odiado, y cuando —tras la batalla de El Alamein en 1943, que selló la derrota de las fuerzas italoalemanas en África en la Segunda Guerra Mundial— los británicos avanzaron hacia el Oeste desde Egipto la «liberación» de Libia de la dominación italiana resultó bastante fácil.

El país fue dividido en varias zonas de influencia: Tripolitania y la Cirenaica para los ingleses y el Fezzán para los franceses. Inmediatamente después de la guerra, sin embargo, se organizaron rápidamente movimientos políticos a favor de una Libia independiente, ya fuese monárquica o republicana. No fue hasta 1950 —después de que incluso Italia hubiese hecho propuestas para obtener una especie de administración fidu-

---

[6] Cfr. A. Del Boca, *Gli italiani in Africa orientale* (Laterza, Roma-Bari, 1976).

ciaria del país— cuando Idrīs al-Sanūsī fue proclamado rey de Libia, cuya independencia se vio reconocida de facto el año siguiente, gracias a la benevolencia de las grandes potencias. El estado fue durante los primeros años federal, para luego transformarse en unitario en 1963. Aunque los franceses evacuaron el Fezzán en 1955, Libia permaneció bajo tutela británica primero, y estadounidense después: de hecho, tanto Gran Bretaña como los EEUU instalaron bases militares en suelo libanés. El descubrimiento de petróleo en 1955 incrementó el tesoro público, pero Libia siguió siendo un país fundamentalmente subdesarrollado y feudal gobernado por una monarquía religiosa y conservadora. Durante los años sesenta, cuando el mundo árabe se vio agitado por el nacionalismo progresista y el socialismo (como veremos en el próximo capítulo), las protestas de los jóvenes y los estudiantes se volvieron cada vez más vehementes y determinadas, causando a la larga una revolución antimonárquica y antioccidental.

5. El surgimiento de Arabia Saudí

Como se recordará, la derrota de los wahhabistas saudíes a manos de los egipcios de Mohammed 'Alī había provocado un eclipse del poder saudí. No iba a ser hasta finales del siglo XIX cuando reemprendería la marcha gracias a uno de los personajes más extraordinarios de la historia árabe contemporánea, el emir 'Abd al-'Azīz Ibn Sa'ūd. Éste retomó la expansión de su linaje a través de una incesante serie de victorias. En 1902 logró reconquistar Riyād (Riad), arrollando al grupo tribal enemigo de los Rashīdī de Hā'il. A partir de ese momento sus victorias se sucedieron sin solución de continuidad. En 1921 lideró la enésima y decisiva guerra contra los Rashīdī, aniquilando definitivamente su poder y erigiéndose en el indiscutible señor del Nechd. En 1925 derrotó definitivamente a Husayn y los hachemitas de la Meca, imponiendo el dominio saudí sobre el Hiyaz tras haberse asegurado el control del Nechd. En 1932 estuvo ya en posición de proclamar el establecimiento del reino de Arabia Saudí. En 1933 ganó una guerra contra los soberanos zaidíes de Yemen, anexionando el territorio de 'Asīr a Arabia Saudí.

La base del poder de 'Abd al-'Azīz Ibn Sa'ūd fue una vez más el wahhabismo, que el emir eligió como ideología de estado. La ideología wahhabista consiguió aglutinar significativamente a las tribus beduinas en torno a un proyecto político-religioso concreto. 'Abd al-'Azīz Ibn Sa'ūd constituyó un contingente de guerreros motivados y muy eficientes, los Ijwān (Hermanos), gracias a cuya audacia militar logró obtener todas sus victorias. Aunque el cuerpo de los Ijwān fue disuelto más adelante, el emir —y posteriormente rey— de Arabia Saudí supo explotar su agresividad siempre que le resultó útil. Otro soporte importante de su política (si bien a la larga corriese el peligro de dominarla totalmente) era el de los llamados *mutawwa'a*, un grupo de expertos del ritual y los fundamentos religiosos del Islam que se encargaban de hacer que las reglas wahhabistas fuesen aplicadas, así como de inducir a los súbditos a que obedeciesen a quien primero fue su emir, y después su rey. Bajo el reinado de 'Abd al-'Azīz comenzó a llevarse a cabo la sedentarización de los nómadas beduinos, una preocupación constante del estado saudí, buscada en términos religiosos. Obedeciendo al wahhabismo, el beduinismo fue presentado como una traición al auténtico Islam: cuando el Profeta había emigrado de la Meca a Medina, había establecido un estado sedentario, y su ejemplo había de ser seguido. La mitología saudí recurría, por tanto, a los conceptos de hégira (la emigración del Profeta) y yihad, de forma bastante parecida a como lo habían hecho los movimientos africanos de *taŷdīd* con los que nos hemos encontrado ya.

Esa militancia religiosa no significó en absoluto un rechazo ni una cerrazón ante la modernidad. La Arabia de ʿAbd al-ʿAzīz Ibn Saʿūd, que murió en 1953, era un país en vías de una profunda, aunque lenta, transformación, sobre todo después de que en 1938 comenzase a explotarse sistemáticamente el petróleo, que se convirtió en el instrumento principal del impetuoso crecimiento del reino. La propia política matrimonial del rey, asaz compleja (se casó y se divorció decenas de veces, engendrando decenas de hijos), y destinada a ampliar las relaciones entre clanes y entre tribus, permitió la composición de una «familia real» de miles de miembros. Los hijos, sobrinos, nietos y protegidos de la «familia real» compusieron una élite dirigente de la que provinieron los ministros, los altos funcionarios y los responsables de la política económica: una verdadera patrimonialización del estado que constituyó su fuerza y su debilidad al mismo tiempo.

Tras la muerte de ʿAbd al-ʿAzīz y un interregno de unos diez años, deslucido y accidentado a causa de las luchas intestinas por el poder, en 1964 subió al trono de Riad quien probablemente fuese el más competente de sus hijos: Faysal (1964-1975). Austero, carismático y enérgico, era un hombre que albergaba el sueño de afianzar la hegemonía de Arabia Saudí no sólo en el mundo árabe, sino en todo el horizonte islámico. Más adelante veremos de qué manera supo aprovechar Faysal las debilidades ajenas en la geopolítica de la región. Por el momento bastará con que digamos que fue bajo su gobierno cuando Arabia Saudí pasó de ser un arcaico reino beduino a volverse «consumista». El dinero derivado de la riqueza petrolífera permitió gestionar un poder nuevo y, aunque no hubo una auténtica liberalización ideológica ni política, el país adquirió una singular fisonomía: la de una monarquía autoritaria y absoluta en la que ninguna ley excepto la *sharīʿa* estaba por encima del soberano, y donde no existían partidos ni ninguna representación política democrática, pero en la que empezaban a propagarse la tecnología moderna, una educación por fin impartida también a las mujeres, un bienestar que ya no era exclusivo de una limitada clase de privilegiados y una arquitectura y un urbanismo en los que las autopistas surcaban el desierto y los rascacielos se erguían por sobre las mezquitas. Nada de eso impedía que se siguiese abrazando el wahhabismo, ni que la ideología que inspiraba al estado fuese esencialmente puritana y tradicionalista. Faysal acentuó su propio papel —y el de su linaje— como «guardián» de los lugares santos, Medina y la Meca, con lo que pretendía hacer de Arabia Saudí el país líder y portavoz de todo el mundo musulmán. La Liga Mundial Musulmana, que tenía su sede en la Meca, y la Organización de la Conferencia Islámica se convirtieron en las instituciones «panislámicas» mediante las que Arabia Saudí trató de gestionar su supremacía en el mundo musulmán. En 1965 Faysal permitió, en contra del parecer de los más conservadores, la difusión de la televisión, pero a la vez trató de difundir la modernización del discurso religioso, enfatizando el carácter confesional del estado. Es difícil adivinar qué habría sucedido a continuación si Faysal no hubiese sido asesinado por uno de sus parientes en 1975. El hecho es que ni su inmediato sucesor, Jāled (1975-1982), ni el rey Fahd (1982-2005) fueron realmente capaces de demostrar la misma capacidad, aunque Fahd, como diremos más adelante, trató en cierto modo de satisfacer las exigencias de la sociedad civil.

6. EL IRÁN DE LOS PAHLAVI

La derrota en 1911 del movimiento constitucionalista que había necido en 1906 mantuvo con vida las graves contradicciones del estado persa. Durante la Primera Guerra Mundial Persia permaneció formalmente neutral, pero Gran Bretaña, al igual que había hecho Rusia antes, llevó a cabo ataques contra el Imperio otomano precisamente desde el territorio persa. El país se mostraba, por lo tanto, sometido a los intereses estratégicos de las grandes potencias. Entre otras cosas, en 1908 se había descubierto finalmente petróleo, y eso había conducido a la creación de la Anglo-Persian Oil Company (que a partir de 1933 pasó a ser la Anglo-Iranian Oil Company), de la que iba a nacer la British Petroleum. La subordinación a la política inglesa, cada vez más evidente, se resolvería en 1919, una vez finalizado el conflicto, con la estipulación de un acuerdo según el cual Gran Bretaña reconocía la independencia de Persia, aunque a cambio obtenía importantes privilegios en la reorganización militar, fiscal y económica del país. Se proyectó, entre otras cosas, la construcción de una red ferroviaria. Persia eludió así el régimen mandatario que se estaba aplicando en toda la Media Luna Fértil, aunque el ministro de Asuntos Exteriores británico, Curzon, acariciaba la idea de aplicarlo también allí. De todas formas, la oprimente injerencia extranjera quedó confirmada por ese acuerdo.

El momento del cambio llegó durante la noche del 21 de febrero de 1921, cuando Ridā (Reza) Shāh, un oficial de la brigada cosaca, llevó a cabo con éxito un golpe de estado. Reza se convirtió en ministro de la Guerra. Se autorizó al *maýlis* a que retomase su actividad. Pero Reza sentía ya apetitos mayores que saciar. En 1925, con un segundo golpe de estado, derrocó la monarquía de los Qāÿār, e inmediatamente después fue reconocido como nuevo sah de Persia.

La política de Reza Shāh puede compararse efectivamente con la de Mustafá Kemāl en Turquía, y puede resumirse en tres términos: autocracia, modernización y militarización. Reza gobernó como un dictador despiadado, reprimiendo toda oposición y toda expresión política de disensión. Por otra parte, trató de modernizar el país, mejorando y ampliando la red de comunicaciones nacional, especialmente los ferrocarriles, y tratando de estimular un cierto despegue industrial. Les impuso a las mujeres que se quitasen el velo, aunque no llegó a concederles el derecho a voto. Las admitió en la Universidad de Teherán, recién establecida, pero no eliminó del derecho matrimonial y de familia los privilegios de los hombres. Se trató, por lo tanto, de una modernización esencialmente superficial que no tuvo verdaderas consecuencias, por ejemplo, en el ámbito rural respecto a la economía, o sobre la gran mayoría de la población respecto al derecho. La modernización fue, por otro lado, particularmente eficaz desde el punto de vista militar. El ejército fue reorganizado y reforzado, y se convirtió en el actor y soporte principal de la política del soberano, acumulando privilegios, e incluso contribuyendo a la campaña de educación y alfabetización. Naturalmente, todo eso suponía una fuerte centralización del poder, y el estatismo se convirtió en una característica del estado Persa, tal y como lo era ya en Turquía. Tras realizar sus reformas «cosméticas», Reza Shāh asumió el título de «Pahlavi», que traía a la memoria la antigua tradición cultural irania, y cambió el nombre del estado precisamente de «Persia» a «Irán». Se trataba de reformas que, en cualquier caso, demostraban el intento del soberano de secularizar la sociedad persa, abandonando muchos de sus símbolos religiosos. Eso no significa que Reza persiguiese de forma particular a los religiosos. Aunque se habían abierto escuelas laicas modernas, la enseñanza tradicional siguió impartiéndose en las madrazas, y los ulemas de la ciudad santa y universitaria de Qom pudieron continuar su actividad (un elemento que lo distingue de Mustafá Kemāl).

Reza Shāh perdió el poder en 1941, principalmente a causa de su política exterior. Pese a haberse declarado neutral al estallar la Segunda Guerra Mundial, Reza no ocultó sus simpatías por Alemania, y acogió en Teherán a personal alemán. Eso alarmó a las potencias aliadas alineadas en el conflicto, y al final Gran Bretaña y la URSS decidieron intervenir, obligándolo a abdicar. En su lugar elevaron al trono a su hijo, Mohammed Reza.

Capítulo VI

Nuevas tendencias políticas y culturales

1. EL PROBLEMA DEL CALIFATO

La disolución del califato por parte de Atatürk suscitó un candente debate en el mundo islámico, ya que parecía pasar definitivamente una página milenaria de la historia y el pensamiento político islámico: lo que parecía estar siendo destruido era la mismísima identidad política del Islam. En el aspecto teórico, Egipto fue el centro del debate.

Ya en 1922, cuando aún subsistía el califato espiritual, el salafista Rashīd Ridá, discípulo de Mohammed 'Abduh, había sentido la necesidad de publicar un estudio sobre *El califato o imanato supremo* para defender un renacimiento político de esa venerable institución[1]. Se trata de una obra bastante singular en la que aparecen elementos tradicionales junto a otros innovadores. Ridá retrataba al califa de acuerdo con los cánones clásicos: debía ser qurayshí, o sea perteneciente a la tribu del Profeta; tenía que ser un erudito versado en las ciencias religiosas; debía gobernar con el consejo de los ulemas; y además su función debía considerarse prescrita e impuesta por la reli-

---

[1] Traducción francesa de H. Laoust: *Le Califat dans la doctrine de Rashīd Ridá* (Maisonneuve, París, 1986).

gión. Por otra parte, sin embargo, el califa ya no era tanto un personaje dinástico, vinculado a ciertos lugares y ciertas relaciones tribales o territoriales, como un funcionario al servicio de la *umma* islámica. Debía, eso sí, ser elegido por los ulemas, quienes poseían el poder «de atar y desatar». Pero en la época contemporánea quienes tenían dicho poder podían identificarse con los representantes del pueblo, elegidos en instituciones parlamentarias normales. El pueblo sería el auténtico legitimador, si no el auténtico poseedor de la soberanía, y era deseable el nacimiento de partidos políticos que interpretasen sus exigencias y su voluntad. Como puede verse, no estaba en absoluto excluida la posibilidad de una versión democrática del estado islámico califal.

En una posición opuesta se situó 'Alī 'Abd al-Rāziq, un diplomado de la universidad religiosa de al-Azhar que trabajaba como juez. 'Abd al-Rāziq publicó en 1925, tras la abolición del califato espiritual, un libro que suscitó agrias polémicas: *El Islam y los principios del poder*[2]. Exactamente en las antípodas de Ridá, su autor sostenía en él que la ley religiosa no había prescrito el califato en modo alguno, y que éste, al ser una institución perversa y tiránica, había sido, por el contrario, una desgracia para el Islam. Esta tesis resultaba ya de por sí provocadora al condenar la propia experiencia de los primeros califas, los «bien guiados» que habían sido incluso compañeros del Profeta, pero el aspecto más rompedor de la crítica de 'Abd al-Rāziq consistía en el hecho de que consideraba la misión de Mahoma como puramente religiosa, y no política: el Islam no tendría nada de político, sino que sería una religión únicamente espiritual, y los musulmanes deberían redescubrir la auténtica dimensión secular de la política. Resulta sorprendente la cons-

---

[2] A. Abderraziq, *L'Islam e les fondements du pouvoir* (La Découverte, París, 1994).

tatación de que 'Abd al-Rāziq apoyaba esas ideas a contracorriente utilizando instrumentos de análisis totalmente tradicionales, recurriendo al Corán y las tradiciones proféticas. A pesar de esa protección, fue duramente condenado por al-Azhar, y perdió su puesto de trabajo. Hoy en día 'Abd al-Rāziq está considerado como el «padre» del secularismo musulmán, aunque desde muchos puntos de vista su posición no puede estimarse mucho más avanzada que la de Ridá.

Un segundo estudioso egipcio, 'Abd al-Rāzzaq Ahmad al-Sanhūrī, que luego se convertiría en uno de los más importantes teóricos del derecho de los países árabes contemporáneos, publicó en 1926 el libro *El califato y su evolución hacia una Sociedad de Naciones oriental*. Consciente de las necesidades del mundo moderno, y hasta podría decirse que de su globalización, al-Sanhūrī sugería que la única forma de califato adecuada era una especie de «ONU» de las naciones musulmanas, que debían elegir al califa como «presidente» de dicha federación. La posibilidad de conservar de forma vitalicia ese califato se analizaba partiendo de la reconstrucción histórica del pensamiento jurídico-político islámico, y por lo tanto parecía justificarse siguiendo el cauce de esa secular tradición teórica.

2. LOS HERMANOS MUSULMANES Y EL NEOTRADICIONALISMO

En 1928, en un Egipto recorrido por las vibraciones de una renovada islamización, y en el que iban apareciendo múltiples organizaciones de tendencia religiosa, un joven profesor de primaria, Hasan al-Banná, fundó la Hermandad Musulmana. Limitada al principio a células que operaban en el canal de Suez, pronto iba a mudarse a El Cairo, ampliando su red de adeptos con una sorprendente velocidad. A finales de los años treinta sus afiliados sumaban unos 500.000, y siguieron creciendo exponencialmente durante los años siguientes. Al-Banná fue capaz de construir una estructura vertical, jerarquizada pero flexible, eficiente y organizada de la que él era el «guía supremo», apoyado por varios organismos de consulta y administración. Los jóvenes reclutas estaban organizados en «falanges» (*katā'ib*) que actuaban tanto en el campo de la propaganda como en el del deporte.

El mensaje de la Hermandad era en sí bastante sencillo: se trataba, en primer lugar, de renovar el Islam en el plano de la práctica espiritual, y de hacer que se convirtiese en el auténtico fulcro inspirador de la vida de los creyentes. La reforma espiritual y de las costumbres debería llevar a la larga a una profunda transformación de la sociedad islámica, primero en Egipto, y después en todo el mundo musulmán. De esa transformación de la sociedad debía surgir finalmente el estado islámico. La idea de la politización del Islam representaba el aspecto verdaderamente nuevo del mensaje de esta organización. En general se trataba de promover una islamización progresiva «desde abajo», partiendo de una base popular. La Hermandad aspiraba a reconstituir en última instancia el califato, pero también estaba comprometida en el ámbito de la lucha nacionalista de Egipto contra los ingleses. Este objetivo político (al-Bannā sostenía que el Corán debe constituir la carta magna del estado islámico) debía perseguirse mediante la propaganda y la acción social. Los Hermanos Musulmanes conquistaron rápidamente el favor de la población egipcia porque se dedicaban intensamente a labores de asistencia en hospitales y escuelas, llevando a cabo las funciones que el estado no era capaz de realizar. Eran tradicionalistas, pero no integristas, y se vieron muy influenciados por el salafismo, si bien más por la versión de Rashīd Ridá que por la de Mohammed 'Abduh: por ejemplo, pese a ratificar el papel esencialmente doméstico de la mujer, propugnaban la difusión de la enseñanza y la alfabetización en todos los niveles de la sociedad. Los Hemanos Musulmanes se convirtieron en la prueba de cómo podía constituirse un movimiento político-religioso de masas sobre una base islámica[3].

Durante la Segunda Guerra Mundial se desarrolló dentro de la organización un ala militar armada que muy probablemente escapaba al control de al-Bannā. Inmediatamente después del fin del conflicto, esa facción armada trató de introducirse en el maremágnum político egipcio de la posguerra realizando varios atentados. Eso indujo al primer ministro, Fahmī al-Nuqrāshī, a declarar fuera de la ley a toda la Hermandad a finales de 1948. Al-Nuqrāshī fue asesinado por ello, pero la policía respondió con la misma dureza, matando a su vez, en febrero de 1949, al propio al-Bannā. La muerte del guía supremo no detuvo en modo alguno las actividades de los Hermanos. Éstos estaban tan presentes y ramificados en la sociedad que desarrollaron un papel en absoluto marginal en el triunfo de la revolución de los Oficiales Libres de julio de 1952. Muchos de estos últimos eran Hermanos, entre ellos Sadat. El propio Nasser tuvo frecuentes contactos con la cúpula de la organización. Puede incluso que la revolución hubiese fracasado sin el apoyo de la Hermandad.

El éxito del movimiento fundado por al-Bannā fue espectacular también fuera de Egipto. Ya a partir de los años cuarenta la Hermandad Musulmana se había ido difundiendo por todo el mundo árabe: en 1945 nació una organización hermana de la egipcia en Siria; en 1946, en Palestina y Jordania; y en 1947, en Iraq. Incluso el nacionalismo islámico marroquí estableció acuerdos secretos con la Hermandad. A pesar de haber nacido en Oriente Medio, y dentro de un ambiente explícitamente árabe, la Hermandad proponía una reforma del Islam que despertó grandes simpatías en todo el mundo musulmán,

---

[3] Cfr. B. Lia, *The Society of the Muslim Brothers in Egypt. The Rise of an Islamic Mass Movement (1928-1942)* (Ithaca Press, Reading, 1998).

incluidos la India y los territorios del Asia central que se encontraban bajo control soviético. Sintetizando, podemos decir que dicha reforma representaba la continuidad y la vivacidad de la islamización en una época en que, especialmente a partir de los años treinta, los estados estaban experimentando un retroceso (parcial) del discurso islámico, principalmente a causa de la difusión de las ideas nacionalistas laicas —como veremos en el próximo capítulo.

Es obvio, naturalmente, que ese retorno a la islamización tenía características de oposición, e incluso podría sostenerse que dicho proceso se llevó a cabo en ruta de colisión con la corriente reformista islámica anteriormente predominante, la de figuras como al-Afgānī o 'Abduh, por ejemplo. Como ha resaltado Basheer Nafi:

> Había desaparecido ese Occidente limpio, armonioso, caritativo y próspero descrito en la obra de al-Tahtāwī [el intelectual egipcio que había visitado Francia en los años treinta del siglo XIX], el Occidente de la Ilustración, de la Revolución francesa [...] bajo cuyo impacto y reflejándose en cuya imagen formularon su visión del Islam moderno hombres como Jayr al-Dīn al-Tunīsī, Mohammed 'Abduh y Ridá. En su lugar se estaba construyendo, pieza a pieza, otra imagen: la de un Occidente despiadado, explotador, autodestructivo y letal[4].

En el humus de esa «sedición» contra la enajenación extranjera es donde hunden sus raíces movimientos como la Hermandad Musulmana, aunque unas circunstancias históricas y unos errores bien diversos iban a conseguir transformar las alas más extremas de esa protesta en una oposición armada.

---

[4] B. Nafi, *The Rise and Decline of the Arab-Islamic Reform Movement* (Crescent Publications, Slough, 2000), p. 63.

Tercera parte

La era de la descolonización

Capítulo VII

Las consecuencias de la Segunda Guerra Mundial y la Guerra Fría

1. EL NUEVO PANORAMA POLÍTICO

La Segunda Guerra Mundial abrió nuevas perspectivas. La decadencia de Francia y Gran Bretaña, que habían salido debilitadas del conflicto y eran por lo tanto incapaces de seguir con la tradicional política colonial de poder, se vio compensada por el auge de los Estados Unidos y la Unión Soviética, cuya enemistad iba a partir el mundo en dos durante el largo periodo convencionalmente conocido como «Guerra Fría». Las consecuencias de ese nuevo bipolarismo fueron de gran envergadura también para Oriente Medio. En primer lugar —es necesario recordarlo— porque la influencia de los Estados Unidos y la Unión Soviética en la evolución política interna de la región substituyó a la de Francia y Gran Bretaña: los estados arabo-musulmanes se alinearon con uno u otro bando, aunque ambos contendientes tenían poderes militares y económicos bien distintos, y sobre todo intenciones muy diferentes. Como ya veremos, los Estados Unidos iban a ser más fiables como aliados que la Unión Soviética. También es cierto, por otra parte, que los Estados Unidos se convirtieron en acérrimos adversarios de todos aquellos que no estuviesen de su parte, aunque no se hubiesen aliado con la Unión Soviética, mientras que las propias estrategias internacionales de los franceses y, sobre todo, de los británicos parecían depender de los intereses superiores de las superpotencias. A este respecto es necesario mencionar el pacto de Bagdad, de 1955. Firmado inicialmente por Turquía e Iraq, luego se sumarían a él Irán y Pakistán. Dicho pacto contó con el apoyo y la bendición de Gran Bretaña, que esperaba poder conservar de esa forma cierta influencia en Oriente Medio, y también con los de los Estados Unidos, que veían en él precisamente una pieza del proyecto de los presidentes Truman y Eisenhower de aislar a la URSS rodeándola de un «cordón sanitario» formado por países filooccidentales y anticomunistas. El pacto de Bagdad, sin embargo, desgarró el mundo árabe, puesto que países fundamentales como Egipto (que ya estaba liderado entonces por Nasser) rechazaron sumarse a él, al considerarlo una expresión de los intereses coloniales e imperialistas de Occidente en la región.

Veremos también cómo los países araboislámicos obtuvieron su independencia de los países coloniales europeos por distintos caminos. Esos procesos de independización tuvieron lugar, por lo general, sin la intervención ni la interferencia explícitas de las dos grandes potencias, los EEUU y la URSS, aunque con el tiempo se fueron convirtiendo en puntos de referencia cada vez más vinculantes. Un ejemplo de ello fue la conferencia de Bandung (de nuevo en 1955), durante la cual nació el movimiento de los «no alineados». En esa conferencia cumbre, cuyos principales protagonistas fueron el indonesio Sukarno, el yugoslavo Tito, el indio Nehru y el chino Zhou Enlai, se establecieron las bases del proyecto de constituir una tercera fuerza de pueblos emergentes que debería interponerse entre las superpotencias protagonistas de la Guerra Fría. El líder más prestigioso del mundo árabe presente en Bandung era el presidente egipcio, Nasser —fue principalmente en esa ocasión cuando se dio a conocer en el panorama internacional–. El «sueño» de la no alineación, sin embargo, iba a seguir siendo sólo eso, un sueño, porque las naciones jóvenes, que en su gran mayoría acababan de zafarse del colonialismo, no llegarían a tener nunca la fuerza suficiente –ni económica, ni política ni militar– como para crear de verdad un «tercer poder» mundial alternativo, y con el tiempo irían «alineándose», mal que bien, con los Estados Unidos o la Unión Soviética (a decir verdad, la mayoría, por lo menos durante los primeros años, se alineó con la Unión Soviética, ya que era la antagonista del mundo occidental imperialista, aunque con el paso de los años y la crisis de la URSS las proporciones dieron un vuelco).

2. LA CONSOLIDACIÓN DEL NACIONALISMO ÁRABE

La difusión y el afianzamiento del nacionalismo árabe están estrechamente conectados con la consecución por parte de la región siria de una independencia efectiva. Francia accedió a reconocer la independencia del Líbano en 1945, y la de Siria en 1946, retirando definitivamente sus tropas (en realidad la independencia había sido proclamada desde 1941, pero sus efectos prácticos se retrasaron a causa de la guerra). Francia pretendió conservar una relación privilegiada con el Líbano, siempre en nombre de su «derecho» de representar y defender a la población cristiana del país.

El nacionalismo árabe fue un fenómeno complejo que, a fin de cuentas, sufrió un condicionamiento por parte de las ideologías y la evolución institucional en las que todo Oriente Medio se vio involucrado. A una primera fase «liberal» la siguió otra «socialista», en correspondencia con el surgimiento del partido Ba'z y el del nasserismo, respectivamente. En un primer momento fue la región siria la que vivió el florecimiento de la ideología nacionalista árabe, aunque el nacimiento del nacionalismo árabe y el panarabismo fue anterior. Sāti' al-Husrī, natural de Alepo, aunque educado en Estambul, fue uno de los más apasionados defensores de la nación árabe ya desde las primeras décadas del siglo xx. Trabajó al servicio de Faysal Ibn Husayn, quien lo nombraría ministro de Educación tras convertirse en rey de Iraq. Sāti' al-Husrī estaba convencido de que una «nación» es algo real y tangible cuyo primer fundamento es el idioma, y el segundo, el hecho de compartir un mismo destino histórico. Los árabes estarían así unificados tanto por el hecho de tener el árabe como lengua materna, ya sean musulmanes o cristianos, como por el de haber vivido juntos una larga historia. En ese sentido, la religión desempeña un papel secundario, si bien es necesaria para la consolidación del estado. En su opinión, los árabes, pese a ser en su mayoría musulmanes, no dejarían de ser árabes por el mero hecho de no ser musulmanes. Zakī al-Arsūzī fue otro apasionado promotor del panarabismo. Primero fundó la Liga de Acción Nacional en 1932, y después, en 1939, el Partido Nacional Árabe. Shakīb Arslan, un druso, vivió durante largo tiempo en Europa, pero mantenía estrechos vínculos con los movimientos nacionalistas, como por ejemplo el Destūr tunecino o la Étoile nord-africaine argelina. Publicó un periódico, *La Nation arabe*, y defendió, al contrario que Sāti' al-Husrī, el carácter islámico del nacionalismo árabe. Esta concepción, sin embargo, desentonaba con la tendencia predominantemente laica del nacionalismo de la primera mitad del siglo xx, por lo que no obtuvo un crédito generalizado.

Por parte de quien lo teorizó y lo vivió, el nacionalismo árabe o panarabismo fue una hermosa ideología romántica. Sin embargo, nunca llegó a crear un vínculo transversal entre las distintas comunidades árabes (suníes y chiíes, por ejemplo), ni tampoco entre la mayoría islámica y la minoría cristiana. Eso no comprometió su eficacia a la hora de representar una ideología unificadora para el Oriente Medio árabe, como cuando nació en El Cairo, en 1945, la Liga de Estados Árabes. Sin embargo, el *nacionalismo* se transformaría a la larga en un *particularismo nacional*. La propia Liga de Estados Árabes no llegó a conciliar en absoluto las rivalidades entre sus miembros. La incapacidad histórica de los árabes para formar un frente común que superase los intereses de casta, de clan o de tribu se reflejó en su incapacidad para componer un frente común que transcendiese la pertenencia a distintas nacionalidades (o regiones) cuando éstas fueron logradas o reivindicadas. De hecho se dio una correspondencia disonante entre las opciones ideológicas y la praxis política concreta: mientras que aquéllas se proyectaban en una dimensión utópica, ésta estuvo condicionada demasiado a menudo por las necesidades concretas del momento histórico. Nuestro análisis ofrecerá varias pruebas de ello. A consecuencia, en parte, del fracaso del nacionalismo árabe, el Islam volvió al candelero como factor identificador, y conquistó nuevos espacios.

La organización política más importante de las que se convirtieron en portavoces de las exigencias del nacionalismo árabe fue, naturalmente, el partido Baʿz, Partido del Renacimiento Árabe Socialista (*Hizb al Baʿz al ʿarabī al-ishtirākī*), creado en 1946 por dos profesores e intelectuales de Damasco, el cristiano ortodoxo Michel ʿAflaq y el musulmán suní Salāh al-Dīn al-Bitār. La ideología del Baʿz originario era relativamente sencilla, y por eso ha sido tildada por algunos historiadores de bastante vaga o genérica. Se fundaba en el eslogan «unidad, libertad, socialismo». La carta fundacional del partido afirmaba que los árabes componen una única nación que tiene una misión universal y eterna encaminada a promover el desarrollo y favorecer la concordia entre los estados. El partido consideraba fundamentales las libertades de expresión y de fe, y acentuaba el valor de los individuos. Sus objetivos inmediatos eran la lucha contra el colonialismo y la unión de todos los pueblos árabes. El partido se proclamaba explícitamente socialista, y consideraba el patrimonio económico propiedad de

123

la nación, pese a defender la conservación de la pequeña propiedad privada, tanto agrícola como empresarial[1].

A pesar de que toda Siria se veía recorrida por los fermentos del nacionalismo árabe, la consolidación del Baʿz fue muy lenta, sobre todo a causa de un cierto elitismo, así como del uso de un lenguaje político no siempre accesible a las masas populares. Téngase en cuenta que todavía en las elecciones de 1954 el Baʿz obtuvo tan sólo 22 de los 142 escaños. Las condiciones políticas en Siria tras la consecución de su independencia eran por otro lado sumamente inestables. Un primer gobierno de Shukrī al-Quwwatlī había caído en 1948, tras el conflicto araboisraelí (del que trataremos en el próximo capítulo). Pero todo el decenio 1948-1958 estuvo atenazado por una endémica precariedad institucional, sazonada con innumerables intentos de golpe de estado. Entre 1948 y 1949 hubo nada menos que tres intentonas, todas ellas llevadas a cabo por militares, y de las que salió victorioso Adīb al-Shishāklī, que gobernó autocráticamente hasta 1954, disolviendo todos los partidos políticos, incluido el Baʿz. El gobierno de al-Shishāklī, si bien autoritario, fue no obstante inestable, y cayó después de una segunda serie de golpes de estado fallidos. La reanudación de la actividad política multipartidista tras la caída de al-Shishāklī no significó en absoluto una mayor solidez institucional: muy al contrario, profundas laceraciones, desconfianzas y hostilidades enfrentaron a las organizaciones representativas. En cuanto descolló el poder del Egipto de Nasser, en Siria comenzaron a alzarse voces favorables a la unión, y entre éstas se encontraba, obviamente, la del Baʿz, que podía ver en la alianza entre Siria y Egipto el primer paso serio en dirección al pana-

---

[1] Para ver una versión italiana del estatuto de 1947, cfr. P. Minganti, *I movimenti politici arabi* (Ubaldini, Roma, 1970), pp. 87-97. El texto francés de la constitución del Baʿz se encuentra en el *Dossier des Études arabes* del Pontificio Istituto di Studi Arabi e di Islamistica, n° 63, 1982, pp. 23-33.

rabismo. Pero las cosas se desarrollaron de otra forma, como ya veremos (cfr. cap. VIII, § 2).

3. LA PRIMERA GUERRA ARABOISRAELÍ Y SUS CONSECUENCIAS

La primera guerra entre árabes e israelíes estalló en 1948, y tuvo consecuencias incalculables[2]. El camino hacia esa guerra lo abrieron ciertos acontecimientos que tuvieron lugar durante la Segunda Guerra Mundial e inmediatamente después. Los sionistas no habían obstaculizado los esfuerzos bélicos de Gran Bretaña, pero su agresividad frente a la potencia mandataria en Palestina hizo explosión poco después. Se habían fundado dos organizaciones paramilitares de derechas y exasperadamente nacionalistas, la Irgun Zvai Leumi (Organización Militar Nacional) y el Lehi (Luchadores por la Libertad de Israel), tal vez más conocido por el gran público como «Grupo Stern», y la escalada terrorista fue impresionante. En noviembre de 1944 fue asesinado lord Moyne, el plenipotenciario británico en Palestina. En octubre de 1945 las organizaciones paramilitares se aliaron con el Hagana para crear un fente militar sionista unificado. En febrero de 1946 fueron atacados tres aeropuertos. En abril de ese mismo año hubo un ataque en Tel Aviv. En junio hicieron saltar por los aires puentes y líneas férreas. En agosto tuvo lugar un espectacular atentado en el Hotel King David de Jerusalén, sede del mandato británico.

Gran Bretaña sintió que la situación se le estaba escapando de las manos. Por otra parte, habiendo salido agotada, aunque victoriosa, de la Segunda Guerra Mundial, era consciente de que ya no podía conservar su imperio en Oriente Medio. A todo

[2] Puede verse una reciente valoración global en el libro de B. Morris 1948 (Rizzoli, Milán, 2004).

eso se le sumaron otros acontecimientos. En 1942, en el Hotel Biltmore de Nueva York, la poderosa organización sionista estadounidense había adoptado un programa que contemplaba la creación de un estado que comprendiese toda la Palestina mandataria, pero el presidente Franklin D. Roosevelt se mostró poco entusiasta. En 1946, sin embargo, su sucesor, Truman, se declaró (en contra del parecer de su Departamento de Estado) favorable a un reparto del territorio. Por otro lado, como ya dijimos, en 1945 había nacido en El Cairo la Liga Árabe, que reunía a los países árabes que por aquel entonces eran ya más o menos independientes (es decir, Egipto, el Líbano, Siria, Arabia Saudí, Transjordania e Iraq). Pero la Liga no estaba en absoluto cohesionada, ni poseía un proyecto político de amplias miras. Desde un primer momento se formaron dentro de ella dos bloques, el hashimita (Transjordania e Iraq) y el antihashimita (compuesto por los otros cuatro países). El emir (y después rey) de Transjordania, 'Abdallāh Ibn Husayn, no ocultaba su pretensión de constituir un gran reino pansirio y convertirse en un soberano hegemónico en el mundo islámico. Pero esas ambiciones chocaban con las ambiciones paralelas del rey de Egipto, Fārūq, mientras que 'Abd al-'Azīz Ibn Sa'ūd no era ciertamente un hombre al que le se gustase sentirse por debajo de nadie.

Así, cuando Gran Bretaña manifestó su propósito de abandonar en 1948 su mandato sobre Palestina, inmediatamente se planteó el problema de cuál sería el futuro político de la región. Los sionistas vieron cómo se delineaba en el horizonte la ocasión propicia para crear por fin el estado hebreo. Los palestinos, por el contrario, estaban preocupados y convencidos de que se estaba conspirando en su contra. La ONU se hizo cargo de la cuestión, y formó una comisión, la UNSCOP, para que sugiriese un proyecto de solución. La UNSCOP estaba compuesta únicamente por países pequeños (como Perú, Suiza y Checoslovaquia) y estados asiáticos (como la India o Irán), sin contar con las grandes potencias, a fin de garantizar una mayor serenidad en sus juicios. Los judíos facilitaron el trabajo de la comisión, mientras que los árabes lo boicotearon (y probablemente sea cierto, como han sugerido algunos, que se trató de un gravísimo error político). Los sionistas, además, supieron orquestar una hábil campaña propagandística. El ese marco se encuadra el episodio del famoso barco *Exodus*, que zarpó de Francia rumbo a Palestina con 4.500 judíos a bordo, pero los ingleses hicieron uso de la fuerza para tratar de impedir su desembarco. Las filmaciones de sus enfrentamientos dieron la vuelta al mundo, conmoviendo a la opinión pública.

Aquellos fueron meses de mucha agitación, y podría incluso decirse que de guerra abierta. Ya a partir de noviembre de 1947 el Hagana y las organizaciones paramilitares judías, poniendo en práctica un plan estratégico trazado desde hacía tiempo, habían desencadenado una serie de ataques contra los palestinos[3]. En abril de 1948 el Irgún y el Lehi atacaron la aldea palestina de Deir Yassin (alrededor de 300 muertos), y los palestinos respondieron con una represalia en Jerusalén (alrededor de 80 muertos). No hay que sorprenderse, pues, de que la UNSCOP, al constatar la imposibilidad de lograr que ambos pueblos convivieran, recomendase una partición de Palestina en dos estados, con Jerusalén como ciudad franca bajo un estatuto internacional. Esa propuesta fue aprobada por la Asamblea General de la ONU. Así, cuando en mayo de 1948 Gran Bretaña retiró sus tropas y puso fin a su mandato, los sionistas proclamaron a toda prisa el estado de Israel, que fue reconocido en cuestión de horas tanto por los Estados Unidos como por la Unión Soviética, lo que aseguraba su absoluta legitimidad en el plano internacional.

Los árabes le declararon la guerra inmediatamente, y los ejércitos de Egipto, Siria, el Líbano, Iraq y Jordania (que había

---

[3] Cfr. A. Shlaim y E. Rogan (editores), *La guerra per la Palestina. Riscrivere la storia del 1948* (Il Ponte, Bolonia, 2004).

dejado de llamarse Transjordania al transformarse en un reino en 1946) entraron en Palestina. La guerra duró desde mayo de 1948 hasta enero de 1949, y los israelíes la ganaron de forma contundente, gracias sobre todo a una organización militar más eficiente y un mejor armamento. Como han mostrado recientes investigaciones, no es cierto que Israel se enfrentase, como un nuevo David, a un Goliat árabe enormemente superior en medios y fuerzas y unánimemente decidido a destruirlo. Muy al contrario, los israelíes poseían un ejército numéricamente equiparable o incluso superior al de los árabes (Siria, por ejemplo, disponía sólo de 2.500 hombres). Algunos ejércitos árabes, entre ellos el egipcio, fueron enviados al frente desprovistos de equipamiento y con armas defectuosas. Además, el frente árabe no estaba para nada unido. Como ha escrito Fawaz Gerges,

> los líderes árabes estaban profundamente divididos acerca de la valoración y la respuesta que había que dar a la creación de Israel, y además tenían objetivos políticos discordes. La coalición árabe estaba fragmentada. Egipto y el resto de los estados árabes tenían que promover sus respectivos intereses. No existía ninguna visión común que fuese capaz de reunificar a los árabes en la lucha contra Israel, y les faltaba una estrategia, tanto militar como política, para hacer frente al estado hebreo[4].

Por otra parte, los contactos entre los dirigentes israelíes y 'Abdallāh de Jordania han sido verificados: aquéllos estaban dispuestos a reconocerle a éste el derecho de ampliar su dominio árabe siempre y cuando 'Abdallāh reconociese el derecho de existencia del estado judío. En realidad no se llegó a ningún acuerdo escrito, pero el hecho en sí pone de manifiesto

---

[4] F. Gerges, *L'Egitto e la guerra del 1948*, en Shlaim y Rogan (editores), *La guerra per la Palestina* (cit.), p. 206.

la fragmentación del frente árabe. Fueron más bien las masas y la opinión pública árabes las que vivieron con pasión la guerra. Los Hermanos Musulmanes de todos los países árabes, sobre todo los de Egipto, enviaron voluntarios al frente. El armisticio de enero de 1949 dio como resultado un Israel legitimado también por las armas. Dicha legitimación había sido fuertemente anhelada, hasta el punto de que, en septiembre de 1948, los extremistas del Lehi habían asesinado en Jerusalén al plenipotenciario de la ONU, el sueco Folke Bernadotte, que estaba a punto de presentarle a la Asamblea General de las Naciones Unidas un plan de paz que no favorecía a Israel. El ejército israelí había ocupado un territorio mucho más amplio que el que le prometía el plan de repartición de la ONU[5], y a los árabes les quedaba tan sólo el 21% de Palestina. Tel Aviv fue elegida capital temporal del estado hebreo. La franja de Gaza quedaba bajo la administración de Egipto, mientras que Jordania ocupaba Judea y Samaria (que a partir de 1950 serían conocidas como Cisjordania), así como la parte árabe de Jerusalén. Las verdaderas víctimas de todo ese trastorno fueron los palestinos, que ante todo perdieron cualquier esperanza de poder obtener un estado autónomo propio. Hubo además un éxodo masivo de árabes de las tierras ocupadas por los israelíes. Las cifras de estos últimos hablan de 500.000 fugitivos, y las estimaciones palestinas, de un millón. En cualquier caso, se trató de un desplazamiento de población de enormes proporciones que iba a agudizar el sentimiento de alienación y el resquemor de los palestinos.

A los palestinos les resultaron necesarios varios años para reorganizarse después de la *nakba*, el «desastre» de 1948. Aunque

---

[5] La resolución 181, aún válida en el plano del derecho internacional, preveía el 56,47% para Israel y el 42,88% para los palestinos. El 0,65% restante comprendía la Jerusalén «internacionalizada».

los israelíes tuvieron que combatir contra una guerrilla endémica en las zonas fronterizas, no sería hasta 1959 cuando nacería, por obra, entre otros, deYāsir 'Arafāt (Yasir Arafat), Al-Fatah, la organización militante patriótica cuyo nombre significa en árabe «victoria», además de ser el acrónimo inverso de la expresión «movimiento para la liberación de palestina». Los palestinos, en realidad, fueron en cierta forma abandonados a su destino por los árabes, y (a pesar de la retórica ampliamente utilizada por todos los árabes) en la práctica tan sólo el Egipto de Nasser se erigió conscientemente en defensor de sus derechos (aunque no fuese únicamente por nobles razones patrióticas, sino también a causa de intereses estratégicos). Se ha llegado incluso a sugerir —no sé con cuánto fundamento— que el asesinato del rey jordano en 1951 (al que sucedió su joven hijo, Husayn) había sido comisionado por el muftí de Jerusalén, al-Husseini, como represalia por la conducta compromisoria del soberano.

Por su parte, Israel respondió con mucha dureza a la guerrilla palestina, y en esencia se atrincheró en una posición defensiva. Se ha sostenido, sobre todo por parte de cierta historiografía israelí, que desde los años veinte el sionismo más intransigente había teorizado la necesidad de levantar un «muro de hierro» entre árabes y judíos, puesto que cualquier negociación con los árabes habría debido llevarse a cabo desde posiciones de fuerza militar[6]. Esta tesis explica, o al menos ilumina con una luz particular, la política israelí de aquellos años y los posteriores, de la que el caso Lavon es un buen ejemplo. Pinhas Lavon fue el ministro que en julio de 1954 autorizó a agentes secretos israelíes a realizar atentados con explosivos en El Cairo, y a dañar las estructuras británicas en torno al canal de Suez disfrazados de árabes, para

---

[6] Cfr. A. Shlaim, *El muro de hierro. Israel y el mundo árabe* (Almed, Granada, 2003) [versión italiana: *Il muro di ferro. Israele e il mondo arabo* (Il Ponte, Bolonia, 2003)].

dar así pie a un *casus belli* entre el Egipto revolucionario de Nasser y Gran Bretaña que desestabilizase el régimen nasseriano. Es cierto que durante los años cincuenta hubo una época en que las riendas políticas de Israel estuvieron en manos de un ala moderada del partido laborista Mapai, así que la clase política judía no era unánimemente favorable al «muro de hierro» (como en el caso de Moshé Sharett, primer ministro de 1953 a 1955). No obstante, a la larga predominaron los herederos directos de David Ben-Gurión, personas como Golda Meir y Moshé Dayán, que eran «halcones», es decir partidarios de la línea dura, en cuanto a la política exterior. Incluso Yitzhak Rabin (Isaac Rabin), futuro premio Nobel de la paz, estaba convencido en aquella época de que Israel debía anexionarse los territorios del Jordán sin preocuparse demasiado por los árabes[7]. Moshé Dayán era un acérrimo defensor de la necesidad de la guerra preventiva contra Egipto, y desde su posición de jefe del Estado Mayor apoyó en febrero de 1955 una incursión en Gaza durante la que murieron unos cuarenta soldados egipcios. Justificada como una respuesta a los ataques palestinos que partían a menudo de Gaza, esa incursión fue un acto de guerra desproporcionado, y tuvo consecuencias nefastas[8], ya que convenció a Nasser, que durante mucho tiempo había sido partidario del diálogo, de que debía asumir una postura cada vez más intransigente frente a Israel[9]. Desde ese mismo punto de vista puede comprenderse también la intervención israelí para ayudar a Francia y Gran Bretaña cuando éstas atacaron a Egipto en 1956 (cfr. al respecto el cap. VIII, § 1). Según una opi-

[7] Véase el libro *Yitzhak Rabin*, vol. I, 1922-67, publicado por el Archivo de Estado de Israel en 2005.

[8] Cfr. también B. Korany et al., *Les Régimes politiques arabes* (PUF, París, 1990), p. 161.

[9] Véase el análisis sistemático de ese dramático periodo, a partir del caso Lavon, de S. Aburish en *Nasser, the Last Arab* (Duckworth, Londres, 2005), pp. 60-76.

nión muy extendida, recogida por los periodistas que habían entrevistado a los protagonistas de ese periodo, no fue hasta 1956 cuando los árabes se decidieron a destruir Israel.

4. EL EXPERIMENTO DE MOSADDEQ EN IRÁN

El experimento de Mosaddeq en el Irán de los años cincuenta puede incluirse con todo derecho entre las tentativas de descolonización e independencia de los países del Tercer Mundo. Sin embargo, debemos aproximarnos a él partiendo de lejos. Tras subir al trono en 1941, Mohammed Reza Pahlavi tuvo que arreglárselas durante el resto de la guerra. La integridad del estado se veía amenazada por unas fuerzas centrífugas considerables: en 1945, y con el apoyo soviético, Azerbaiyán se había declarado autónomo; y en 1946 se había proclamado una república independiente en el Curdistán, la República de Mahabad. Mientras tanto el Partido Comunista Tudeh se ramificaba, volviéndose cada vez más fuerte, y no faltaron tampoco insurrecciones provocadas por escasez de cereales (1942). Una vez terminada la guerra, el gobierno iraní logró cerrar un acuerdo con la Unión Soviética, obteniendo la retirada de las tropas estacionadas en territorio iraní, y eso le dio ocasión al soberano de volver a ocupar tanto Azerbaiyán como el Curdistán. La energía que mostró Mohammed Reza durante aquel trance le hizo ganarse el favor de la opinión pública. No obstante, el sah no controlaba perfectamente la situación, como demuestra el hecho de que en 1949 sufriera un atentado (del que salió indemne, y gracias al cual pudo declarar la ley marcial). Diversos grupos de guerrilla actuaban clandestinamente casi por doquier, y las fuerzas de oposición a la monarquía se iban extendiendo.

El problema más grave de la primera posguerra en Irán fue sin embargo el de la gestión de la riqueza petrolífera, la prinicipal fuente de ingresos del país. En el parlamento se volvieron cada vez más vehementes las voces que pretendían nacionalizar la Anglo-Iranian Oil Company. Finalmente, el 30 de abril de 1951 llegó al cargo de primer ministro un nacionalista (perteneciente, por otra parte, al moderado Frente Nacional), Mohammed Musaddiq (Mosaddeq). Al día siguiente de su nombramiento, el nuevo primer ministro firmó el decreto que nacionalizaba el petróleo iraní. Gran Bretaña, golpeada de lleno en sus intereses económicos y desafiada en su papel de gran potencia, reaccionó solicitando en primer lugar la intervención del tribunal internacional de la Haya, y después la de las Naciones Unidas. En ambos casos obtuvo una cortés indiferencia o un rechazo abierto, que en la práctica se tradujeron en el reconocimiento de la legitimidad de la actuación iraní. Frente a la abierta hostilidad de la opinión internacional, Londres decidió proceder a boicotear comercialmente a Irán. Eso empeoró la situación económica del país, dejando, por ejemplo, sin asistencia técnica a la nueva sociedad petrolífera nacional. Pero Mosaddeq prosiguió con su línea de acción. Totalmente decidido a limitar la autoridad del sah y promover al mismo tiempo una serie de reformas sociales, tomó algunas decisiones de gran relevancia: nombró por iniciativa propia al ministro de Defensa (usurpando una de las prerrogativas que le correspondían al soberano), redujo el presupuesto de la corte, emprendió una reforma agraria y les impuso a los ricos privilegiados el pago de impuestos. Estas medidas, populistas pero destinadas ciertamente a transformar Irán en una monarquía constitucional y mejorar el nivel de vida de las masas, cosecharon la aprobación de los comunistas del Tudeh, pero también suscitaron fuertes hostilidades en el parlamento. Con el paso del tiempo, el gobierno de Mosaddeq se volvió más personalista y autoritario, a causa también de la necesidad de controlar con mano de hierro una situación que se iba volviendo más y más complicada a medida que crecía la hostilidad política contra el primer ministro. Cuando las masas empezaron a exigir la república y las estatuas del sah fueron derribadas durante manifestaciones y motines, Mosaddeq decidió intervenir represivamente, irritando en esta ocasión al Tudeh, el único partido que aún lo apoyaba directamente.

El desafío lanzado por Mosaddeq al orden internacional (análogo al que poquísimos años después lanzaría Nasser al nacionalizar el canal de Suez) y el temor de que la debilitación de la monarquía provocase un vacío de poder en una zona neurálgica de Oriente Medio en plena Guerra Fría persuadieron a las grandes potencias de que debían intervenir. Entre julio y agosto de 1953 la CIA y los servicios secretos británicos planificaron un golpe de estado que condujo a la desautorización y detención de Mosaddeq (que vivió hasta su muerte en 1967 bajo arresto domiciliario). Nadie movió un dedo para defenderlo. Mohammed Reza pudo retomar el control de la situación, persiguiendo inmediatamente a todos sus opositores políticos. De hecho la caída de Mosaddeq hizo evolucionar la monarquía de los Pahlavi de su anterior estadio autoritario a otro decididamente dictatorial, mientras que los intentos del antiguo primer ministro por llevar a cabo una reforma igualitaria se desintegraron completamente. El petróleo, sin embargo, siguió estando nacionalizado, pero Mohammed Reza aprovechó esa riqueza no sólo en beneficio de su familia, sino también para financiar una política de potencia y modernización que se desarrolló en una dirección divergente de la que Mosaddeq había pretendido.

El golpe de estado occidental contra Mosaddeq alimentó la hostilidad de los pueblos de Oriente Medio hacia los Estados Unidos de América[10]. Dicho golpe representó una provoca-

---

[10] Valga como ejemplo la opinión expresada por S. Kinzer en su *All the Shah's Men. An American Coup and the Roots of Middle East Terror* (Wiley, Hoboken, 2003).

dora interferencia en los asuntos internos de un país soberano, y en cualquier caso propició el nacimiento de un régimen dictatorial, pero acorde con la visión estratégica de Occidente. Por eso se ha sugerido que la caída de Mosaddeq y la instauración de la dictadura de Mohammed Reza Pahlavi sentaron en cierta medida las bases de la revolución islámica de 1979. Seguramente hay una parte de verdad en ello, aunque desde el punto de vista de la difusión del islamismo radical es probable que el caso de Mosaddeq deba considerarse circunscrito a la situación iraní.

5. LAS NUEVAS INDEPENDENCIAS

En 1956 tres países árabes, Sudán, Túnez y Marruecos, obtuvieron su independencia, pudiendo así desarrollar a partir de entonces sus propias políticas autónomas.

Sudán

El lector recordará que la derrota del estado mahdista en 1898 había permitido la instauración de un «condominio» angloegipcio de Sudán que tras una pátina de formal legalidad internacional ocultaba un predominio real y absoluto de Gran Bretaña. Cuando Egipto obtuvo su independencia en 1922 los británicos pretendieron, entre otras condiciones, poder seguir ejerciendo un control directo de Sudán. La farsa del condominio, por lo tanto, siguió adelante. En realidad los egipcios contribuían proporcionando los cuadros de mando básicos y medios del ejército y la burocracia, permaneciendo en cualquier caso subordinados a las órdenes de los funcionarios británicos y su gobernador general, que ante todo era *sirdar*, o sea comandante en jefe, del ejército egipcio. Cuando las revueltas nacionalistas condujeron al asesinato de sir Lee Stack, gobernador de Sudán y *sirdar*, en 1924, y a la subsiguiente crisis del gobierno de Zaglūl, los británicos impusieron la retirada de todos los egipcios del país y el traspaso de todas las responsabilidades administrativas y gubernamentales a Gran Bretaña. La situación se volvió paradójica: pese a que los europeos habían ocupado todo posible intersticio del aparato de gestión del país, Sudán seguía siendo un territorio teóricamente regido también por los egipcios. Esa ambigüedad convenció tanto a los nacionalistas del Wafd (como Mustafá al-Nahhās) como a los reyes Fu'ād y Fārūq de que debían insistir en sus exigencias de que Sudán fuese considerada parte integrante de la nación y la monarquía egipcias. Aparte de las razones políticas y de prestigio, la preocupación egipcia estaba justificada por el hecho, bien claro hasta para los propios ingleses, de que Sudán podía condicionar la existencia misma de Egipto, ya que el Nilo fluye por Sudán antes de llegar a tierras egipcias.

Ese equívoco pesó también sobre la formación y el desarrollo del nacionalismo sudanés. Ya por la década de los veinte había nacido una Liga de la Bandera Blanca que defendía la unión del valle del Nilo. Pero fue en los años cuarenta cuando el nacionalismo tomó una forma precisa con el nacimiento de dos auténticos partidos. El primero, el partido de los Hermanos (*Ashiqqā'*), fue fundado por Ismā'īl al-Azharī, que ya a partir de 1938 había impulsado un Congreso de los Licenciados Sudaneses, una organización que reunía a jóvenes provistos de diploma de estudios superiores que trabajaban en algún grado de la administración. El partido de los Hermanos era moderado y filoegipcio, y pronto encontró un competidor en el partido Umma (es decir, «nación»). El Umma acusaba a los Hermanos de ser siervos del imperialismo, pedía la independencia total de Sudán y, sobre todo, se declaraba heredero del movimiento mahdista, eligiendo como su protector a Sayyid 'Abd al-Rahmān al-Mahdī, un hijo póstumo de Mohammed Ahmad.

El nacimiento del Sudán contemporáneo tuvo lugar, pues, dentro del marco de las rivalidades internas entre nacionalistas y las relaciones entre egipcios y británicos. Gran Bretaña había promulgado en 1946 un protocolo que reconocía el derecho de Sudan a la autodeterminación, aunque respetando el principio de su unidad con Egipto. Pero en 1948 también había autorizado la formación de una asamblea legislativa. La primera medida fue acogida favorablemente por los unionistas, mientras que la segunda lo fue por parte de los independentistas del Umma. La situación permanecería en un punto muerto hasta abril de 1952, cuando la asamblea legislativa promulgó un estatuto que permitía el nacimiento de un parlamento y un consejo de ministros. Los contendientes volvían a ser el Umma e Ismāʿīl al-Azharī, esta vez al frente del Partido Nacionalista Unionista, fundado sobre las cenizas de los Ashiqqāʾ. Ambos partidos estaban relacionados con cofradías religiosas: el Umma con los Ansār, de directa filiación mahdista, y el Partido Nacionalista Unionista con sus rivales Jatmiyya. En las elecciones celebradas entre noviembre y diciembre de 1953 fue precisamente el Partido Nacionalista Unionista el que consiguió la mayoría absoluta, e Ismāʿīl al-Azharī se convirtió en primer ministro. Se trataba de un gobierno que antes de nada debía resolver la cuestión de la presencia británica y contener las renovadas aspiraciones egipcias (en Egipto, tras la revolución de julio, el nuevo grupo de dirigentes, encabezado por el general Naguib, esperaba poder entablar un diálogo fructífero con miras a una auténtica unificación del valle del Nilo). Pero los sudaneses no deseaban realmente la unión con Egipto: habían votado a los nacionalistas unionistas sólo porque la idea de una fusión con Egipto era más funcional a la hora de poner en crisis el dominio británico. Ismāʿīl al-Azharī intuyó bien pronto los deseos de la opinión pública, y adecuó a ellos su actuación política. Es significativo que, cuando Naguib acudió a Jartum el 1 de marzo de 1954 para participar en una conferencia cumbre con los británicos y el gobierno sudanés, la muchedumbre expresase violentamente su oposición a la presunta injerencia egipcia. La voluntad popular, de hecho, presionaba para que se aboliese por completo el «condominio», tanto en su forma como en sus contenidos. Las exigencias populares no podían ser ignoradas. Entre agosto y diciembre de 1955 el parlamento impuso en primer lugar la evacuación de las tropas inglesas y egipcias, y luego aprobó una resolución que proclamaba la independencia total. El 1 de enero de 1956 las banderas británica y egipcia fueron arriadas y substituidas por la bandera verde y amarilla de la nueva república.

El estado sudanés parecía, sin embargo, bastante débil en varios aspectos. En primer lugar, salió a la luz la profunda desigualdad entre un norte árabe y musulmán relativamente desarrollado y un sur subdesarrollado, predominantemente negro y cristiano-animista. En segundo lugar, se acrecentaron las rivalidades entre los distintos grupos políticos. Los primeros gobiernos republicanos se vieron condicionados por los compromisos y el oportunismo de quienes se disputaban el poder. Nacieron nuevos partidos y se probó a llevar a cabo ciertas coaliciones que, sin embargo, no lograron aplacar las luchas intestinas de los grupos dirigentes. En tercer lugar, la economía sudanesa pasó por un periodo de grave crisis causado por unas cosechas insuficientes y el descenso de los ingresos procedentes de la venta de algodón, el principal producto de exportación. Las dificultades para conseguir que las instituciones funcionasen como era debido llevaron a los militares, tras dos años de incertidumbres, a adueñarse del poder. En 1958 el general Ibrāhīm 'Abbūd dirigió un golpe de estado que iba a inaugurar un largo periodo de régimen militar en Sudán. En resumen, Sudán tampoco lograba evitar la característica transversal de los regímenes políticos de Oriente Medio durante la época de la descolonización: el papel decisivo y preponderante de las fuerzas armadas (que ya hemos visto, y en el que profundizaremos más a lo largo de los próximos parágrafos). Si bien eso no se tradujo, como es obvio, en una apertura democrática, el gobierno de los militares trató al menos de mejorar la situación económica. Hay opiniones para todos los gustos acerca del resultado de ese intento. En cualquier caso, se amplió la red de ferrocarriles, se extendieron las canalizaciones y los sistemas de riego (se firmó un acuerdo con Egipto sobre la gestión de las aguas del Nilo) y se liberalizó el precio del algodón para favorecer su exportación. Sudán vivió un periodo de relativa estabilidad hasta 1964, año en el que 'Abbūd fue depuesto. El motivo más apremiante de los conflictos internos era la cuestión del sur, cuyo separatismo se vio acentuado por la política de arabización e islamización impulsada por el gobierno militar.

Túnez

Los nacionalistas del Neo Destūr y los representantes de los trabajadores tunecinos promovieron una primera sublevación, organizada en 1938, que fue enérgicamente reprimida por los franceses. La represión convenció a los patriotas de que debían asumir por el momento una postura más flexible, también por miedo a que la Italia fascista pretendiese substituir a Francia en Túnez. Fue después de la Segunda Guerra Mundial cuando (debido en parte a la debilidad de la metrópoli colonial europea, que había salido muy maltrecha del conflicto) los nacionalistas reemprendieron sus actividades de agitación. El gobierno de París decidió hacer frente a la situación tratando de proponer una cosoberanía francotunecina que, aun ampliando un poco los derechos y las responsabilidades de los tunecinos, no pusiese sin embargo en discusión la supremacía europea. Los nacionalistas rechazaron esa componenda, y en 1952 estallaron unas manifestaciones y protestas de intensidad y difusión similares a las de 1938. Los franceses trataron una vez más de emplear la represión, pero la violencia se extendió cada vez más, y se formaron grupos guerrilleros. Los residentes europeos crearon a su vez organizaciones terroristas de contraguerrilla como la Mano Roja, pero la situación se había vuelto ya insostenible. En abril de 1955 el líder nacionalista Burguiba firmó un acuerdo con Francia que le garantizaba la autonomía a su país. Fue el primer paso hacia la declaración de independencia, que tuvo lugar el 20 de marzo de 1956.

El primer problema al que tuvieron que enfrentarse los nacionalistas fue el de la forma del estado. Al contrario que en el caso de Marruecos (como veremos a continuación), el bey no había contribuido activamente a la liberación, por lo que resultó inevitable que la asamblea constituyente que se estableció inmediatamente después de la independencia terminase por abolir la monarquía e instaurar la república. Burguiba se convirtió en su presidente y, en cierto modo, su señor absoluto, creando durante los años siguientes una especie de «república monárquica». De hecho en 1975 fue designado presidente vitalicio, y su carisma lo hizo merecedor del apelativo de «combatiente supremo».

El «reino» de Burguiba duró desde 1957 hasta 1987, y sin duda alguna le dio al país un fuerte impulso progresista y modernizador. Siendo personalmente bastante indiferente a la religión, el presidente consiguió imponer una serie de reformas orientadas a la secularización. En 1956 se promulgó un Código de Estatuto Personal que substituía *in toto* a la ley islámica en lo referente al derecho de familia y las cuestiones relacionadas con él (un efecto impresionante de esto fue la abolición de la poligamia), por lo que los tribunales religiosos fueron suprimidos. En 1957 se abolieron los bienes religiosos de manos muertas, que fueron confiscados por el estado. En 1958 se emprendió un programa decenal de enseñanza destinado a combatir el analfabetismo (hoy en día Túnez es uno de los países araboislámicos con mayor tasa de alfabetización).

Pero esa modernización iba a tener un precio bien alto: la autocracia. La constitución de 1959 le garantizaba al presidente unos poderes amplísimos. La república resultó en un sistema esencialmente monopartidista: el Neo Destūr se convirtió en la *longa manus* de la autoridad absoluta del presidente, situándose muy a menudo en ruta de colisión con las organizaciones sindicales (especialmente con la UGTT). El principal opositor islámico, Salāh IbnYūsuf (BenYusuf), fue asesinado en 1961. Durante los años sesenta, sugestionado probablemente por lo que estaba sucediendo en muchas partes del mundo árabe, Burguiba promovió, aunque sin tener demasiada fe en él, un experimento socialista, que fracasó porque los planes de desarrollo se vieron coartados por poderosos intereses privados, políticos y económicos. En 1976 se promulgó una nueva constitución que, confirmando los poderes del presidente, reflejaba también un regreso a la economía de mercado. Pero los años setenta estuvieron también marcados por una fuerte conflictividad social, y el empeoramiento de las condiciones de vida favoreció la reactivación del islamismo militante. El Movimiento de la Tendencia Islámica de Rashīd Gannūshī, nacido precisamente durante los años setenta, era de ascendencia salafista, por lo que apuntaba a lograr una islamización de la sociedad antes de aspirar al poder. Se trató de un movimiento que reconoció desde un principio las instituciones republicanas, y que se propuso llegar al poder empleando los medios legales. Burguiba, sin embargo, fue volviéndose con el paso del tiempo más intolerante ante cualquier tipo de oposición interna, y a la larga su autocracia, agravada por su senilidad, iba a revelarse perniciosa para el futuro político tunecino.

Marruecos

La independencia marroquí tuvo como protagonista, junto con los nacionalistas del Istiqlāl, al sultán Mohammed V. Tras subir al trono en 1927 dio sus primeros pasos con prudencia, y en 1930 firmó el *dahīr* bereber, apoyando así de manera indirecta la política colonial francesa. Después de la Segunda Guerra Mundial, sin embargo, Mohammed abrazó el programa del Istiqlāl y actuó conscientemente como portavoz del nacionalismo marroquí. Cuando, durante un discurso pronunciado en noviembre de 1952, pidió la independencia total e inmediata de su país, las autoridades francesas, que el año anterior habían ilegalizado el partido Istiqlāl, lo derrocaron y lo exiliaron a Madagascar. Pero los marroquíes cerraron filas en torno a su soberano, y se negaron a reconocer como sultán a Mohammed Ibn 'Arāfa, entronizado por los franceses. La intensificación de la resistencia contribuyó a impulsar las negociaciones entre las autoridades francesas y los nacionalistas marroquíes para poner fin al protectorado. El 16 de noviembre de 1955 Mohammed volvió a Marruecos, y el 2 de marzo de 1956, al proclamarse la independencia, se convirtió en el primer rey del Marruecos independiente, conservando el nombre de Mohammed V. Durante los meses siguientes el soberano incrementó su prestigio cuando fue abolido el protectorado español en la zona septentrional del país y el enclave de Tánger, de forma que todos los territorios del Marruecos precolonial (a excepción de las ciudades «españolas» de Ifni, Melilla y Ceuta) se reunieron bajo la bandera del reino.

Ese proceso explica por qué la monarquía marroquí ha disfrutado de legitimidad desde un principio. Y resulta característico que dicha legitimidad se haya sustentado en unas bases islámicas: los reyes de Marruecos sostenían que eran jerifes, es decir descendientes del Profeta. La legitimidad islámica, como en el caso de Jordania, puede haber sido la responsable del escaso arraigo en ambos reinos del islamismo militante. Tanto en Marruecos como en Jordania existen organizaciones más o menos emparentadas con la Hermandad Musulmana, pero ninguno de esos dos países ha vivido una radicalización extremista como la de Egipto o Argelia[11]. Hasan II, que sucedió a su padre, Mohammed V, en 1961, fue un soberano estable y respetado, aunque gobernase con mano de hierro y de forma autocrática. Entre los años sesenta y setenta la constitución fue enmendada nada menos que en tres ocasiones, pero en ninguna de ellas se modificaron ni eliminaron los poderes discrecionales de los que el soberano podía hacer uso en caso de emergencia. Así, si bien en Marruecos se desarrolló una oposición constitucional, ésta nunca tuvo posibilidades reales de influir en el poder. Hasan albergaba pretensiones de expansión territorial, y en 1975 proclamó la anexión a Marruecos del antiguo Sahara español, lo que provocó la reacción de los saharauis, que crearon el Frente Polisario. El Frente todavía lucha por el reconocimiento de la independencia del Sahara Occidental de Marruecos, siendo ésta una de las guerras «olvidadas» del planeta. La cuestión saharaui ha sido además causa de roces con Argelia, que siempre ha apoyado al Polisario.

[11] Por otra parte, la legitimación islámica no logró evitar el nacimiento de una poderosa oposición islamista en Arabia Saudí, como ya veremos.

Capítulo VIII

Ascensión y crisis del múndo árabe

1. EL EGIPTO DE NASSER

El proceso de descolonización descrito en el capítulo anterior parecería carente de sentido si no tuviéramos en consideración los acontecimientos que tuvieron lugar en Egipto, que durante los años cincuenta y sesenta iba a desempeñar un papel hegemónico en todo el mundo araboislámico. Ya hemos hablado de cómo fue derrocada la monarquía de Farūq en julio de 1952. La república se proclamó al año siguiente, con Naguib como presidente, pero entretanto iba a afirmarse y consolidarse un nuevo grupo dirigente surgido del ejército que se ramificaría en la burocracia y el resto de la sociedad, constituyendo un verdadero estado dentro del estado[1]. La afirmación de esta nueva élite se dio a través de tres articulaciones principales: la contraposición entre Naguib y Nasser, la marginalización y represión de los Hermanos Musulmanes y la abolición de los partidos políticos.

[1] Acerca de este proceso sigue manteniendo todo su vigor el clásico de A.A. Malek *L'Egypte, societé militaire* (Editions du Seuil, París, 1962) [traducción italiana: *Esercito e società in Egitto (1952-1967)* (Einaudi, Turín, 1967)].

Pese a que Naguib era el jefe de estado, los Oficiales Libres reconocían a Nasser como su líder. Ambos hombres albergaban concepciones políticas opuestas: mientras que Naguib quería que, una vez llevada a cabo la revolución, los militares volviesen a los cuarteles y el gobierno pasase a manos de los civiles, Nasser estaba convencido de que el ejército era la vanguardia consciente de las masas egipcias y debía asumir las responsabilidades del poder. Esa oposición soterrada se transformó en una crisis evidente en 1954. En febrero Naguib dimitió a consecuencia de unos enfrentamientos entre Hermanos Musulmanes y jóvenes partidarios de la revolución, desafiando con ello a los Oficiales Libres. En cuanto Nasser hizo que lo arrestaran, hubo grandes manifestaciones populares a favor del presidente destituido, a causa de las cuales le fue devuelto el cargo. Pero Nasser jugó por su parte una carta decisiva: anunció el final de la revolución y la disolución del consejo revolucionario. Ese anuncio conmocionó a los egipcios, que volvieron a salir a la calle en masa, aunque en esa ocasión para manifestarse a favor de los militares. En abril Naguib fue expulsado del consejo de mando. Siguió siendo el presidente, pero estaba claro que Nasser, que ahora era el primer ministro, era quien mandaba de facto.

El 26 de octubre de 1954, mientras arengaba a una multitud en Alejandría, Nasser fue blanco de algunos disparos efectuados por un hermano musulmán. Habiendo salido ileso, aprovechó la ocasión para asestar el golpe decisivo: Naguib, acusado de connivencia con el terrorista, fue destituido y condenado a arresto domiciliario (en el que iba a permanecer durante dieciséis años). La Hermandad Musulmana, que era la principal fuerza de la oposición, fue ilegalizada y reprimida, y algunos de sus dirigentes de mayor prestigio fueron ahorcados. Nasser (y con él el ejército) resultaba así definitivamente el vencedor del enfrentamiento. La represión de la Hermandad Musulmana fue tan sólo uno de los aspectos de la vuelta de tuerca política que se le dio a Egipto. Los partidos ya habían sido disueltos y substituidos por una «Agrupación de la Liberación» en 1953. Ahora podía llevarse a cabo un desplazamiento más decidido hacia el monopartidismo. La Agrupación también fue disuelta, y se substituyó con la Unión Nacional. Una nueva constitución proclamó la lucha contra el imperialismo, el fin de los privilegios y la necesidad de la justicia social, y resaltó la arabicidad y el carácter islámico de la nación egipcia. Después, Nasser fue elegido presidente en 1956, poniendo fin así al dilatado periodo de transición posterior a la revolución, e inaugurando un «reinado» destinado a durar hasta 1970.

El acontecimiento de alcance nacional e internacional que consolidó la posición de Nasser e hizo de él el *ra'is* por excelencia ese mismo año de 1956 fue lo que llegó a conocerse como Segunda Guerra Araboisraelí. Esta definición, sin embargo, es inadecuada, como veremos enseguida. El proyecto de modernización e industrialización de Egipto que perseguían Nasser y los Oficiales Libres requería muchos recursos, y el presidente pronto concibió la idea de financiarlo llevando a cabo una gran obra que garantizaría enormes cantidades de energía eléctrica, además de una reserva inagotable de agua y el control de las caprichosas crecidas del Nilo: la construcción de la gran presa de Asuán. Al faltarle el capital necesario, Nasser se dirigió a los EEUU y Gran Bretaña para pedirles ayuda, pero, tras algunas vacilaciones, los países occidentales se negaron a apoyar su iniciativa. Varios factores convergieron a la hora de determinar ese rechazo: la hostilidad de los grupos de presión estadounidenses y, sobre todo, la desconfianza de Occidente frente a Nasser, que, como ya dijimos, en 1955 había tomado partido a favor del movimiento de los no alineados, negándose a sumarse al pacto de Bagdad, y era íntimo amigo de Tito y Nehru. Por consiguiente, Nasser recurrió a la Unión Soviética, que aceptó hacerse cargo de los gastos (la presa se inauguró finalmente en 1966), y al mismo tiempo decidió nacionalizar la compañía del canal de Suez, que todavía era propiedad de los británicos. Se trataba de un gesto eminentemente político con el que el presidente pretendía borrar de una vez por todas la presencia extranjera en suelo egipcio. Ya en julio de 1956, después de unas extenuantes negociaciones, las últimas tropas británicas habían abandonado el canal, que no obstante permaneció bajo administración europea. Esa nacionalización restituía por completo, pues, Egipto a los egipcios, y fue recibida con manifestaciones de júbilo.

Perjudicada en sus intereses económicos y desafiada en el plano político, Gran Bretaña decidió intervenir, cerrando un acuerdo con Francia, enemiga de Nasser debido a que éste respaldaba a la guerrilla independentista de Argelia. Ambas ex potencias decidieron desencadenar contra el Egipto revolucionario una antihistórica guerra colonial, a la que también se sumó Israel, deseoso de ocupar los pozos petrolíferos del Sinaí y aplicar el principio de la guerra preventiva contra los árabes. Entre finales de octubre y principios de noviembre de 1956 esos tres países atacaron a Egipto, que no fue capaz de oponer una resistencia militar seria. Nasser habría ido de cabeza al desastre si los Estados Unidos de Eisenhower y la Unión Soviética no hubiesen intervenido de forma conjunta, imponiéndoles la retirada a británicos, franceses e israelíes. La breve guerra de 1956 pasó de ser una derrota militar a transformarse en un gran éxito para Nasser, que fue aclamado como el héroe del mundo árabe (e islámico) frente al imperialismo. Los egipcios supieron volver a poner en funcionamiento rápidamente la gestión del canal, cuyo tráfico pasó a ser uno de los principales recursos económicos del estado.

Una vez consolidado en el poder, y habiendo adquirido el aura del héroe, Nasser organizó una política que se nutrió de dos categorías ideológicas «seculares»: el panarabismo y el socialismo. Ambas elecciones fueron hechas gradualmente, con el paso del tiempo. El panarabismo consistió, en esencia, en la asunción consciente por parte de Nasser de una responsabilidad política respecto a todo el mundo árabe en proceso de profunda transfomación. Aunque esa responsabilidad se tradujo en una institución concreta tan sólo en el caso de la unión de Egipto con Siria (lo veremos en el próximo parágrafo), el prestigio adquirido por Nasser lo convirtió en un punto de referencia inevitable para todas las reivindicaciones árabes —sin duda alguna, al menos las revoluciones yemení, argelina y libia fueron deudoras del nasserismo (cfr. los parágrafos siguientes)—. Por contra, la derrota de Egipto en la Guerra de los Seis Días contra Israel (cfr. *infra*, § 6) puede considerarse como una fruto envenenado del panarabismo.

En cuanto al socialismo, Nasser denominó con un término derivado del lenguaje político occidental una acción política y una concepción ideológica bastante diferentes. En el plano ideológico, el socialismo nasseriano se nutría de elementos ajenos al marxismo: rechazaba la lucha de clases y la abolición de la propiedad privada, enfatizaba el papel del estado en lugar de vaticinar su disolución y tomaba explícitamente como referencia los valores del Islam en lugar de ser ateo. Se trataba de un socialismo cuyas bases morales eran islámicas, pero cuya praxis política era totalmente laica; un proyecto original, por lo tanto: un intento de gobernar laicamente, aunque sobre un fondo ideológico de connotaciones religiosas. Desde el punto de vista práctico, el socialismo de Nasser se caracterizó por ser un sistema vehementemente estatalizado (casi todas las empresas egipcias fueron nacionalizadas y sometidas al control de la burocracia estatal), monopartidista (la Unión Socialista Árabe, fundada en concomitancia con las reformas económicas y sociales, era el único partido legal) y militarizado (el ejército se infiltró en la burocracia y la administración). Se tomaron medidas a favor de las mujeres (que obtuvieron el derecho a voto y el de participación política), se promovieron la asistencia social y la educación, se intentó garantizar una casa y un trabajo para todos y la universidad religiosa de al-Azhar fue reformada y ampliada con facultades no religiosas como ingeniería o medicina. Ese socialismo, sin embargo, fue decepcionante y desastroso por lo menos en dos aspectos: por un lado, a pesar del lanzamiento de planes quinquenales Egipto no logró convertirse en un país realmente industrializado, y el desarrollo económico fue notorio, pero no excepcional; por otro lado, la burocracia llegó a estar tan ramificada y ser tan omnipotente (y corrupta) como para paralizar tanto la administración corriente como la iniciativa privada. Naturalmente, el nasserismo no era una democracia, aunque durante sus comienzos el presidente había esperado poder permitir una participación directa del pueblo en el poder. La autocracia terminó por predominar, en buena medida también porque Nasser pensaba, como llegó a decir explícitamente, que por el bien de la nación hacía falta gobernar «para» el pueblo, pero no «con» el pueblo. De hecho, una atmósfera cargada de sospechas y control policial comenzó a hacer sentir cada vez más su peso sobre la sociedad. Los adversarios fueron perseguidos con dureza, y quien se llevó la peor parte fue sobre todo la Hermandad Musulmana, que ya era ilegal, y además resultó diezmada por una segunda «purga» entre 1965 y 1966.

2. El gobierno del Ba'z en Siria e Iraq

El poder de atracción de Nasser sobre todo el mundo árabe fue enorme. Siria fue la primera que apremió para lograr una unión con Egipto. Tras la caída de Adīb al-Shishāklī, Shukrī al-Quwwatlī había vuelto al poder en 1954, encabezando un gobierno de tendencia claramente izquierdista, y en el que el Ba'z había encontrado nuevos espacios de expresión y afirmación. El Ba'z era por entonces uno de los principales defensores del Egipto nasseriano, y tras su triunfo en la guerra de 1956 hizo presión para que se acelerase la unión entre ambos países. Al-Quwwatlī le hizo propuestas explícitas a un Nasser reacio, que no se fiaba de los sirios debido a la precariedad y la mutabilidad de su sistema político. Por ese motivo Nasser respondió a la propuesta de unión de Al-Quwwatlī exigiendo una fusión completa y total. Los sirios cedieron, y en 1958 se proclamó la República Árabe Unida (RAU), el primer organismo político inspirado en el nacionalismo (pan)árabe.

La RAU fue en realidad un rotundo fracaso, aunque por una serie de motivos muy concretos. En primer lugar, Egipto, es decir Nasser, pretendió desempeñar un papel absolutamente predominante. El presidente era egipcio, o sea el propio Nasser, la capital era El Cairo y la provincia del Sur (Egipto) fagocitaba con su peso demográfico, político y cultural a la provincia del Norte (Siria). En segundo lugar, Nasser impuso sus propias elecciones y directrices en todos los ámbitos, haciendo caso omiso de las condiciones locales. Impuso la disolución de los partidos y la confluencia de la representación política siria en la Unión Nacional, que se convirtió también en el único partido político de la RAU, en cuya directiva, sin embargo, los egipcios doblaban en número a los sirios. El Ba'z, que había esperado ser la *lunga manus* de Nasser en Siria, vio cómo sus expectativas terminaban frustradas y reprimidas, y de hecho fue obligado a disolverse. A continuación se le impusieron a Siria las resoluciones socialistas mediante la nacionalización de las empresas, la expropiación de las grandes propiedades agrícolas y el control estatal de la economía. Todo eso estaba en estridente disonancia con la sociedad siria y su sistema económico, mucho más individualista y heterogéneo, y sobre todo mucho menos habituado a padecer la injerencia y el condicionamiento del estado. En tercer lugar, Nasser procedió a depurar sistemáticamente el ejército, que contaba con un gran número de simpatizantes del baazismo, y envió a Damasco a su fiel amigo 'Abd al Hakīm 'Āmer en calidad de procónsul. En Siria se instauró un rígido sistema de control policial (con la complicidad, por otra parte, de algunos agentes sirios). Todo ello provocó en poco tiempo la hostilidad y el resentimiento de la burguesía siria. Tan sólo tres años después de la proclamación de la RAU, en septiembre de 1961, un golpe de estado cortó las ataduras de Siria con Egipto e instauró un nuevo gobierno. Aunque había preparado una intervención militar, Nasser (que había vivido la escisión siria como una derrota personal) decidió aceptar el hecho consumado, conservando para Egipto la denominación de República Árabe Unida.

Los años que sucedieron a la recuperación de su autonomía fueron testigos de la recaída de Siria en su habitual caos político. Entre 1961 y 1963 se llevaron a cabo varias intentonas más de golpe de estado —una de ellas, filonasseriana, con la pretensión de resucitar la RAU—. Finalmente, el 3 de marzo de 1963 tuvo lugar la «revolución» del Baʿz. El ejército (representado por el mayor Ziyād al-Harīrī) y el ala política baazista —encabezada por Akram al-Hawranī (Hurani)— llevaron a cabo con éxito un golpe que situó en el poder, veinte años después de su fundación, al Baʿz. Es importante resaltar que el ala encabezada por los «padres» del partido, ʿAflaq y al-Bitār, fue la que resultó debilitada por la «revolución» de 1963. El partido había experimentado, de hecho, una significativa transformación interna tanto en el plano político como en el estratégico. Principalmente por obra de Yāsīn al-Hāfiz, desde 1961 el Baʿz había ido radicalizando más su ideología: Yāsīn al-Hāfiz sostenía que la libertad connatural al ADN del partido debía declinarse en el sentido de una democracia popular en la que el papel de los trabajadores fuese preeminente; hacía falta, por lo tanto, buscar un «camino hacia el socialismo» al que muchos quisieron añadirle de una manera u otra el adjetivo «árabe»; e Israel era identificado, con mayor claridad de lo que nunca se hubiese hecho antes, como el principal enemigo, al que había que combatir mediante una lucha popular que fuese verdaderamente una especie de «guerra de liberación» de los árabes. Pese a que muchos de estos aspectos teóricos no fuesen ajenos al nasserismo, el nuevo gobierno baazista era en su conjunto hostil a Nasser.

A pesar de todas sus declaraciones de intenciones, «la revolución social vaticinada por el pensamiento baazista no tuvo lugar»[2] después de 1963, en parte porque surgieron nuevas pugnas entre facciones que desmembraron el Baʿz sirio, debilitando sus gobiernos y provocando fuertes luchas intestinas entre sus principales exponentes políticos. La inestabilidad de la situación desembocó en 1966 en un enésimo golpe de estado en el que desempeñó un papel muy relevante un joven oficial de la aviación de origen alauí, Hāfez al-Asad (Assad). El golpe de 1966 llevó al poder a la «izquierda» del partido, con Nūr al-Dīn al-Atāsī (Atassi) como presidente de la república, Yūsuf al-Zu'ayyin como primer ministro y Assad como ministro de Defensa. Pero sobre todo inauguró una tercera fase de la vida del Baʿz, que pasó a denominarse Neo-Baʿz.

El partido estaba entonces configurado de forma notablemente distinta del Baʿz originario, lo que condujo a la definitiva marginalización de ʿAflaq y al-Bitār. Ante todo, en su interior fueron asumiendo un papel cada vez mayor las minorías religiosas (aunque podría decirse que más bien eran tribales) sirias, como los alauíes y los drusos. Eso provocó una profunda transformación del grupo dirigente y una reestructuración de sus alianzas. Esa mayor transversalidad religiosa del partido favoreció, paradójicamente, su secularización, aunque eso hizo que cuajase en su contra una oposición islámica que se volvería peligrosa en las décadas siguientes. En segundo lugar, sus tonos revolucionarios y socialistas se acentuaron aún más, y la revolución baazista aspiró a encuadrarse en el marco

---

[2] R. Olson, *The Baʿth and Syria, 1947 to 1982. The Evolution of Ideology, Party and State* (Kingston Press, Princeton, Nueva Jersey, 1982), p. 81.

más amplio de las revoluciones antiimperialistas del Tercer Mundo. En este sentido puede comprenderse el antisionismo más tajante y radical de los nuevos dirigentes sirios, así como su inclinación por la Unión Soviética en el juego de equilibrios de la Guerra Fría. el presidente Atassi reforzó los vínculos de Siria con la guerrilla palestina, y en especial con Al-Fatah, la organización fundada y dirigida por Yasir Arafat. La propaganda antiisraelí se fue haciendo más ruidosa, y los dirigentes sirios multiplicaron los discursos amenazadores y belicosos, intimidando a Israel, pero sobre todo poniendo en un brete a Nasser, que, como líder del mundo árabe, no podía abandonar a su destino a Siria frente a un posible conflicto con el enemigo sionista. Desde el punto de vista de los meros acontecimientos, este fue uno de los motivos no menos importantes del desencadenamiento de la guerra araboisraelí de 1967.

También al ala iraquí del Ba'z le costó afincarse en el poder, pese a que el partido consiguió abrir muy pronto (desde principios de los años cincuenta) una filial en Iraq. El primer quiebro de la historia contemporánea de Iraq tuvo lugar en 1958, cuando un golpe encabezado por el general 'Abd al-Kārim al-Qāsim, conocido en Occidente como Kassem, derrocó a la monarquía hachemita, aunque eso fue el resultado final de un largo proceso. Recuérdese que la dinastía hachemita se había ceñido la corona de Iraq en 1921. El rey Faysal I (1921-1933), en primer lugar, y luego el rey Gāzi (1933-1939) habían hecho grandes esfuerzos por legitimarse —en cuanto extranjeros impuestos desde el exterior en el trono— en el nuevo y heterogéneo estado, que debemos considerar de todas formas como un típico «producto» colonial[3]. La acción de Faysal estaba inspirada por

---

[3] Cfr. C. Catherwood, *Churchill's Folly: How Winston Churchill Created Modern Iraq* (Carroll & Graf, Nueva York, 2004) [traducción italiana: *La «follia» di Churchill. L'invenzione dell'Iraq* (Corbaccio, Milán, 2005)].

dos principios fundamentales: tratar de adquirir una independencia real de Gran Bretaña y lograr cohesionar lo más posible la heterogénea sociedad iraquí. Ambos objetivos fueron alcanzados (o se vieron frustrados) de forma muy parcial. Es cierto que en 1932 el país había conseguido la independencia formal —como el primero de los estados producidos por el régimen mandatario—, pero en 1930 el entonces primer ministro, Nūrī al-Saʿīd, había estipulado un tratado que les permitía a los británicos el uso ilimitado de las bases militares y las estructuras iraquíes, además del control directo, a través de consejeros, del ejército. Por otra parte, desde 1924 se había concedido una constitución que transformó Iraq en una monarquía parlamentaria de facto con una cierta (aunque asfíctica) dialéctica entre partidos, pero eso no podía considerarse bastante como para transformar el país en una nación unificada.

La política iraquí antes y después de la Segunda Guerra Mundial estuvo dominada por la figura de Nūrī al-Saʿīd, en ocasiones como primer ministro, y otras veces como «eminencia gris» que dirigía entre bambalinas ministerios presididos por sus secuaces. Durante el conflicto Iraq había permanecido fiel a Gran Bretaña, a pesar de que en abril de 1941 el primer ministro de aquel entonces, Rašīd ʿAlī al-Kaylānī, hubiese intentado realizar un golpe de estado que fracasó en pocas semanas no sólo por la celeridad de la respuesta inglesa, que se tradujo en la ocupación temporal del país, sino también por la fundamental indiferencia de las potencias del Eje, la Alemania y la Italia nazifascistas, a las que al-Kaylānī había recurrido debido a que eran enemigas de los británicos. Nūrī, que era filobritánico de todo corazón, volvió al poder poco después, y gobernó durante largos periodos, aunque no de manera consecutiva, hasta 1958. Fueron años en los que se confirmaron los problemas de siempre, si bien se manifestaron también algunas novedades. Iraq se mostraba como una sociedad segmentada en la que, incluso desde el punto de vista político, dominaban los patronazgos tribales y las redes de clientelismo y afiliación, que obviamente debilitaban y condicionaban el poder central. Nūrī al-Saʿīd gestionó el gobierno de forma a menudo autocrática, pero su base de poder era la habitual en Iraq, es decir precisamente las alianzas de clan y, como se diría en nuestro lenguaje político, el «chaqueteo» parlamentario. La estabilidad del país se veía comprometida, además, tanto por el descontento chií dentro de un sistema religioso sectario en el que los suníes, pese a su inferioridad numérica, detentaban los principales puestos de poder, como por el separatismo curdo, que se convirtió en un problema cada vez más espinoso y difícil de manejar, hasta el punto de que el gobierno de Bagdad hubo de librar, incluso durante las décadas posteriores, auténticas guerras para impedir la escisión. Además, la subordinación a Gran Bretaña seguía siendo un hecho manifiesto, y el tratado de Portsmouth de 1948, clamorosamente puesto en tela de juicio en Iraq, ratificó los privilegios y la supremacía ingleses establecidos por el tratado de 1930. Los factores nuevos se presentaban más bien en el moderado reformismo económico de tipo tecnocrático promovido por Nūrī al-Saʿīd y en la importancia cada vez mayor que la extracción y la explotación del petróleo tenían en la balanza comercial.

La política exterior de Iraq, de acuerdo con la línea de Nūrī al-Saʿīd, aspiró a favorecer el crecimiento de la hegemonía hachemita, aliándose con o manteniéndose en paralelo a Jordania en el Oriente Medio árabe, aunque eso significó poner el país en rumbo de colisión no sólo con Egipto (tanto bajo el reinado de Fārūq como durante los primeros años de la presidencia de Nasser), sino también con Arabia Saudí. El hecho es que, aunque la opinión pública era sensible al reclamo del nacionalismo árabe y el panarabismo, el primer ministro estaba mucho más decidido a cultivar un nacionalismo estrictamente iraquí. Esa elección se tradujo en el temprano desinterés de Iraq por los problemas de Palestina tras la desastrosa guerra de 1948.

Iraq también es en cierto sentido, como Egipto entre los años veinte y cuarenta, la prueba de cómo los experimentos liberales fracasaron en el mundo árabe, dando paso a las élites militares. De hecho, fueron algunos oficiales disidentes y un grupo de Oficiales Libres, probablemente sugestionados por el ejemplo egipcio, quienes organizaron el golpe de estado que derribó la monarquía y llevó al poder al general Kassem. El joven y desafortunado rey Faysal II perdió la vida durante ese golpe, junto con el propio Nūrī al-Saʿīd, que fue asesinado en plena calle. El hecho es que el Iraq monárquico, al igual que el Egipto monárquico, no había logrado poner en marcha ni una reforma política verdadera ni una auténtica reforma social, por lo que la solución militar y dictatorial resultó el único camino viable a la hora de lograr un auténtico cambio de rumbo.

Kassem, en efecto, gobernó durante cinco años como un dictador, aunque permitió una cierta dialéctica política (incluso se llegó a legitimar un partido islámico) y tomó algunas medidas populistas para favorecer a las clases más necesitadas. Sin embargo, no se logró ningún cambio real y profundo en la situación social. Kassem, al igual que Nūrī al-Saʿīd, era ante todo un nacionalista iraquí, y eso lo puso en conflicto con el número dos del régimen, el coronel ʿAbd al-Salām ʿĀrif, que albergaba, por el contrario, simpatías panarabistas y admiraba a Nasser. Precisamente por eso la política exterior de Kassem estuvo marcada por la hostilidad hacia Egipto (que justo en 1958 había constituido con Siria la República Árabe Unida). Pero el presidente también albergaba otras ambiciones, sobre todo la de disputarle a Irán el control estratégico del golfo Pérsico. Fue él quien bautizo esa cuenca de agua como «golfo Árabe» y planteó reivindicaciones sobre Kuwait (que se había independizado del colonialismo inglés en 1961), elementos ambos que en cierta medida anticipaban la que durante los años ochenta iba a ser la política de Saddam Husein.

El gobierno de Kassem fue, a la larga, puesto en tela de juicio desde el interior, erigiéndose en sus principales adversarios los nasserianos, los comunistas y, sobre todo, el Ba'z. Cuando los baazistas, que estaban ampliamente ramificados en el ejército y la administración, se sintieron lo bastante fuertes como para actuar, organizaron un golpe de estado que condujo al asesinato de Kassem (1963). Los baazistas no fueron capaces, sin embargo, de aprovechar la situación y, tras algunos meses de incertidumbre y confusión, se impuso el liderazgo de 'Abd al-Salām 'Ārif, que no era miembro del partido. Tanto él como (después de su muerte en un accidente aéreo en 1966) su hermano, 'Abd al-Rahmān 'Ārif, confirmaron la vocación autoritaria del poder militar y oscilaron entre simpatías filo- y antinasserianas, terminando, no obstante, por abrazar también ellos un nacionalismo esencialmente iraquí en detrimento del panarabismo.

Bajo el gobierno de 'Abd al-Rahmān 'Ārif se manifestaron y agudizaron los elementos de crisis que iban a conducir a un segundo golpe de estado. En primer lugar, el presidente era menos enérgico y determinado que su hermano, y también menos capaz de componérselas con las distintas facciones. En segundo lugar, la guerra en el Curdistán se volvió especialmente atroz, y las amenazas de disgregación del estado se hicieron más fuertes. En tercer lugar, los religiosos se sublevaron, llevados por el temor de que Iraq se estuviese encaminando hacia el «descreimiento», ya que la clase dirigente estaba mayoritariamente laicizada. Esas dificultades debilitaron al régimen, que en 1968 no logró resistir un segundo golpe baazista. Esa nueva prueba de fuerza situó en el poder a Ahmad Hasan al-Bakr, tras quien se fue afirmando con el tiempo la figura de Saddām Husayn (Husein), secretario general del partido.

El nuevo gobierno del Ba'z era probablemente de tendencias más militarizadas que baazistas, y de la línea original del movimeiento conservó sobre todo el carácter secular, en absoluto comprometido con el Islam. De hecho, los religiosos fueron perseguidos a menudo (en especial los chiíes, aunque también los suníes). Como era natural, el régimen recurrió a la retórica socialista (la constitución de 1970 definía Iraq como una «república democrática popular»), aunque, pese a que se pusieron en marcha reformas en el campo económico y el social, sus efectos no siempre fueron satisfactorios. Por ejemplo: no se logró socavar la influencia de las élites económicas tradicionales, como en el caso de la agricultura, donde a pesar del nacimiento de cooperativas de campesinos la riqueza se mantuvo concentrada en manos de un 3% de terratenientes. El régimen, sin embargo, le sacó provecho a dicha retórica y consolidó su base de poder. Ese proceso se vio favorecido también por el hecho de que el gobierno baazista, sólidamente sustentado a su vez por clientelismos de clanes y tribus, acrecentó el predominio suní (en un sentido, como resultará obvio, más étnico-tribal que religioso), exacerbando a su vez, por contra, el descontento chií. El panarabismo, otro de los pilares ideológicos del Ba'z tradicional, ni siquiera figuró entre los puntos principales de la agenda de política exterior. Las relaciones con Egipto fueron deteriorándose durante la presidencia de Sadat en los años setenta, e incluso las relaciones con Siria eran de todo menos cordiales, en especial cuando Michel 'Aflaq fue a refugiarse a Bagdad. Aunque en realidad, el abandono del frente árabe por parte de Egipto después de firmar la paz de 1979 con Israel llevó a una reconciliación temporal entre Siria e Iraq.

Con el paso del tiempo, Saddam Husein consolidó más y más su papel gracias tanto a sus apoyos familiares y tribales como a que dominaba de hecho el aparato del partido y, a partir de cierto momento, supo garantizarse también el control de la política petrolífera iraquí, esencial para la subsistencia económica del país. Nadie se maravilló, por lo tanto, cuando en 1979, tras la dimisión de Hasan al-Bakr (oficialmente por cuestiones de salud), fue él, Saddam, quien se convirtió en el presidente y se apoderó de los resortes del poder. Inmediatamente, aduciendo como pretexto la represión de un presunto complot, se deshizo de sus adversarios políticos e inauguró un gobierno autocrático y personalista, lo que no era nada nuevo en Iraq, aunque en este caso resultó mucho más eficaz y rígido que los anteriores. La política de Saddam Husein fue totalmente intransigente con los opositores internos, los curdos y los chiíes: el suyo resultó un régimen más militarizado que nunca, en el que el carisma y el culto a la personalidad le permitieron sacar adelante decisiones aventuradas que a la larga iban a llevarlo a la ruina.

3. La revolución yemení

A mediados del siglo XX Yemen del Norte aún era un país feudal y retrógrado gobernado por la monarquía conservadora de los mutawakkilitas, imanes de confesión religiosa chií zaidí (recuérdese que Aden, Yemen del Sur, era todavía una colonia británica). Sin embargo, también en Yemen había surgido un vigoroso movimiento nacionalista que, perseguido durante sus primeros años de vida, en la década de los años treinta, había encontrado refugio en El Cairo, madurando al sol del nasserismo y estableciendo contactos con los Hermanos Musulmanes. Los nacionalistas realizaron varios intentos de golpe de estado para derrocar a los mutawakkilitas. El primero fue en 1948, cuando la asociación de los Yemeníes Libres, aliada con una familia rival de los imanes, asesinó al por entonces rey, Yahya. Esta intentona se vio rápidamente troncada gracias a la fidelidad de las tribus montañesas zaidíes, que confirmaron su obediencia a los soberanos. En 1955 se realizó un segundo golpe de estado: una conspiración igualmente fallida, pero que convenció a los nacionalistas de la necesidad de lograr un cambio definitivo de gobierno y sistema institucional.

La revolución logró triunfar finalmente en 1962, y la transformación del país en una república en 1970, tras ocho años de guerra civil, fue sin lugar a dudas una consecuencia del nasserismo. El golpe de septiembre de 1962 fue orquestado por un grupo de Oficiales Libres encabezado por 'Abdallāh al-Sallāl, que había sido educado en Iraq. El imán Mohammed al-Badr logró evitar sin embargo que lo capturasen y, tras refugiarse entre las tribus que le eran fieles, se dispuso a organizar la resistencia. Es posible que ese enésimo conato revolucionario hubiese sido sofocado de nuevo si Nasser, por aquel entonces en lo más alto de su prestigio personal y del entusiasmo panarabista, no hubiese decidido intervenir a favor de los rebeldes. La intervención egipcia suscitó la preocupación de Arabia Saudí, que decidió a su vez tomar partido por Mohammed al-Badr. Así, en Yemen dio comienzo una guerra civil que se encuadró dentro de un contencioso árabe más amplio, el que enfrentaba al Egipto revolucionario y republicano y la Arabia Saudí monárquica y conservadora, que aspiraba, con su rey Faysal, a disputarle a Egipto la hegemonía sobre el mundo árabe.

Desde un punto de vista estrictamente militar, la aportación egipcia no fue decisiva. Egipto gastó ingentes cantidades de dinero y sacrificó a decenas de miles de sus soldados en una guerra que, deseada por Nasser, era malquista por la opinión pública de su país. De todos modos, durante los primeros tiempos los republicanos yemeníes no consiguieron obtener ningún resultado substancial en el plano bélico. Pero la aportación egipcia fue decisiva en el plano ideológico, como se mostró claramente cuando Egipto se vio obligado a retirarse. La retirada egipcia de Yemen fue el resultado inevitable de la derrota sufrida en la Guerra de los Seis Días contra Israel, en 1967, y el hecho de que Nasser, atormentado por preocupaciones bien distintas, se saliese del tablero de juego parecía ir a dejarles el camino despejado a los realistas partidarios del imán, financiados por el rey saudí, Faysal. La guerra, sin embargo, prosiguió contra toda expectativa. Los nacionalistas no cedieron, y al final lograron prevalecer. En 1970 incluso Arabia Saudí tuvo que claudicar y reconocer el fin de la monarquía zaidí en Yemen y el comienzo de la República Árabe de Yemen, cuyo primer presidente fue un veterano patriota, Al-Iryānī.

La nueva república nacía siguiendo el modelo egipcio, con la característica predominancia del ejército sobre la sociedad, y sustentada por una retórica socialista. Militar era al-Sallāl, el primer cabecilla de la revolución, y militares fueron también los presidentes Ibrāhīm al-Hamdī (1975-1977), que murió asesinado, y el actual jefe de estado, 'Alī 'Abdallāh Sālih, en el cargo desde 1978. Al-Hamdī reconoció explícitamente las deudas del Yemen contemporáneo con Egipto. Pero, naturalmente, la progresiva crisis del modelo revolucionario nasseriano llevó poco a poco al sucesor de Hamdī, 'Abdallāh Sālih, hacia posturas más pragmáticas, así como a emprender un camino menos militante. Con el paso de los años, y a pesar de varias crisis internas, Yemen se ha estabilizado. 'Abdallāh Sālih ha colgado los hábitos militares para dirigir un gobierno civil. Yemen del Norte y Yemen del Sur se reunificaron en 1990 (después de que Yemen del Sur, a partir de su liberación del colonialismo inglés en 1967, viviese una experiencia «comunista», gravitando en la órbita de la URSS), y se ha formado un estado bastante homogéneo. El país ha conocido a partir de los años noventa una relativa apertura democrática con la puesta en marcha de una experiencia multipartidista, ha ocupado en política exterior una posición prudente, si bien filooccidental, y ha vivido una lenta transformación económica en un sentido principalmente capitalista. El nasserismo fue, en resumen, la matriz de la República Árabe de Yemen, aunque hoy en día el país se adecúa a la corriente política (y económica) predominante.

4. LA REVOLUCIÓN ARGELINA

La revolución argelina fue el resultado inevitable de dos factores: por una parte, la rigidez del colonialismo francés; y por otra, la incapacidad de los nacionalistas moderados para obtener, si no la independencia total, cuando menos la autonomía. Después de la Segunda Guerra Mundial, las organizaciones tradicionales del nacionalismo argelino efectuaron una nueva transformación. Ferhat 'Abbās fundó en 1946 la Unión Democrática del Manifiesto Argelino (UDMA), y publicó en los periódicos un llamamiento en el que conminaba a los franceses a que se librasen de su complejo colonialista, y a los musulmanes, a que renunciasen a un nacionalismo islámico improductivo. Ese mismo año, Massalī Haŷŷ organizó el Movimiento por el Triunfo de las Libertades Democráticas (MTLD), cuya principal exigencia consistía en la evacuación de las topas francesas de Argelia mientras el pueblo argelino decidía su propio futuro por medio de una asamblea constituyente.

Los esfuerzos de los antiguos nacionalistas, sin embargo, resultaban ya inútiles a los ojos de muchos. Dentro del MTLD se formó por lo tanto (en torno a 1948) una organización paramilitar secreta de aspiraciones decididamente revolucionarias. El nacionalismo argelino estaba encontrando nuevos dirigentes: Hocine (Husayn) Ait Ahmed, Ahmad Ben Bellā y Mohammed Bū Diyāf (Budiyaf), intelectuales y hombres de acción, comandantes «partisanos» que procedían de las filas de la organización secreta que apoyaba al MLTD. Fue la acción de esos nuevos jefes la que condujo a la formación del Frente de Liberación Nacional (de ahora en adelante, FLN), lo que implicó la separación tajante de los nacionalistas más activos de formaciones tradicionales como la UDMA y el MTLD.

El 1 de noviembre de 1954 el FLN proclamó oficialmente la insurrección, que al principio tuvo un carácter elitista y restringido. No fue hasta 1956, más o menos, cuando la lucha popular se volvió masiva, en respuesta a la brutalidad de la represión francesa, que se cernía sobre todos los musulmanes y todas las aldeas indiscriminadamente. Una vez extendida entre las masas, la lucha popular, cargada por un siglo y medio de humillaciones, ya no podía ser refrenada. De particular importancia resultó lo que se conoce como «batalla de Argel»: unos meses de cruenta guerrilla urbana, con atentados y sabotajes, que devastaron la capital en 1956. Los franceses opusieron a la guerrilla la intervención de los paracaidistas del general Massu, que a la larga terminaron por imponerse sobre los insurrectos. La cúpula del FLN en Argel fue decapitada, y sus representantes, capturados o asesinados. Hay quienes han dicho que la derrota de los nacionalistas en la «batalla de Argel» hizo que el rumbo de la revolución argelina cambiase profundamente. Resulta verosímil que, al lograr capturar y asesinar a los representantes más prestigiosos de la intelectualidad del FLN, los franceses le dejaran, sin saberlo, el camino despejado al ala militar. La progresiva militarización de la revolución llevó a su radicalización (sobre todo en lo referente a sus futuras evoluciones), debilitando a quienes tal vez hubiesen preferido una solución mayormente política. Después se estableció una diferencia tajante entre quienes libraban en su tierra la guerra civil (los «interiores») y quienes hacían política desde el extranjero, sobre todo desde El Cairo y con el apoyo de Nasser (los «exteriores»).

Tras la represión de la «batalla de Argel», la lucha de liberación nacional prosiguió, igual de sangrienta y ramificada. En 1956, en el congreso de la Summam, se había formado un Consejo Nacional de la Revolución Argelina (CNRA) con las funciones de un parlamento soberano. En 1958 el FLN proclamó el nacimiento de un gobierno provisional. Francia se enfrentó a una grave crisis política interna causada por las disputas entre quienes querían aplicar la mano de hierro e impedir a toda costa la independencia argelina[4] y quienes, por el contrario, se daban cuenta de que la época del colonialismo estaba en su ocaso, y que los intereses franceses debían ser defendidos de otras maneras.

En 1960 el nuevo presidente de la república, Charles de Gaulle, se declaró favorable a una «Argelia argelina»: de Gaulle era perfectamente consciente de la imposibilidad para Francia de seguir gestionando un imperio colonial, tal como había hecho en el periodo anterior a la Segunda Guerra Mundial; y estaba igualmente convencido de que Francia debía concederles la independencia a las naciones colonizadas, a fin de tratar de conservar y, en caso de resultar posible, aumentar su peso económico y político en las organizaciones gubernamentales recién nacidas. Se trataba de un cambio de tendencia que iba a favorecer la solución positiva del conflicto. Los *pieds noirs*, sin embargo, decidieron oponerse. Se organizaron en guerrillas y trataron por todos los medios de detener el proceso de pacificación con sabotajes y atentados no sólo en Argelia, sino también en Francia. En abril de 1961 el general Raoul Salan trató de tomar el poder en Argel mediante un golpe de estado, aunque el gobierno central supo controlar la situación y hacer fracasar el extremismo nacionalista. Así fueron madurando lentamente las condiciones que acelerarían los coloquios de paz. Las discusiones fueron largas, pero finalmente, con los acuerdos de Evian de 1962, Argelia vio reconocida su independencia. La lucha les había costado a los argelinos un millón de muertos, alrededor de una décima parte de la población árabe.

El FLN había acumulado durante la lucha un conspicuo capital de credibilidad y prestigio que consiguió despilfarrar en

---

[4] Aún era una herida sangrante la dura derrota sufrida en Indochina, donde el colonialismo francés había sido barrido por la guerrilla, y de la que habían nacido el Vietnam, la Camboya y el Laos independientes.

menos de treinta años. Ahmad Ben Bellā fue el primer presidente de la república. Su estrategia se caracterizó por un giro tajante en sentido político y civil del gobierno. En resumen, trató de reconducir el FLN a dimensiones constitucionales, si bien dentro del marco de un predominio absoluto garantizado por el monopartidismo. Como consecuencia, le imprimió un fuerte carácter estatalista a la actuación gubernamental, mientras que corrientes profundas del movimiento revolucionario argelino ejercían presión a favor de un giro radical en sentido socialista. El documento programático de ese periodo de transición fue la Carta de Argel, promulgada en 1964. La Carta ponía en tela de juicio el modelo socialista soviético, a pesar de promover opciones socialistas, y enfatizaba el papel del FLN como vanguardia democrática de las masas. Ben Bellā estaba firmemente decidido a guiar a Argelia a lo largo de las líneas previstas por él y sofocar a la oposición interna. Pero el ala militar del FLN se sintió marginada por la actuación de Ben Bellā, y pronto se decidió a reaccionar: en junio de 1965, con lo que se configuró como un auténtico golpe de estado, Ben Bellā fue depuesto, y el poder pasó a manos del coronel Hwarī Bū Madyān (Huari Bumedián), uno de los más prestigiosos combatientes de la época de la guerra.

El gobierno de Bumedián le imprimió un cambio de rumbo tajante a Argelia, que se configuró, significativamente, como una república democrática y popular, árabe e islámica. Islamismo y arabización marcharon en paralelo a una política indudablemente socialista. Estas características se manifestaron tanto en la «carta nacional» de 1975 como en la nueva constitución, promulgada en 1976[5]. Es importante, sin embargo, señalar que cuando la guerra aún estaba en curso los manifiestos y programas del FLN empezaron ya a conferirle un papel cada

[5] P. Balta, *La Stratégie de Boumédiène* (Sindbad, París, 1978).

vez más decisivo y significativo al Islam: basta pensar en la proclama de Trípoli de 1962[6]. Más tarde, la Carta de Argel también había ido en la dirección de acentuar el carácter arabomusulmán del pueblo argelino. Ahora, en la era de Bumedián, el estado se comportaba claramente como un intérprete de la visión progresista del Islam y se erigía en garante de la convergencia entre religión y estructura socialista de la sociedad. En la nueva ideología argelina, aunque el Islam es una religión, mientras que el socialismo no, el socialismo es esa realidad teórica y estratégica revolucionaria cuya energía motriz está constituida por el Islam. Al presentar la carta nacional, Bumedián dijo que el pueblo argelino aspiraba a desarrollar un Islam entendido como igualdad entre los hombres, abolición de la explotación y justicia. Aunque haya quien ha sostenido que el islamismo de Bumedián era simplemente un instrumento para el control del poder, según Henri Sanson, en la Argelia de Bumedián, dominada por los militares, «el Islam reina y el estado gobierna»[7].

La experiencia argelina resultaba a este respecto similar a del Egipto de Nasser: una gestión laica del poder bajo el marchamo ético y moral del Islam. Aunque parecía, con respecto a la nasseriana, aún más orientada en sentido islámico. Esta «islamización del socialismo» se configura como una versión al mismo tiempo paralela e invertida de las tendencias «socialistas» de la Hermandad Musulmana, lo que constituye una perspectiva realmente curiosa e intrigante. Una alternativa muy nítida respecto a la Hermantad Musulmana puede identificarse en la tendencia filosoviética de la Argelia de Bumedián (como la del Egipto de Nasser), aunque dicha tendencia puede verse justificada desde la perspectiva de las divisiones y las oposiciones de la Guerra Fría.

[6] G. Calchi Novati, *La rivoluzione algerina* (Dall'Oglio, Milán, 1969).
[7] H. Sanson, *Laïcité islamique en Algérie* (CNRS, París, 1983), p. 49.

5. LA REVOLUCIÓN LIBIA

También la revolución libia fue en cierto sentido un producto indirecto del nasserismo, si bien luego siguió sus propias sendas. La inerte y feudal monarquía de los Sanusiya fue derrocada en 1969 por un golpe de estado de Oficiales Libres guiados por el joven Mu'ammar al-Qadhdhāfi (Gaddafi), quien por aquel entonces era un ferviente nasseriano. El estado que Gaddafi constituyó y ha dirigido hasta hoy en día muestra características muy particulares, e incluso decididamente originales[8].

En primer lugar, quería configurarse como una «tercera vía» entre la democracia capitalista y el socialismo soviético: las estructuras clásicas del poder democrático, desde el parlamento hasta los partidos, quedaban desautorizadas como un «engaño para el pueblo»; de forma análoga, el socialismo real, hiperestatista y jerarquizado, no podía ofrecerle al pueblo una auténtica oportunidad de autogobierno. Gaddafi teorizó, por el contrario, una «república de las masas», una *ŷamāhiriyya* (según el neologismo que él mismo acuñó) en la que no existirían ni partidos ni órganos institucionales. El pueblo debía gobernar directamente, a través de una pirámide de representaciones que, desde las células de base, iba ascendiendo hasta encontrar su vértice en el Congreso General del Pueblo. En consecuencia, la economía tendría que borrar todo tipo de explotación y subordinación de clase. Resulta característico que el líder de la revolución, pese a tener la última palabra en todo, no haya desempeñado ningún cargo político oficial. Una hermosa utopía, inspirada tal vez

---

[8] El programa teórico de Gaddafi se encuentra en *El libro verde* (Public Establishment for Publishing, Trípoli, 198?) [versión italiana: *Libro Verde* (Mursia/Shalluf, Milán-Trípoli, 1977)].

en el igualitarismo islámico de la Medina del Profeta. En segundo lugar, de hecho, Gaddafi no encubrió nunca que se inspiraba en el Islam, en un Islam, no obstante, visto desde su óptica personal: en efecto, sostenía que sólo el Corán tiene validez universal, mientras que la *sunna* del Profeta, basada en los *hadīz*, debe ser abandonada, porque la transmisión de las narraciones y los hechos relativos a la vida de Mahoma es demasiado imprecisa, y se ha visto falseada por demasiados accidentes, como para ser fiable.

En tercer lugar, respecto a la política exterior, la actuación de Gaddafi fue al principio en la dirección del panarabismo (de acuerdo con el modelo de Nasser), y luego trató de alcanzar, de forma más bien veleidosa, una hegemonía regional con el corolario de desafiar, incluso en el plano militar, al mundo occidental. Muchos fueron los intentos por hacer reverdecer las glorias panárabes, como, por ejemplo, la creación de federaciones con Egipto (1972) y Marruecos (1984): experiencias todas ellas malogradas, ya por la imposibilidad práctica de realizar ese sueño, ya por la imprevisibilidad del líder libio. Durante la segunda mitad de los años setenta Libia estuvo atareada en el frente chadiano, tratando de imponerle a ese país, destrozado por una guerra civil, su hegemonía. La injerencia libia en el Chad desembocó en un clamoroso fracaso, en buena medida porque suscitó la poderosa hostilidad de Francia. Además, Gaddafi apoyó durante mucho tiempo, en el plano internacional, a varios movimientos revolucionarios y subversivos, tanto en Europa como en el mundo africano y árabe, con la vana esperanza de poder exportar una revolución global contra el «sistema» y sus injusticias.

Esa política desafiante hizo de Gaddafi una especie de espantajo: muy mal visto por los propios dirigentes árabes (el presidente egipcio Sadat lo consideraba un loco, y Burguiba no quería tener nada que ver con él), se ganó la nada envidiable fama de financiador del terrorismo internacional y acérrimo enemigo de Occidente. Varios atentados, como el que sufrió un avión de PanAm en Lockerbie, Escocia, en 1985, fueron llevados a cabo con la connivencia o la participación directa de Libia. Por ello, el país fue castigado con severas sanciones internacionales, y el presidente estadounidense Reagan llegó a ordenar en 1986 una represalia militar. Gaddafi escapó de milagro al ataque aéreo contra el campamento beduino en el que vivía. También es cierto que desde ese momento la política exterior libia se volvió mucho más cauta, aunque en absoluto sumisa. Libia se ha ido abriendo lentamente a Occidente, aunque ha seguido cultivando sueños de protagonismo en el continente africano.

Con Gaddafi, a pesar de todo, Libia se ha convertido en uno de los países más pudientes del mundo árabe. La explotación de los recursos petrolíferos, muy abundantes, ha garantizado unos ingresos suficientes para mantener desahogadamente a una población bastante poco numerosa. Ha sido también gracias a los ingresos del petróleo como el líder libio ha podido mantener su ambiciosa política exterior.

6. LA GUERRA DE LOS SEIS DÍAS Y SUS CONSECUENCIAS

Hasta ahora hemos hablado de forma predominante de éxitos del mundo árabe, pero éstos pronto iban a verse borrados de un plumazo por una guerra desastrosa, conocida como la «Guerra de los Seis Días» de junio de 1967, que ya hemos mencionado en varias ocasiones. El año de 1967 debe considerarse como una línea divisoria fundamental en la historia de Oriente Medio. Muy pronto entenderemos las razones de esta elección, pero de momento es necesario describir la circunstancia que le ha otorgado ese estatus: la Guerra de los Seis Días, precisamente.

Esa guerra consistió en un ataque preventivo israelí que el 5 de junio de 1967 destruyó en primer lugar a la aviación egipcia (la más poderosa del mundo árabe) mientras estaba en tierra, y a continuación desencadenó una devastadora ofensiva terrestre en tres direcciones: contra Egipto, contra Siria y contra Jordania. La situación internacional se había puesto, en efecto, al rojo vivo durante la primavera del 67. La guerrilla palestina había intensificado sus ataques, a los que Israel había respondido con duras represalias. La Siria del presidente Atassi no dejaba de emitir belicosas proclamas antiisraelíes. El propio Nasser había cerrado primero, en mayo, el estrecho de Tirán a la navegación israelí, dando la impresión de que quería estrangular económicamente al enemigo sionista, y después le había solicitado a la ONU que retirase del Sinaí las tropas que estaban estacionadas en él desde 1956, dando así la impresión de estar preparado para realizar un ataque por tierra (parece que sus decisiones estuvieron condicionadas por un falso memorándum de procedencia soviética que lo advertía de movimientos del ejército israelí en la frontera). En realidad, hoy en día está generalmente aceptado que Nasser no quería una guerra, o por lo menos no en esas circunstancias ni en ese momento. Otros problemas lo tenían más preocupado, desde la crisis económica hasta la negativa evolución de la cuestión yemení. Sin embargo, se sentía responsable del mundo árabe, y quería interpretar en calidad de líder del mundo árabe los resentimientos antisionistas ampliamente extendidos. Además, había estipulado un pacto militar con Siria que en cierto modo lo convertía en corresponsable de la agresividad siria. Por otra parte, esperaba que las presiones internacionales por un lado y las amenazas por el otro atemorizarían a Israel y favorecerían un acuerdo diplomático.

Israel, por su parte, vivía en un clima de histeria provocado por el temor a encontrarse acorralado y vivir un nuevo holocausto. Eso persuadió a la mayoría del gobierno y, sobre todo, al ministro de Defensa, el «halcón» Moshé Dayán, de que debían ser los primeros en desencadenar la ofensiva, si bien el primer ministro, Levi Eshkol, fuese reacio a ello, al igual que una cierta parte de la opinión pública israelí. Una vez aniquilada la aviación egipcia con un bombardeo aéreo de inusitada eficacia, la subsiguiente campaña terrestre fue extremadamente fácil. El ejército israelí llegó en pocos días al canal de Suez en el frente occidental, ocupando Gaza y todo el Sinaí egipcio; al Norte conquistó las colinas sirias del Golán, llegando a tiro de cañón de Damasco; y al Este se apoderó de la Cisjordania, y en especial de Jerusalén, atacando al titubeante rey jordano, Hussein, que, temiendo una guerra y asustado por la aceleración imprevista de los acontecimientos, había volado a El Cairo en busca de protección y le había ordenado a su artillería abrir fuego contra las posiciones israelíes. El cese de las hostilidades el 10 de junio dio como resultado a los árabes aniquilados, postrados por una derrota político-militar de proporciones inesperadas, y a Israel dominando una notable extensión de tierras árabes que multiplicó su propio territorio.

Los Estados Unidos avalaron la guerra de Israel, según un observador, en nombre de un proyecto estratégico más amplio. Era un hecho innegable que el presidente Lyndon Johnson (a diferencia de su predecesor, John Kennedy) era profundamente hostil al arabismo progresista de tipo nasseriano, a lo que se añadió que en 1967 el conflicto vietnamita había alcanzado un clímax de violencia. Pues bien,

los Estados Unidos no sólo considera[ban] útil dar vía libre a Israel, sino que [...] pretend[ían] establecer las bases de su regreso al tablero de juego por todo lo alto: sólo una extraordinaria victoria israelí y una gigantesca derrota árabe le habrían permitido a Washington volver a encontrar espacio y credibilidad para llevar a cabo una ventajosa obra mediadora a larga distancia[9].

En otras palabras, los árabes sacarían principalmente en claro de una derrota que sólo los Estados Unidos tenían la autoridad de reestructurar y pacificaresa región. Podría incluso ponerse en duda este análisis, pero lo indiscutible es que precisamente eso fue lo que ocurrió, y que la toma de partido incondicionada de los Estados Unidos a favor de Israel comenzó justo a partir de 1967. Cuando, durante los primeros años setenta, Nixon fuese presidente, y Henry Kissinger secretario de estado, la política estadounidense en Oriente Medio iba a hacer propios los objetivos de la israelí. Además, la Unión Soviética no movió ni un dedo para ayudar de forma concreta a los árabes desde el otro lado de la barricada de la Guerra Fría.

La crisis del nasserismo en los planos interno e internacional fue la primera consecuencia macroscópica de ese desastre. El mariscal 'Abd al-Hakīm 'Āmer, jefe del ejército, se suicidó, y el propio Nasser perdió confianza en sus medios y sus objetivos. En el plano interno decidió rectificar, por lo menos teóricamente. Prometió una depuración de la Unión Socialista Árabe y el ejército, así como una mayor apertura democrática que favoreciese la participación popular. Sin embargo, en la práctica no fueron muchas cosas las que cambiaron. En el plano exterior, por contra, Nasser era consciente de que sólo una nueva guerra le restituiría a Egipto la dignidad y los territorios perdidos, pero era igualmente consciente del hecho de que Egipto no era capaz por el momento de afrontarla. Por ello desencadenó una «guerra de desgaste» consistente en ataques parciales y limitados, pero continuos, contra las posiciones is-

---

[9] G. Valabrega, *Il Medio Oriente. Aspetti e problemi* (Marzorati, Milán, 1980), pp. 86-87.

raelíes en el canal de Suez. La debilidad de Egipto envalentonó a sus adversarios, como Arabia Saudí, cuyo rey, Faysal, se pretendió heredero de la hegemonía egipcia sobre el mundo árabe.

La crisis de la intelectualidad árabe (e islámica) fue el segundo legado grave de la Guerra de los Seis Días[10]. Ibrahim Abu Rabi' ha sintetizado recientemente el problema de esta manera: en primer lugar, la derrota obligó al mundo árabe a reexaminar su identidad y su relación con lo «otro», es decir Occidente e Israel; en segundo lugar, demostró el fracaso total del proyecto nacionalista y socialista árabe, encarnado principalmente por Nasser; en tercer lugar, orientó en un sentido mayormente islámico las relaciones entre religión y estado; y, finalmente, les despejó el camino a elementos «contrarrevolucionarios» que modificaron por completo las directrices sociales y económicas[11].

La gangrena de la cuestión palestina fue probablemente el efecto más duradero y peligroso de la derrota de los árabes. El problema de los refugiados se volvió más dramático que nunca. Con la pérdida de Cisjordania y Gaza, a los palestinos ya no les quedaba dentro de su antigua patria ningún lugar en el que vivir, y emigraron en masa, sobre todo en dirección a Jordania: se calcula que, además de los 500.000 de 1948, alrededor de otros 400.000 abandonaron el país. En Jordania, sin embargo, desde donde intensificaron las actividades de guerrilla, los grupos palestinos representaron un contrapoder que preocupó al

---

[10] Véase ante todo la obra de F. Ajami *The Arab Predicament. Arab Political Thought and Practice since 1967* (Cambridge University Press, Cambridge, 1986). Tampoco debe olvidarse que en toda la región se avivó un renovado y reforzado resentimiento antioccidental (y en especial antiestadounidense). Cfr. S. Hadawi, *Raccolto amaro. Palestina 1914-1968* (East, Roma, 1969).

[11] I. Abu Rabi', *Contemporary Arab Thought. Studies in Post-1967 Arab Intellectual History* (Pluto Press, Londres-Sterling, 2004).

rey Hussein, cuya legitimidad estaba en juego. Por esa razón Hussein decidió dedicarse a eliminar el peligro palestino. El ejército jordano intervino con dureza en el que se conoce como «Septiembre Negro» (locución que, además de designar el mes de septiembre de 1970, se convertiría más tarde en el nombre del grupo guerrillero responsable del atentado contra los atletas israelíes durante las olimpiadas de Múnich, en 1972), asaltando las plazas fuertes palestinas. Se llegó incluso al borde de una guerra intestina árabe, ya que Siria estaba dispuesta a ayudar a los palestinos, aunque al final Hussein logró su objetivo. Un número considerable de refugiados en Jordania, y sobre todo las organizaciones armadas, emigraron de nuevo, en esta ocasión en dirección al Líbano. La crisis de septiembre de 1970 había demostrado la desorientación y la fragilidad de los árabes tras la derrota. Nasser trató de reunir a la misma mesa a las facciones y los hermanos árabes, pero la cumbre de El Cairo del 27 de septiembre no obtuvo ningún resultado. Al día siguiente, Nasser murió fulminado por un infarto, y con él terminó toda una época, así como una larga fase de la historia política e intelectual de los árabes y los musulmanes.

La Guerra de los Seis días confirmó, por lo tanto, la irreversibilidad del *statu quo* en Palestina o, si se prefiere, en los territorios palestinoisraelíes. Israel consolidó y legitimó su existencia, y los palestinos (o, si se prefiere, en un sentido más amplio, los árabes y los musulmanes) no podían ya evitar reconocer la realidad de Israel, así como su inviolabilidad. Por otro lado, Israel debía reconocer la existencia del problema palestino y aceptar tratarlo y afrontarlo de forma equitativa.

No obstante, ciertos extremismos contrarios se opusieron. En 1964, con la bendición directa del Egipto de Nasser, había nacido la Organización para la Liberación de Palestina (OLP), que poco a poco reunió bajo el mismo techo a los diversos componentes de la resistencia palestina. En ella se encontraban, naturalmente, la Al-Fatah de Yasir Arafat, pero también organizaciones menores como el Frente Popular para la Liberación de Palestina, del cristiano George Habāsh. La OLP tuvo como su primer secretario general a un personaje insípido, Ahmad al-Shuqayrī, pero a partir de 1968 descolló definitivamente la carismática figura de Yasir Arafat. Éste estaba convencido por aquel entonces de que sólo la lucha armada podría conducir a un cambio real en Palestina, y con él la OLP vivió una aceleración extremista. Sus estatutos, elaborados en mayo de 1964 y actualizados con posterioridad en vista de los acontecimientos posteriores a la Guerra de los Seis Días en mayo de 1968, contemplaban en su artículo 15 «eliminar el sionismo de Palestina» por cualquier medio posible, mientras que el artículo 21 rezaba: «el pueblo árabe palestino, expresándose mediante la revolución armada palestina, rechaza cualquier solución que no suponga la liberación de toda Palestina». La elección de la lucha armada iba a pesar durante mucho tiempo sobre la estrategia de la directiva palestina, que de esa manera se entregó durante años al rechazo de cualquier tipo de mediación, mientras que en los primeros años inmediatamente posteriores a la Guerra de los Seis Días la mediación habría sido posible. Sin duda, en los años ochenta y noventa, cuando estallaron las *intifadas*, dicha mediación era mucho más compleja y difícil.

Por otra parte, Israel se convenció de que podía liquidar el problema palestino mediante una indiscriminada ocupación de la tierra y la expulsión o la subordinación de los palestinos. Los pasos en esa dirección fueron ciertamente lentos, y se aceleraron sobre todo después de que el partido de derechas Likud ascendiese al poder en 1977. Pero ya resultó significativo que la nueva primera ministra laborista israelí tras la guerra, Golda Meir, rechazase categóricamente discutir, y mucho menos aceptar, los planes propuestos por el mediador estadounidense, William Rogers, en diciembre de 1969, planes que sin embargo habían sido aprobados en líneas generales por Nasser. El primer plan Rogers contemplaba, en resumen, la retirada de Israel a las posiciones ocupadas antes de la guerra y la garantía de su seguridad mediante la constitución de zonas desmilitarizadas, en consonancia con la resolución número 242 de la ONU, del 22 de noviembre de 1967. El segundo plan Rogers, de junio de 1970, preveía simplemente un alto el fuego y la aprobación general israelí a entablar discusiones de paz, mientras que los árabes seguían haciendo suya la resolución 242. Ambos planes se quedaron en letra muerta.

La resolución 242, a pesar de ser tal vez más útil para los árabes en general que para los palestinos en particular, representa aún hoy en día la única base real de discusión para poner en marcha una solución de los problemas. El núcleo del comunicado rezaba:

[El Consejo de Seguridad] afirma que el cumplimiento de los principios de la Carta [de la organización] requiere que se establezca una paz justa y duradera en Oriente Medio que incluya la aplicación de los dos principios siguientes:

a) retirada de las fuerzas armadas israelíes de los territorios que ocuparon durante el reciente conflicto;

b) terminación de todas las declaraciones y situaciones de beligerancia, y respeto y reconocimiento de la soberanía, integridad territorial e independencia política de todos los estados de la zona, así como de su derecho a vivir en paz dentro de unas fronteras seguras y reconocidas, libres de toda amenaza o acto de fuerza[12].

Se trata —y se trataba— obviamente tan sólo de una base, pero el principio «tierra a cambio de paz», suscitado en los años posteriores, iba a ir en esa misma dirección.

---

[12] Cfr. T. Fraser, *Il conflitto arabo-israeliano* (Il Mulino, Bolonia, 2004[2]), pp. 93-94 [*The Arab-Israeli Conflict* (Palgrave McMillan, Basingstoke, 2007)].

Las dimensiones internacionales del conflicto no se limitaron a eso. La Guerra de los Seis Días no fue sólo una derrota de los árabes (y de los musulmanes) frente a Israel, sino también, en un sentido más amplio, una derrota de la Unión Soviética frente a los Estados Unidos de América. Los Estados Unidos habían defendido a Israel de forma decidida e inequívoca. La Unión Soviética había mostrado respecto a los árabes un interés que, sin embargo, nunca llegaría a inducirla ni convencerla a arriesgarse a un conflicto nuclear. En otras palabras: mientras que el apoyo americano (y, en sentido más amplio, el occidental) a Israel fue cada vez más concreto y eficaz, hasta llegar a configurarse en algunos casos como una estrategia de sentido único, el apoyo soviético a los árabes puso en evidencia todas las debilidades de una política de potencia poco convincente. Las tensiones de la Guerra Fría enfrentaban de forma natural a los Estados Unidos y la Unión Soviética, pero esta última apoyó a los árabes más por una lógica de oposición a su adversario de siempre que por una convicción ideológica o una conveniencia económica reales. Por otro lado, ninguno de los países árabes (aparte de Yemen del Sur) era comunista. De hecho, en esos países los comunistas estaban en su mayoría marginados (y en los peores casos eran objeto de represión), y no constituían una alternativa real a los regímenes en el poder. Es comprensible, por lo tanto, que los soviéticos estuviesen mucho menos dispuestos a arriesgarse que los estadounidenses. No obstante, a la larga los trastornos provocados por la Guerra de los Seis Días contribuyeron a arrinconar a la Unión Soviética en Oriente Medio. En primer lugar Egipto, como ya indicaremos, trató de zafarse del abrazo soviético. Por otra parte, los Estados Unidos se mostraron (anticipando en veinte años lo que iba a suceder en la escena mundial) como los únicos y auténticos árbitros de la situación política en Oriente Medio. Desde Johnson en adelante iban a elegir, aparte de algunos reparos de presidentes como Carter y Clinton, ponerse claramente de parte de Israel. Los intereses de los árabes se vieron, por todo ello, duramente comprometidos.

Un aspecto geopolítico y estratégico interesante de ese viraje consistió en el final de la hegemonía de Egipto sobre el mundo árabe. Ese vacío de poder y autoridad permitió que otras potencias cobrasen protagonismo durante las décadas siguientes: en primer lugar, la Arabia Saudí de Faysal, tradicional enemiga del Egipto de Nasser, y más tarde el Iraq de Saddam Husein. Estas dos voluntades hegemónicas iban a fomentar trastornos y transformaciones destinadas a hacer época, como expondremos más adelante. Tal vez sea excesivo atribuirle a la derrota nasseriana y árabe en la Guerra de los Seis Días todo el peso causal del encadenamiento de eventos que en el curso del siglo XXI parece comprometer toda la estabilidad mundial. Pero todo árbol tiene múltiples raíces, y la abdicación de Egipto de su papel de guía del mundo árabe y del movimiento de los no alineados iba precisamente a desestructurar un marco de estabilidad geopolítica que, por otra parte, era menos sólido de lo que aparentaba en aquel momento.

También el islamismo de los años setenta, en especial en sus versiones más extremistas, puede considerarse como uno más de los frutos envenenados de aquel tremendo conflicto, ya que representó una reacción extrema al fracaso de los ideales laicos de Nasser y todo el mundo araboislámico de los años cincuenta y sesenta. Una vez caídos los mitos del liberalismo y el socialismo, así como del nacionalismo árabe, muchos sintieron que la verdadera alternativa era el Islam, y algunos decidieron vivir esa alternativa de forma radical o hasta violenta. Naturalmente, el extremismo islamista de los años setenta se abrevó también en otras fuentes. Una de las motivaciones más importantes debe buscarse en la crisis económica que se agudizó particularmente justo durante los años setenta: entre quienes, por un motivo u otro, se encontraban sin trabajo, sin esperanzas de futuro o atormentados por la dificultad de encontrar una casa o contraer matrimonio, hubo quienes prestaron oídos sensibles a las ilusiones de los extremistas. Algunos doctores de la ley tradicionalistas se pusieron a la cabeza de las inquietudes populares y estudiantiles, encauzándolas hacia el Islam militante, mientras acusaban a los regímenes «ateos», entre los que contaban en primer lugar el de Nasser, de haberles arrebatado a los países árabes su alma islámica. Según una valoración positiva de esas agitaciones religiosas y políticas a un tiempo, supusieron en resumidas cuentas el intento, en la época poscolonial, por parte del sur del mundo, débil y marginado, de hacer oír su propia voz frente al opulento y agresivo Norte. En conclusión, se intentó reconstruir en términos islámicos una gramática endógena de sentido y lenguaje allí donde el lenguaje eurooccidental, el lenguaje del modernizador, pero también del colonizador, ya no era comprensible y, lo que es más, había provocado el desarraigo de los musulmanes de su propia tradición[13].

Es posible, en cierto modo, considerar el islamismo como un movimiento de guerrilla contra las instituciones y los regímenes en el poder que, en determinadas ocasiones, adquirió el carácter de lucha armada. Se trataba de un movimiento «partisano», en el sentido de que identificaba de forma muy precisa al enemigo contra el que había que combatir, al cual se oponía de una manera propensa al maniqueísmo[14]. En algunos casos eligió la lucha armada también porque en los estados árabes los gobiernos en el poder no permitían la existencia de es-

---

[13] Véase el librorreportaje de F. Burgat *L'islamisme au Maghreb. La voix du Sud* (Payot, París, 2008).

[14] Para ver la justificación teórica de esta argumentación cfr. C. Schmitt, *Teoria del partigiano*, con un ensayo de F. Volpi (Adelphi, Milán, 2005). Schmitt era de la opinión de que el «partisanismo» y la oposición entre el bien y el mal o la verdad y la falsedad son una característica fundamental de lo «político», lo que supone una tesis indudablemente extrema, pero que encierra algo de verdad.

pacios de oposición política islámica. Sin embargo, sus objetivos fueron al principio blancos escogidos y muy determinados, en ningún modo indiscriminados: las fuerzas policiales, los ministros y los intelectuales laicos. Se trataba, por decirlo de alguna manera, de un terrorismo selectivo que seguía una estrategia política bien definida: desestructurar las instituciones para crear espacios desde los que revolucionar la sociedad. Esa estrategia, no obstante, era imposible de llevar a cabo, ya que se trataba de un movimiento elitista que aspiraba a imponer *desde arriba* la islamización de la sociedad. No fue una casualidad que las organizaciones islámicas más moderadas, como los Hermanos Musulmanes en Egipto o el Movimiento de la Tendencia Islámica en Túnez, rechazasen la lucha armada, escogiesen una presencia ramificada y minuciosa dentro de la sociedad y, en resumen, aspirasen a una islamizacion *desde abajo*.

En cualquier caso, las organizaciones islámicas radicales, como ya hemos señalado, pescaron en el río revuelto del descontento popular provocado por la crisis económica, que se agudizó aún más durante los años ochenta, al tiempo que enarbolaban la bandera de las injusticias históricas padecidas por los musulmanes (y en particular por los árabes musulmanes) a partir de los efectos de la colonización, responsable del crecimiento social frustrado, hasta llegar al nudo no resuelto del conflicto palestinoisraelí, prueba manifiesta, desde su punto de vista, de la protervidad antiislámica de Occidente. No hay duda de que durante sus primeros tiempos el radicalismo obtuvo una cierta aceptación, al menos pasiva, pero con el paso de los años la fisura entre los extremistas, enzarzados en fútiles actos de violencia, y la población civil se hizo más y más profunda, hasta volverse imposible de colmar. Eso no quiere decir que la islamización se detuviese. Muy al contrario, siguió adelante, pero impregnando más las conciencias y los comportamientos sociales que las prácticas políticas. A continuación veremos las evoluciones de estas premisas históricas e ideológicas.

Cuarta parte

Oriente Medio durante las últimas décadas del siglo xx

Capítulo IX

1979, la segunda línea divisoria de la historia de Oriente Medio

1. LA REVOLUCIÓN IRANÍ

La importancia y el impacto de la revolución iraní que tuvo lugar entre 1978 y 1979 difícilmente pueden ser infravalorados. Esa revolución tuvo largas raíces que se hundían en los forzamientos (y los fracasos) de la política de Mohammed Reza Pahlavi. Tras la caída de Mosaddeq, el sah tuvo las manos libres para gobernar de manera cada vez más autocrática y absoluta. Organizó una poderosa, ramificada y despiadada policía política, la SAVAK, responsable de represiones, homicidios y torturas. Confirmó la vocación laica de su padre: totalmente indiferente al Islam, buscó una legitimación de su poder en la antigua tradición irania, y en 1971 se hizo coronar, en una fastuosísima ceremonia en Persépolis, emperador de una renovada Persia aria. Y tal y como había hecho su padre, mostró una vocación militarista. Gracias a las ganancias de los ingresos petrolíferos, así como a las generosas ayudas estadounidenses, robusteció hasta tal punto el ejército que éste se convirtió sin punto de comparación en la máquina de guerra más eficaz de todo Oriente Medio. Gracias a esa reconocida potencia militar, Mohammed Reza se transformó en el «gendarme» de los Estados Unidos en esa zona. Cuando a principios de los años setenta, tras su desastrosa derrota en Vietnam, los Estados Unidos de Nixon desarrollaron una doctrina que limitaba la intervención directa estadounidense en las zonas de crisis del planeta y delegaba parte de ese cometido en aliados fieles, el Irán de Mohammed Reza se convirtió en el baluarte de la defensa de los intereses occidentales y el garante de la estabilidad de una región tradicionalmente atormentada.

No se puede negar que, por lo menos durante los años setenta, el país vivió una aceleración reformista y modernizadora. La llamada «Revolución blanca» de 1963 trató de imponer una reforma agrícola (muy desagradable para el clero chií, que veía comprometidos sus ingresos provenientes de los bienes religiosos de manos muertas, los *waqf*), acelerar la difusión de la educación mediante una reforma del sistema de enseñanza, institucionalizar el intervencionismo estatal en el campo social y económico e incluso permitir una coparticipación de los trabajadores en los beneficios de las empresas. Según Malcolm Yapp, la Revolución blanca iraní fue similar, tanto en la teoría como en los resultados, a las revoluciones radicales de Egipto, Siria e Iraq[1].

Podríamos preguntarnos entonces cómo fue posible que el régimen de Mohammed Reza llegase a entrar en crisis y derrumbarse. Hay muchas explicaciones. Ciertamente, el gobierno del sah no respetaba en lo más mínimo los derechos humanos ni las libertades individuales, y la mayoría de la población, en consecuencia, no lo amaba en absoluto. Pero la causa más importante se encuentra probablemente en el hecho de que la occidentalización y la secularización a marchas forzadas que el sah quería imprimirle al país entraron en profundo

---

[1] M. Yapp, *The Near East since the First World War: A History to 1995* (Longman, Londres, 1996), pp. 41 y 331.

conflicto con la cultura tradicional y alejaron del régimen las simpatías de una parte considerable de los iraníes, que se sintió objeto de intolerables violaciones culturales. Una consecuencia de la política esencialmente antiislámica de Mohammed Reza fue que le arrebató también las simpatías de los ulemas, y eso, indirectamente, debilitó su posición ante el pueblo. A todo ello se añadió en los años setenta la crisis económica, que afectó de forma muy dura a la clase mercantil de los *bazari*, así como a la intelectualidad juvenil, poniendo en contra del régimen otras dos importantes categorías sociales. Fue a partir de 1976 cuando la economía iraní comenzó a flaquear: el desempleo, la inflación y la escasez de bienes agitaron a comerciantes y campesinos, estudiantes y ulemas. Por otro lado, el progreso de los años anteriores había exacerbado las desigualdades sociales y, a diferencia de un restringido círculo de millonarios, las masas padecían los efectos de la ampliación de la distancia entre pobres y ricos. Las protestas se fueron volviendo cada vez más ramificadas y determinadas, mientras que grupos de guerrilla como los Muŷaheddin-e Jalq y los Fedayn-e Jalq organizaban atentados con el fin de desencadenar una revolución. El gobierno decidió afrontar la situación con mano de hierro, pero la represión no hizo más que agudizar el resentimiento y la irritación de las masas.

El mayor protagonista de la oposición de los ulemas fue el *ayatollāh* (ayatolá) Rūhollāh Jumaynī (Jomeini). Él no era por aquel entonces ni el más prestigioso ni el más autorizado de los religiosos iraníes, pero supo transformarse en un símbolo y en un jefe popular. Entre 1963 y 1964 protagonizó algunas protestas clamorosas: en 1963, al oponerse al servicio militar obligatorio que el sah había impuesto incluso a los religiosos, y en 1964, al denunciar el servilismo del soberano frente a los EEUU y el peligro de una excesiva influencia occidental en Irán. Al volverse un personaje incómodo, Jomeini fue obligado a exiliarse, y durante catorce años vivió primero en Turquía y más tarde en Iraq. En el extranjero mantuvo una posición apartada en relación con los chiíes iraquíes, pero por lo que respecta a los iraníes supo convertirse en el portavoz de sus reivindicaciones. Cuando, entre 1976 y 1978, las manifestaciones y las protestas se fueron volviendo cada vez más intensas y violentas, Jomeini supo utilizar de la mejor manera sus capacidades comunicativas y mediáticas para incitar al pueblo a derrocar al gobierno descreído y corrupto de Mohammed Reza. Bajo presión del sah, el ayatolá fue obligado a abandonar Iraq rumbo a París, pero eso le dio todavía una mayor visibilidad, y acrecentó su prestigio entre los iraníes.

Entre el verano y el otoño de 1978 la situación se volvió más y más candente, escapando progresivamente al control del soberano. Mohammed Reza pensó en hacer que interviniese el ejército, peno no logró del presidente estadounidense, Jimmy Carter, el apoyo que se esperaba. Se declaró dispuesto a hacer concesiones, pero a esas alturas el curso de los acontecimientos era imparable. En diciembre, con ocasión de las celebraciones religiosas chiíes de la 'āshūrā' (la conmemoración de la muerte del imán mártir Husayn, nieto del Profeta), los enfrentamientos resultaron sangrientos, y hubo muchos muertos. Entre el 5 y el 13 de enero de 1979 millones de personas salieron a la calle para exigir la caída del gobierno y el regreso de Jomeini. El 16 de enero Mohammed Reza huyó de Irán, el 19 volvió Jomeini triunfante y en marzo un referéndum popular ratificó el fin de la monarquía y el nacimiento de la república islámica (el sí obtuvo un 98% de los votos).

Los motivos por los que la revolución iraní pasó de ser un movimiento de origen popular a adquirir un carácter islámico y convertirse en la primera (y hasta ahora la única) revolución islámica en tener éxito no son fáciles de comprender a primera vista. Irán tenía a un tiempo una sólida tradición de oposición laica tanto de izquierdas (a partir del Tudeh comunista) como liberal (que se remontaba a Mosaddeq), además de una sólida tradición de intelectuales laicos o agnósticos. Todas esas corrientes de pensamiento y oposición iban en direcciones distintas a la del islamismo. Pero, como resulta evidente, la secularización de Mohammed Reza no había erosionado la envoltura islámica de la cultura popular iraní. La alianza entre los *bazari* y los ulemas, entre el poder económico y la autoridad religiosa, no era ninguna novedad, si tenemos en cuenta la revolución constitucional de 1906, pero esta vez la unión entre «burguesía religiosa» (como la llama Kepel[2]), pequeña y media burguesía productora y estudiantes iba a tener un efecto explosivo. A esto hay que añadirle la habilidad de Jomeini y su capacidad para hacerse aceptar como dirigente de la revolución. El ayatolá supo, con gran astucia política, enfrentarse y deslegitimar paso a paso a los más peligrosos de entre sus posibles opositores, desde el Tudeh comunista —que fue reprimido y eliminado—, pasando por las fuerzas políticas liberales y moderadas —personificadas por el primer jefe del gobierno tras la revolución, Mehdī Bazargān—, hasta los propios islámicos progresistas y de inclinaciones filosocialistas —como Abolhasan Banī Sadr, elegido en enero de 1980 primer presidente de la república—. Una vez eliminados sus rivales, Jomeini se mostró como el jefe incontestable de la revolución, y dirigió el país a través del Consejo de Guardianes de la Revolución, formado por juristas y religiosos fieles a él, así como mediante las milicias revolucionarias de los *pasdaran* (Cuerpos de la Guardia Revolucionaria Islámica).

Por lo demás, el sistema político instaurado por Jomeini (cuyas dimensiones teóricas veremos en el próximo parágrafo) no era aceptado por toda la clase dirigente religiosa. Presti-

---

[2] Las tesis de Kepel pueden encontrarse en *Jihad: Expansion et déclin de l'islamisme* (Gallimard, París, 2000) [edición en castellano: *La yihad: expansión y declive del islamismo* (Barcelona, Península, 2002)].

giosos ayatolás como Shari'at Madārī y Mahmūd Taleqānī no ocultaban su oposición a la participación e investidura directa de los religiosos chiíes en el poder político. Y ni siquiera más adelante el liderazgo de Jomeini, pese a ser absoluto, logró silenciar todas las oposiciones. El delfín designado para su sucesión, el eminente ayatolá Hasan 'Alī Montazerī, criticó la dureza del régimen islámico, su «heterodoxia» respecto al chiismo tradicional y la cerrazón ante las reivindicaciones de la sociedad (con las consecuentes recaídas políticas y sociales) impuesta por Jomeini, lo que le costó la dimisión y la marginación. Fue la caída de Montazerī la que le abrió las puertas de la sucesión a un personaje que había permanecido hasta entonces entre las sombras: 'Alī Jāmini'ī (Jamenei), que iba a convertirse primero en presidente de la república (1981-1989) y luego, tras la muerte de Jomeini en 1989, en líder supremo de la revolución y el Irán islámico.

El fallecimiento de Jomeini pareció permitir, durante un cierto tiempo, una evolución hacia formas más moderadas de gobierno. Entre 1989 y 1997 fue presidente de la república 'Alī Akbar Hashemī Rafsanŷānī, un pragmatista que, una vez depuesta la utopía, cultivada durante tanto tiempo por los jomeinistas, de exportar la revolución islámica, se esforzó por reinsertar Irán en el contexto internacional, reactivando por ejemplo los contactos con Europa. La presidencia de Rafsanŷānī suscitó, de todas formas, la hostilidad del clero más conservador, así como la de Jamenei, pero por el momento los conservadores no pudieron retrasar ni obstaculizar la apertura de la sociedad iraní, en cuyo interior empezaron a aparecer formas de oposición organizada, aunque fuese fragmentaria. La insatisfacción de los iraníes causada por la evolución de la revolución en un sentido conservador se hizo patente, en primer lugar, con ocasión de las elecciones presidenciales de 1997, y de nuevo durante las elecciones generales de 2000. En las primeras el candidato de los clericales resultó claramente derrotado por el candidato reformista, Mohammed Jatamī, que se convirtió en presidente con el 65% de los votos. En las segundas, la agrupación progresista del Dovomm-e Jordad conquistó 190 de los 290 escaños del *maŷlis*, mientras que a los conservadores no les quedaron más que 55 escaños. Además, Jatamī fue ratificado en la presidencia con una mayoría aplastante en 2001. Todo parecía ir encaminado en la dirección no sólo de una apertura democrática, sino incluso de la definitiva derrota de los islamistas. La realidad era sin embargo mucho menos idílica.

De hecho, la situación dio un rápido vuelco. En 2004 la representación de progresistas y conservadores en el *maŷlis* se invirtió, siendo los primeros los que esa vez obtuvieron apenas medio centenar de escaños. En 2005, en las nuevas elecciones presidenciales, el candidato moderado, de nuevo 'Alī Akbar Rafsanŷānī, fue derrotado clara y apabullantemente por el candidato radical del clero y el líder supremo Jamenei: Mahmūd Ahmadīneŷād (Ahmadineyad). Los ocho años de Jatamī y las esperanzas que éste había engendrado parecen haber sido barridas de un plumazo por un coletazo integrista. Naturalmente, resulta oportuno preguntarse qué es lo que no ha funcionado. Los elementos que llevaron a la derrota de los progresistas y a un (¿temporal?) arredramiento de la opinión pública iraní progresista son numerosos. En primer lugar, el frente reformista estaba demasiado fragmentado en su interior, y su acción política fue menos eficaz de cuanto podía parecerlo; en segundo lugar, Jatamī no fue lo bastante osado, y —sobre todo durante su segundo mandato—, pese a haber tratado de apoyar las reivindicaciones de la sociedad civil, no tuvo el valor o la posibilidad de oponerse eficazmente a la contraofensiva de los conservadores; en tercer lugar, fue precisamente esa contraofensiva conservadora la que debilitó a los progresistas en el plano institucional; en cuarto lugar, las dificultades económicas esparcieron el descontento entre la población; y, finalmente, las consecuencias del 11 de septiembre de 2001 relegaron de nuevo a Irán, a pesar del aperturismo de Rafsanyānī y Jatamī hacia Europa, los estados árabes y Rusia, al rincón de los «estados canallas», volviendo a darles aliento a quienes siguen deseando un enfrentamiento directo con los EEUU. En última instancia, probablemente tenga razón quien ha escrito que

> el elemento decisivo [de la derrota de los progresistas] parece ser el de la duplicidad —por decirlo así— de la constitución iraní, que aúna órganos electivos esencialmente democráticos y órganos no electivos que escapan al control popular, y que son los verdaderos detentadores del poder político[3].

2. EL RADICALISMO ISLÁMICO

A pesar de que triunfase en un ámbito chií, la revolución islámica también tuvo un profundo significado simbólico y de movilización para el mundo suní. De hecho, dicha revolución demostraba que era posible un cambio radical del *statu quo* político en nombre del Islam y, lo que es más, que resultaba posible la instauración del estado islámico. Ya hicimos referencia en el sexto parágrafo del capítulo anterior al fundamentalismo militante de los años setenta en relación con la crisis del nasserismo y todas las ideologías laicas importadas al mundo araboislámico, y hemos tratado de aclarar brevemente sus motivaciones profundas. Aquí es necesario explayarse acerca de las características ideológicas del radicalismo, que no puede

[3] R. Redaelli, *Rivoluzione islamica e ritorno, le speranze deluse della repubblica iraniana*, en el volumen editado por F. Montessoro, *Lo stato islamico. Teoria e prassi nel mondo contemporaneo* (Guerini e Associati, Milán, 2005), p. 114. Véase también la bibliografía incluida en ese artículo.

escindirse de una continuidad o, mejor dicho, una contigüidad revolucionaria con el jomeinismo.

Las novedades del jomeinismo eran abundantes: 1) le reconocía al chiismo un específico carácter político, y en esencia abolía el antiguo principio quietista de la *taqiyya*, que obligaría a los chiíes a someterse incluso a gobiernos descreídos; 2) sugería, a contracorriente también a este respecto de la doctrina política chií clásica, que los jurisconsultos tenían el derecho y el deber de substituir en las funciones políticas al imán oculto[4]; 3) insistía en la revolución islámica como una revolución vindicadora de los oprimidos (*mustad'afün*); 4) realizaba en la práctica un *republicanismo islámico* también desconocido para la doctrina tradicional, tanto chií como suní. Tratemos de ilustrar estos puntos. Durante siglos el chiismo había compartido una actitud de «renuncia» en el plano de las reivindicaciones políticas: en espera del imán que habrá de reaparecer al final de los tiempos, todo gobierno es ilegítimo, los imanes son los meros guardianes de la fe, y no deben tener funciones políticas, y los creyentes están autorizados a vivir incluso bajo regímenes tiránicos. Jomeini anulaba completamente esa perspectiva, reivindicando por el contrario un papel activo de los jurisperitos en la vida política, incitando a los creyentes a rebelarse contra los gobiernos no islámicos y traduciendo la escatología espiritual chií en una, por decirlo así, escatología revolucionaria. El estado islámico, que debe surgir del vicariato político de los jurisconsultos respecto al imán oculto, tiene una forma republicana y, a su manera, democrática: el pueblo está llamado a elegir a sus representantes mediante elecciones periódicas por sufragio universal. Aunque ya haya-

---

[4] De acuerdo con el chiismo practicado en Irán, el último desdendiente de 'Alī, primo del Profeta y primer imán, se ocultó en el 941, y así permanecerá, por voluntad de Dios, escondido y esperado hasta el fin de los tiempos, cuando volverá como mesías o *mahdī*.

mos visto hace poco que eso no es suficiente para garantizar un progreso político, el hecho de que un *estado islámico* sea republicano y se rija por una constitución moderna no puede ser juzgado sino como una gran novedad teórica y práctica.

Si Jomeini fue quien modernizó y actualizó más que nadie la doctrina chií en sentido político, los *maîtres à penser* del sunismo radical fueron el hindú (y más tarde pakistaní) Abū'l-ʿAlā al-Mawdūdī (1903-1979) y el egipcio Sayyid Qutb (1906-1966).

Si queremos tratar de esbozar una síntesis de los elementos comunes del pensamiento radical, tal vez sería posible trazar el siguiente esquema:

a) El mundo islámico actual (y en líneas generales el mundo en su totalidad) se encuentra en un estado de descreimiento, de alejamiento de los principios auténticos de la religión, de alienación y de opresión y explotación por parte de nuevos «cruzados», de nuevos imperialistas —es decir, los occidentales, y en particular los Estados Unidos de América junto con su *longa manus* en la zona, Israel— que luchan con la fuerza de las armas y con la propaganda religiosa para hundir y aniquilar al Islam.

b) A esta realidad (práctica e ideal) alienada es necesario oponerle una *utopía retrospectiva*:

> desde el momento en que toda historia relativa a la emancipación del hombre era juzgada como una emanación de la identidad europea, a los intelectuales islámicos sólo les quedaba, para explicarse la efectiva condición de autoliberación en la que vivían, la retrospectiva histórica: se procedió a hacer del Islam, en su forma originaria idealizada, un contrapeso de la identidad europea[5].

---

[5] R. Schulze, *Il mondo islamico nel XX secolo* (Feltrinelli, Milán, 1998), p. 13.

Recuérdese, sin embargo, que esa idea no es sólo moderna, sino que representa una *forma mentis* compartida por una gran parte del pensamiento jurídico y político clásico, desde Ibn Hambal hasta Ibn Taymiyya.

c) Para recuperar el Islam auténtico y reproducir las extraordinarias circunstancias de la época del Profeta (y de los bien guiados, por lo menos para los suníes) es necesario instaurar el estado islámico[6]. El concepto de estado islámico es enteramente moderno, ya que ni en la práctica ni en la doctrina clásicas fue realizado o concebido jamás: no fue realizado jamás porque en esencia ningún estado después de la Medina del Profeta (o, a lo sumo, la de los primeros cuatro califas «bien guiados») se ha apoyado efectivamente en la *shari'a* y la aplicación de la auténtica ley islámica; y no fue concebido jamás porque todos los grandes teóricos políticos medievales, desde al-Māwardī (m. 1058) hasta Ibn Taymiyya (m. 1328), teorizaron no tanto estados islámicos cuanto propuestas de *modelos islámicos de estado*. Y eso porque, por una parte, el único estado islámico auténtico lo representa la Medina del Profeta (y de los bien guiados), mientras que, por la otra parte, la teorización política se desarrolló en una época en la que la ecúmene islámica estaba fragmentada en multitud de sultanatos y emiratos, con califatos rivales (los Omeyas de España o los Fatimíes contra los Abasíes, así como los Almohades y otras dinastías igualmente reluctantes a reconocer la autoridad central del antiguo califato

---

[6] Acerca de los problemas del estado islámico y sus contradicciones me permito remitir al lector a algunos textos míos en los que encontrará también la bibliografía de referencia: M. Campanini, *Islam e politica: il problema dello stato islamico*, en «Il pensiero politico», XXXVII, 2004, 3, pp. 456-466; *L'utopia nel pensiero politico dell'Islam: a proposito di «Medieval Islamic Political Thought» di Patricia Crone*, en «Oriente Moderno», n.s., XXIII (LXXXIV), 2004, 3, pp. 671-683; *La teoria politica islamica*, en el volumen editado por Montessoro *Lo stato islamico*, cit. pp. 17-64.

abasí) de entre los que ninguno podía aspirar a encarnar un auténtico estado islámico. A falta de ese auténtico estado islámico no quedaba sino proponer modelos islámicos de estado para tratar de reinstaurar la ley religiosa en organismos políticos y regímenes que se gobernaban al margen de ella. Los radicales contemporáneos, por su parte, aspiraban precisamente a reconstituir el estado islámico, en el que religión y política estarían entrelazados, lamentando que esa característica esencial del Islam, la integración de religión y política, hubiese sido olvidada (o incluso no hubiese sido practicada nunca). Lamentando en definitiva lo que ha resultado en el nivel fáctico (aunque por lo general no haya sido reconocido) como el carácter político del Islam: el «secularismo» y la separación de la autoridad política de la jurisprudencia religiosa. Semejante estado islámico, tal como lo preconizaron Abū'l-'Alā al-Mawdūdī y, sobre todo, Sayyid Qutb, debía fundarse en la justicia social, la limitación del poder soberano gracias al principio de la consulta y, sobre todo, en la *soberanía de Dios* (*hākimiyya*), es decir en el reconocimiento de que Dios fue y sigue siendo, a través del Corán y la *sunna*, el único legislador.

d) El medio para llegar a combatir a los enemigos del Islam y, obviamente, reconstruir el estado islámico es la yihad, que los radicales entendían, por supuesto, como «guerra santa», aunque prevalentemente como «guerra santa» *defensiva*. El Islam, en efecto, agredido y pisoteado desde el interior y el exterior, debe ser defendido, y la yihad es el «deber olvidado» que los musulmanes tienen que volver a cumplir para salvaguardar su religión. Está naturalmente implícito en el concepto de justicia social, así como en el de yihad, el hecho de que, como ya vimos a propósito de Jomeini, el Islam se erige en religión vindicadora de los derechos de los oprimidos. Sayyid Qutb pudo escribir:

> No hay entre nosotros razones reales para la hostilidad entre el Islam y la lucha orientada a la realización de la justi-

cia social –dentro de los límites, naturalmente, del método islámico y la ley islámica–, tal y como sin embargo existe enemistad entre el Cristianismo y el comunismo. El Islam
prescribe las bases de la justicia social y contempla los derechos de los pobres sobre las posesiones de los ricos. Prevé
una correcta gestión del gobierno y la política financiera. No
anestesia los sentimientos ni invita a los hombres a renunciar
a sus derechos sobre la Tierra en espera del reino de los cie-
los. Muy al contrario, reprende a quienes renuncian a sus derechos, aunque sea porque se ven forzados a ello, pues su
acción merecerá ser castigada en el más allá, y los llama «los
que son injustos consigo mismos». «Los ángeles convocarán
a los que eran injustos consigo mismos y dirán "¿Cuál era
vuestra situación?". Responderán "Estuvimos oprimidos en la
Tierra". Entonces [los ángeles] replicarán "¿No era acaso la
tierra de Dios lo bastante vasta como para que pudieseis emi-
grar?". Y su morada será la gehena: ¡qué adverso destino!»
(Corán, IV, 97). [El Islam] los impulsa a combatir por sus derechos: «Quien es asesinado a causa de una injusticia que ha
sufrido muere como un mártir»[7].

e) El estado islámico se fundamenta en tres piedras angulares: la soberanía de Dios, que ya hemos definido, la justicia
(*'adl*) y la consulta (*shūrá*). La justicia y la consulta están espe-
cíficamente sancionadas por el Corán, y podrían representar las
piedras angulares de una teoría islámica de la democracia.

La ideología del islamismo radical tal y como fue articu-
lada por Jomeini o Qutb (insistimos) es totalmente moderna,
y en absoluto «medieval». Y eso se debe a una serie de motivos
bien concretos. En primer lugar, porque la idea del estado is-

[7] S. Qutb, *Al-'Adāla al-Ijtimā'iyya fi'l-Islām* (Dār al-Shurūq, El Cairo-
Beirut, 1987), p. 17 [versión inglesa en W. Shepard, *Sayyid Qutb and Islamic
Activism: A Translation and Critical Analysis of Social Justice in Islam* (Brill Aca-
demic Publishers, Leiden-Nueva York, 1996)].

lámico es un producto de las tensiones y las crisis del mundo contemporáneo, que han llevado a reinventar un concepto (el de estado islámico) que fuese alternativo al sistema político y cultural, completamente actual, de Occidente. En segundo lugar, porque el islamismo radical, entre los epígonos de Jomeini o Qutb, ha recurrido abundantemente a instrumentos modernos de propaganda y difusión, desde los videocasetes hasta Internet. Y en tercer lugar, porque el islamismo radical, pese a hacer referencia a las teologías medievales de Ibn Taymiyya y el hambalismo conservador, modernizaba su mensaje, pretendiendo adaptarlo a unas condiciones políticas y sociales totalmente contingentes y contemporáneas.

En cierto sentido es verdad que las organizaciones islámicas radicales que operaron a partir de los años setenta fueron emanaciones extremadas de la Hermandad Musulmana o grupos que imitaban parte del lenguaje y los motivos recurrentes políticos de la Hermandad Musulmana. No obstante, es un error considerar uña y carne, como si se tratase de una relación de filogénesis, a las organizaciones radicales y la Hermandad Musulmana (más adelante retomaremos este problema). De hecho, las organizaciones radicales han buscado una solución violenta al problema de la islamización de la sociedad que las ha situado en ruta de colisión con la corriente dominante tradicional islámica, mientras que la Hermandad Musulmana y organizaciones similares, como el tunecino Movimiento de la Tendencia Islámica, seguían una estrategia diversa.

Capítulo X

Los estados de Oriente Medio, entre consolidación y crisis

1. Los frágiles equilibrios de los estados de Oriente Medio

Casi todos los estados de Oriente Medio de la última parte del siglo XX han mostrado deformaciones y debilidades que han dificultado tanto su desarrollo interno como su posicionamiento internacional.

Cuanto hemos dicho acerca de la revolución iraní y las características teóricas del islamismo radical en el capítulo anterior representa el presupuesto natural para la comprensión de una parte relevante de la evolución política de Oriente Medio, sobre todo a partir de los años ochenta, empezando por Egipto.

Egipto desde Sadat hasta Mubárak

El problema del islamismo en Egipto debe encuadrarse dentro del marco más amplio de la evolución del país después de Nasser.

Tras su muerte en 1970 lo sucedió en la presicendia Sadat, que, como se recordará, había sido uno de los Oficiales Libres de la primera época, pero que a las órdenes de Nasser había desempeñado cargos de poca visibilidad. Sadat iba a ser, según las intenciones de quienes habían permitido su elección, un fiel continuador de la política nasseriana, mientras que en realidad fue su destructor. Ya en mayo de 1971, con un auténtico golpe de mano, Sadat procedió a decapitar a la élite dirigente filonasseriana, encarcelando a sus principales exponentes. En septiembre de ese mismo año hizo promulgar una constitución «permanente» que consolidaba los poderes discrecionales del presidente, en detrimento de cualquier tipo de representación, abandonó la retórica socialista del nasserismo y puso fin de una vez por todas a la ficción de la República Árabe Unida (epíteto con el que Egipto había seguido adornándose incluso tras el fracaso de su unión con Siria), denominando al estado República Árabe de Egipto. Durante los años siguientes, además, Sadat puso en marcha una doble *infitāh*, una doble «apertura» económica y política.

La *infitāh* económica se conformó entre 1974 y 1977, cuando una serie de leyes impulsó las inversiones nacionales y extranjeras, estimuló la circulación del dinero y liberalizó las transacciones comerciales, pero sobre todo trató de reducir al mínimo la intervención del estado, incluso en el campo de la asistencia social. Pero los resultados fueron decepcionantes: las privatizaciones de las empresas estatales evolucionaron muy lentamente; la corrupción se difundió; se ensanchó la grieta entre los ricos, que se hicieron cada vez más ricos, y los pobres, cuya condición empeoró; la inflación creció de forma exponencial; y Egipto tuvo que recurrir de forma cada vez más masiva a los subsidios económicos extranjeros y someterse a las directrices del Fondo Monetario Internacional. La política «aperturista» acrecentó las tensiones sociales, y en enero de 1977 estalló una violenta revuelta popular que fue reprimida mediante la intervención del ejército.

La *infitāh* política consistió en la disolución de la Unión Socialista Árabe, el partido único de Nasser, y la formación de tres «tribunas» (una de centro, una de derechas y otra de izquierdas) que más adelante se transformarían en verdaderos partidos. La tribuna de centro se convirtió en el Partido Nacional Democrático, emanación del presidente. En 1976 se celebraron las primeras elecciones «libres», y durante los años siguientes se permitió el nacimiento de unos pocos partidos más. Sin embargo, la apertura era meramente ilusoria. La propia tribuna de derechas, como la mayoría de los partidos que nacieron a continuación, era filogubernamental. El Partido Nacional Democrático y sus aliados controlaban más del 90% de los escaños parlamentarios. De hecho, se ha sostenido que el experimento de Sadat fue un pluripartidismo sin democracia[1].

El cambio más asombroso de Sadat en relación con el nasserismo tuvo lugar en la política exterior. Pese a estar tan convencido como Nasser de que sólo una nueva guerra con Israel le habría permitido a Egipto recuperar su dignidad, Sadat consideraba, a diferencia de Nasser, que Egipto debía abandonar la alianza soviética para alinearse con los Estados Unidos y, por medio de ellos, obtener una paz definitiva. Desde los primeros tiempos de su presidencia, por lo tanto, estableció contactos con la administración estadounidense, mientras preparaba el conflicto. La cuarta guerra araboisraelí se desencadenó el 6 de octubre de 1976, en el día de la festividad hebrea del Kipur (por lo que fue denominada «guerra del Yom Kipur»). Contando con el factor sorpresa, un gran número de efectivos del ejército egipcio atravesó el canal de Suez, barriendo las defensas israelíes del Sinaí. Al mismo tiempo, la Siria del presidente Assad iniciaba las hostilidades en los altos del Golán. Los primeros días de guerra fueron favorables para los árabes, pero

[1] Por ejemplo, G. Martín Muñoz, *Política y elecciones en el Egipto contemporáneo* (Agencia Española de Cooperación Internacional, Madrid, 1992), pp. 321 y ss.

Israel se recuperó rápidamente, y estaba a punto de darle la vuelta al conflicto cuando sobrevino el armisticio. A pesar de que se resolviese sin vencedores ni vencidos desde el punto de vista militar, la guerra supuso un éxito moral para los egipcios y una derrota igualmente moral para los israelíes, que se sintieron más vulnerables. La participación siria, por otro lado, no tuvo consecuencias prácticas.

Sadat supo explotar con habilidad esa situación favorable. Mientras seguía acreditándose ante Washington como un moderado voluntarioso, activó contactos directos con Israel. Un clamoroso viaje a Jerusalén en noviembre de 1977, durante el que por primera (y última) vez un jefe de estado árabe se dirigió al parlamento israelí, allanó el camino para la realización de más coloquios de paz sistemáticos, que entre 1978 y 1979 culminaron en los acuerdos de Camp David y Washington, bendecidos por el presidente estadounidense de aquel entonces, Jimmy Carter. Después de treinta años de continua beligerancia, el país árabe más importante firmaba una paz separada con el tradicional enemigo sionista. Se trató de un gesto de gran valor simbólico que fue acogido de forma bastante favorable, a pesar de las inevitables protestas rituales de los egipcios, que habían cargado con la parte más pesada del conflicto con Israel.

Pero la paz separada dejaba una vez más a los palestinos fuera de los acuerdos árabes, y eso a pesar de que algunos países árabes más radicales como Siria, Libia y Argelia formasen un «frente de la firmeza» para aislar y castigar a Egipto, que fue expulsado tanto de la Liga Árabe como de la Conferencia Islámica. No obstante, el frente de la firmeza no les permitió a los palestinos conseguir nada de nada. Por lo demás, no se podía hacer gran cosa contra la voluntad de los Estados Unidos, que poco a poco se dieron cuenta de que podían fiarse de Sadat y, lo que es más, explotar a su favor sus acciones políticas. Uno de los grandes artífices del complejo proceso diplomático que iba a conducir a Camp David había sido (entre 1973 y 1976) el secretario de estado Henry Kissinger, consejero de seguridad nacional del entonces presidente, Richard Nixon. El plan de Kissinger era claro: hacer de Israel el gran aliado de los estadounidenses en Oriente Medio y soldar su destino a la política norteamericana, que en Oriente Medio iba a desarrollarse teniendo como objetivo la salvaguardia y la defensa de Israel. Precisamente por eso Kissinger dijo que «la idea de un estado palestino gobernado por la OLP no [podía] ser el argumento de ningún debate serio»[2]. Carter había sido un presidente más equilibrado, aunque fue una estrella fugaz, al gobernar durante tan sólo cuatro años, y su sucesor, Ronald Reagan, se alineó claramente, al igual que Johnson y Nixon, a favor de Israel. Así, el frente de la firmeza dañó a Egipto, pero no hizo mella en la determinación de muchos de dejar a los palestinos fuera del proceso de paz. Por otro lado, la política exterior de Sadat, como ya habían hecho por otra parte los catastróficos resultados de la Guerra de los Seis Días, agotó definitivamente el papel hegemónico de Egipto en el mundo árabe. El rey saudí Faysal, en primer lugar, y, más adelante, Saddam Husein trataron de varias maneras, aunque sin éxito, de llenar ese vacío. De hecho, el mundo árabe ha seguido sin un líder autorizado del calibre de Nasser, y eso ha debilitado sin lugar a dudas su poder contractual internacional, así como ha debilitado también el ideal panárabe.

Los acuerdos de paz fueron el último éxito de Sadat. De hecho, en Egipto se estaba ramificando cada vez más una oposición decidida y combativa. La política autocrática del presidente había puesto en su contra a muchas categorías profesionales, entre las que se encontraba la asociación sindical de los abogados. Los coptos se agitaban bajo la dirección del enérgico papa She-

---

[2] H. Kissinger, *Years of Upheavals* (Little Brown & Co, Boston, 1982), p. 625.

nuda III, lo que provocó enfrentamientos interconfesionales que perturbaron la paz social. Pero la oposición más decidida provenía de las organizaciones islámicas.

A Sadat le encantaba acreditarse como «presidente creyente», y durante su mandato la política gubernamental asumió un carácter marcadamente islámico: en 1980 se aprobó una enmienda a la constitución según la cual la *shari'a* pasaba a ser *la fuente principal* de la legislación, y la Hermandad Musulmana fue rehabilitada, reemprendiendo sus actividades y su propaganda. Pero Sadat decidió jugar la carta del islamismo contra sus opositores internos, y en especial contra la izquierda, ya fuese nasseriana o no. Aunque esa jugada reveló tener un efecto bumerán. Las organizaciones islamistas proliferaron, se radicalizaron (sobre todo a causa de las dificultades económicas) y se difundieron entre estudiantes, trabajadores y sindicatos de oficio. Resulta oportuno, sin embargo, como ya hemos sugerido, establecer de inmediato una neta distinción entre el extremismo islámico terrorista y la corriente predominante del islamismo tradicional, representado en Egipto y otros países por los Hermanos Musulmanes. Durante el gobierno de Sadat (al igual que más adelante, durante el de su sucesor, Mubárak) los Hermanos Musulmanes egipcios buscaron una legitimación que le disputaba al poder dominante el control de la sociedad civil y sus representantes (asociaciones gremiales, sindicatos y asistencia social y sanitaria en el territorio nacional)[3]. Pero, por otra parte, contemporáneamente grupos extremistas como Takfīr wa Hiŷra (Anatema y Exilio), al-Ŷihād y la Ŷamā'a Islāmiyya (Agrupación Islámica) nacieron y obtuvieron un momentáneo prestigio. Esos grupos se remontaban al pensa-

---

[3] Véase el minucioso análisis de H. al-Awadi en *In Pursuit of Legitimacy. The Muslim Brothers and Mubarak, 1982-2000* (I.B. Tauris, Londres-Nueva York, 2004).

miento de Qutb y al de teólogos medievales como Ibn Taymiyya, pero sobre todo enfatizaban el recurso a la yihad, a una auténtica «guerra santa» en este caso, contra los regímenes descreídos y ateos (el de Sadat en primer lugar), y por lo tanto contra el sionismo y el imperialismo occidental.

Durante los años setenta Egipto vivió un progresivo recrudecimiento del radicalismo religioso. Grupos fundamentalistas lanzaron varias intentonas golpistas, pero antes que nada desencadenaron un terrorismo selectivo que atacaba a las instituciones. El orden público, por lo tanto, estaba escapando al control de Sadat, que en septiembre de 1981 decidió dar una vuelta de tuerca tanto contra los islamistas como contra los opositores civiles y constitucionales, aunándolos en una única execración pública. Una ola de arrestos se abatió tanto sobre militantes islámicos como sobre personalidades políticas y culturales —el papa copto fue exiliado en un remoto monasterio—. La reacción de los perseguidos no se hizo esperar, y el 6 de octubre de 1981, mientras asistía a un desfile conmemorativo de la guerra del Yom Kipur, Sadat fue asesinado por un miembro de al-Ŷihād. Aunque Occidente sostuviese de buena gana la idea de que Sadat había sido asesinado en represalia por su paz separada con Israel, en realidad el asesinato derivaba principalmente de motivaciones internas. La política contradictoria del presidente, su autoritarismo antidemocrático y los malos resultados de las dos *infitāh* provocaron una oposición cada vez más vasta, de la que los islamistas sacaron provecho asumiendo de forma dramática el papel de su brazo armado.

A Sadat lo sucedió su vicepresidente, Mohammed Husnī Mubārak (Mubárak), aún en el cargo mientras escribo estas líneas, en diciembre de 2005. Mubárak continuó de forma más decidida aún, antes que nada, con la apertura económica, desmantelando progresivamente el sector público y abriendo paso a una auténtica transformación capitalista de la economía egipcia (con resultados, por otra parte, no del todo satisfactorios).

Desde el punto de vista político se vivió una mayor liberalización en los planos de la dialéctica de opiniones y la libertad de prensa. Menos significativas fueron las transformaciones en el plano institucional. A pesar de que los partidos han ido aumentando ulteriormente en número (hasta los 17 en 2005), en realidad el Partido Nacional Democrático, filopresidencial, ha salido victorioso de todas las competiciones electorales, conquistando siempre la absoluta y aplastante mayoría de los escaños, «reducida», por así decirlo, a tan sólo dos tercios tras la convocatoria de 2005. Por lo tanto, pese a que Egipto es formalmente un estado multipartidista, la pluralidad de la representación popular está gravemente comprometida. Por lo demás, desde 1981 en adelante nunca ha sido revocado el estado de emergencia, que permite un intenso control policial de la sociedad civil y los opositores. Las elecciones presidenciales de 2005 han sido las primeras en absoluto en las que el candidato oficial de la clase dirigente, es decir el propio Mubárak, se ha sometido –por lo menos formalmente– al desafío de adversarios «independientes». No obstante, aún es pronto para juzgar si eso significa un auténtico paso adelante hacia un relajamiento de la autoridad presidencial y una mayor dialéctica democrática.

Bajo el gobierno de Mubárak, sobre todo durante los años noventa, Egipto ha vivido una peligrosa escalada del terrorismo extremista islámico. Las organizaciones radicales ya no se han limitado a atacar a los símbolos institucionales, sino que han emprendido campañas de agresión indiscriminada contra la propia población egipcia, aunque sobre todo contra los extranjeros (el atentado más clamoroso fue el que se llevó a cabo en Luxor y causó la muerte de unos sesenta turistas). El propio Mubárak fue blanco de un atentado con explosivos. La furia ciega del terrorismo, sin embargo, ha aislado a los terroristas de la misma mayoría musulmana de la población. Esa pérdida de contacto con la base popular ha llevado progresivamente a la derrota del terrorismo interno. La represión, dura y minuciosamente ramificada, llevada a cabo por el ejército y las fuerzas de la policía ha hecho el resto. En el año 2000 los cabecillas del islamismo militante reconocieron desde prisión la inutilidad de la lucha armada, e invitaron a deponer las armas, por lo menos en lo que respecta a la yihad interna contra el régimen descreído.

Con Mubárak el estado ha salido reforzado de su lucha contra el terrorismo, pero aún quedan muchas debilidades: las dificultades permanentes de la economía y las continuas desigualdades sociales; las inquietudes de la sociedad civil, que ansía una mayor democratización; la fragilidad de la ordenación institucional; la disminución del peso de Egipto en el escenario de la diplomacia internacional (pese a que el país fue readmitido tanto en la Liga Árabe como en la Conferencia Islámica en los años ochenta, su alineación cada vez más nítida a favor de los EEUU ha debilitado su capacidad contractual, sobre todo en relación a los países emergentes o, por ejemplo, respecto al contencioso palestinoisraelí). Resulta difícil inferir qué sucederá en caso de que Mubárak tenga que ceder el poder, o si el Partido Nacional Democrático perdiese las elecciones (en las de 2005 los Hermanos Musulmanes se han asegurado 88 de los 444 escaños, y los demás partidos de la oposición, 24 escaños en total). En cualquier caso, uno de los elementos que hasta ahora han favorecido la estabilidad interna (y, al mismo tiempo, la falta de una plena democratización) ha sido la esencial identidad entre estado y partido de gobierno, una identidad que podría atenuarse en un futuro cercano.

Las nuevas fases del conflicto entre árabes e israelíes

La derrota parcial de la guerra de 1973 contra Egipto hizo que el gobierno laborista de Israel entrase en crisis. Sin embargo, todavía fueron necesarios casi cuatro años para que los laboristas perdiesen definitivamente el control absoluto del país, que habían gobernado desde su fundación. En 1977 las elecciones dieron como vencedor al partido de derechas Likud, y sus dos mayores exponentes pudieron formar gobierno: Menájem Beguin primero (1977-1983), y más tarde Isaac Shamir (1983-1984 y 1986-1992), ambos antiguos exponentes del Irgún y el Lehi. El nuevo gobierno derechista era, evidentemente, mucho más nacionalista e intransigente con los palestinos. Su política, aunque ya había sido iniciada con anterioridad, fue la de ampliar indiscriminadamente la ocupación judía de las tierras, creando asentamientos y colonias por doquier en los territorios habitados por los árabes, principalmente en Cisjordania y la franja de Gaza. El proyecto de la creación del «Gran Israel» trataba de satisfacer las exigencias de grupos fundamentalistas hebreos que se volvieron cada vez más poderosos durante la época del Likud. Se formaron diversos partidos pequeños de tendencia religiosa extremista que constituían los aliados naturales del Likud, aunque al mismo tiempo limitaban su capacidad de maniobra. La progresiva consolidación del fundamentalismo judío también en el plano político iba a provocar que durante los años siguientes Israel perdiese paulatinamente el carácter laico que lo había distinguido desde su fundación y que, es más (como ya hemos dicho), había caracterizado al propio sionismo de los primeros tiempos. Es necesario recalcar esa transformación de la sociedad israelí, favorecida sobre todo por la actuación de los judíos mizrajíes (es decir, los judíos originarios de los países árabes y orientales) y los nuevos inmigrantes (principalmente rusos). Son muchos los que aspiran a crear un estado confesional y teocrático, y la dialéctica entre laicos e integristas, entre el parlamento y la sinagoga puede convertirse en el futuro en uno de los elementos más significativos de la escena política israelí.

También la política exterior del Likud se caraterizó por la intransigencia. Beguin había firmado la paz con Egipto en 1979, como vimos ya en el parágrafo anterior, pero la seguridad de Israel seguía siendo una prioridad. Las organizaciones palestinas, que como se recordará habían emigrado de Jordania al Líbano tras el «septiembre negro», dirigían desde allí frecuentes acciones de guerrilla, y en el mismo Líbano, desgarrado por una guerra civil que había estallado en 1975, se dejaba sentir la injerencia siria. Por todo ello Beguin decidió en 1982, con el apoyo total de su ministro de Defensa, Ariel Sharón, desencadenar una ofensiva directa en el Líbano meridional a la que llamaron «Paz para Galilea». Esa ofensiva llevó al ejército israelí hasta a bombardear Beirut, y tenía al menos tres objetivos: ponerle freno a la guerrilla palestina, o incluso eliminarla, facilitando así la anexión israelí de la Ribera Occidental, donde se multiplicarían los asentamientos; asestarle un golpe a Siria mediante la instauración en el Líbano de un gobierno favorable a Israel; y crear un «cinturón de seguridad» de varias decenas de quilómetros en el Líbano meridional colindante con el estado judío. La guerra tuvo consecuencias particularmente dramáticas. Los israelíes se aliaron con las milicias cristianas de la Falange Libanesa, que se oponían ferozmente a palestinos y musulmanes. Fueron de hecho las milicias cristianas las que perpetraron en 1982 la matanza de los campos palestinos de Sabra y Chatila, en los que miles de mujeres y niños, además de los combatientes, fueron asesinados (se habla de al menos 2.000 muertos). La masacre de Sabra y Chatila, llevada a cabo con la connivencia del comandante del ejército en el Líbano, el general Ariel Sharón, horrorizó al mundo entero, y Beguin se vio obligado por las grandes manifestaciones a pie de calle de los pacifistas israelíes a abrir una investigación. Ya en 1983 los israelíes evacuaron parte de las tropas, y a partir de 1985 Israel se limitó a controlar la franja de seguridad en el Líbano meridional con la ayuda de sus aliadas, las tropas cristianas falangistas. Pero no fue hasta el año 2000 cuando tuvo lugar la retirada definitiva. Contra esa ocupación nació y se desarrolló el Partido de Dios chií, el Hizballāh (Hezbolá), del que hablaremos más adelante. En su conjunto la operación «Paz para Galilea» resultó un desastre, y no deshizo ninguno de los nudos del tapiz político y estratégico. La guerrilla palestina no fue en absoluto dominada, y la retirada de Israel le dejó vía libre en el Líbano a Siria. Entre otras cosas, el fracaso de la guerra arrastró consigo a Beguin, que tuvo que dejar paso a Shamir.

Mientras tanto, en la cumbre de Rabat de 1974, la OLP había sido formalmente reconocida por los países árabes como la legítima representante de los palestinos, además de como un auténtico gobierno «en el exilio». La directiva de Arafat se estaba transformando y, pese a no renunciar en principio a la lucha armada, se situaba en un plano más aperturista respecto a la opción diplomática. Las condiciones de la población palestina, sin embargo, habían empeorado progresivamente. La agricultura experimentó una grave crisis a causa de la dificultad de acceder al abastecimiento hídrico. La gran cantidad de obreros palestinos que trabajaban en Israel era constantemente presa del temor al despido. Además, como ya dijimos un poco más arriba, el gobierno israelí había emprendido entre finales de los años setenta y los ochenta una campaña de expropiación y colonización de los territorios árabes. La primera *intifada* estalló en los territorios palestinos en diciembre de 1987, sin planificación alguna. Fue denominada «*intifada* de las piedras», ya que los protagonistas fueron sobre todo jóvenes (e incluso niños) que se enfrentaban a los tanques israelíes con armas improvisadas, entre las que se incluían precisamente las piedras.

Esa revuelta abonó el terreno del que iban a brotar otras organizaciones extremistas dedicadas a la lucha armada, de entre las que la más importante fue el grupo islamista Hamás. La novedad era que esas organizaciones hacían explícita referencia al Islam, que enarbolaban para luchar contra el enemigo absoluto: Israel. Dichas organizaciones iban a ocupar los huecos que había dejado vacíos la OLP, que parecía incapaz de llegar a conquistar la independencia y estaba cada vez más minada por la corrupción. Hamás era, desde el punto de vista ideológico, una emanación de los Hermanos Musulmanes, y compartía con ellos algunos de sus temas recurrentes, aunque releyéndolos en un sentido señaladamente agitador. Esta organización arraigó profundamente en la población palestina, y desde aquel entonces su influencia ha ido creciendo progresivamente. En absoluto más marginal fue el movimiento inspirado por los escritos de Taqī al-Dīn al-Nabhānī (m. 1977), el Hizb al-tahrīr al-islāmī o Partido de Liberación Islámico. Este partido era original, ya que consideraba que antes de construir la sociedad islámica era necesario instaurar el estado islámico: una perspectiva revolucionaria que tenía como objetivo la conquista del poder. Al-Nabhānī incluso redactó una detallada constitución del estado islámico centrada en el renacimiento del califato[4].

Cuando estalló la primera *intifada*, el gobierno israelí estaba todavía presidido por Isaac Shamir. A pesar de que éste había suavizado su postura acerca de la necesidad de negociaciones, seguía siendo inquebrantable en su negativa a congelar las colonias y los asentamientos israelíes en territorio árabe, y bastante reacio a realizar concesiones realmente significativas. La dureza de la revuelta palestina y el estallido de la Primera Guerra del Golfo (desencadenada en 1991 por la invasión iraquí de Kuwait) convencieron a la opinión pública internacional de que era necesario acelerar el proceso de paz. En octubre de 1991 el presidente norteamericano, George H. W. Bush, con

---

[4] T. al-Nabhani, *The Islamic State* (Al-Khilafa Publications, Londres, 1998).

el apoyo del líder soviético, Gorbachov, logró reunir a los adversarios en torno a una mesa de negociaciones en Madrid, pero ese encuentro no produjo resultados positivos, aunque la delegación palestina estuviese dirigida por moderados como los dos prestigiosos intelectuales Haydar 'Abd al-Shāfi' y Hannān 'Ashrāwī. El Likud, no obstante, perdió las elecciones de 1992, y las riendas del gobierno israelí volvieron a las manos de los laboristas, con Isaac Rabin como primer ministro y Shimon Peres como ministro de Exteriores. La simultánea llegada a la Casa Blanca de Bill Clinton hizo que las esperanzas de lograr un resultado positivo aumentasen. De hecho, en septiembre de 1993 tuvo lugar en Oslo una intensa serie de coloquios cuyo primer resultado fue que Israel reconoció en principio que la cuestión palestina no podía resolverse sin concesiones en el plano territorial. Yasir Arafat defendió denodadamente el principio de paz a cambio de tierra, lo que a medio o largo plazo implicaba incluso el nacimiento de un estado autónomo palestino. El clima favorable producido por el reconocimiento recíproco de Israel y la OLP llevó nada menos que a un acuerdo de paz entre el estado hebreo y Jordania que se firmó en 1994.

La mera perspectiva de acceder a un acuerdo con los palestinos desencadenó, sin embargo, la oposición del fundamentalismo judío, y en febredo de 1994 un médico de las colonias penetró en la mezquita de Hebrón, disparando contra la multitud de musulmanes reunida para el rezo antes de terminar linchado. A pesar de ello, en septiembre de 1995, estando presentes Clinton y el presidente egipcio, Mubárak, se llegó en Washington a un nuevo acuerdo que, sobre la base de los acuerdos de Oslo, especificaba más las iniciativas israelíes encaminadas por lo menos a una retirada parcial de los territorios ocupados. Pero Rabin pagó con la vida su proyecto, puesto que fue asesinado por un extremista judío en noviembre de 1995. Pese a las buenas intenciones de Peres, que lo sucedió como primer ministro, el proceso de paz se topó después con un estancamiento y una involución, en parte porque la exasperación estaba conduciendo lentamente a los palestinos a dar un giro hacia el terrorismo. Los extremistas de Hamás encontraban cada vez más oyentes entre la población, mientras que la OLP estaba padeciendo un desprestigio que iba a minar, al menos parcialmente, su autoridad. A pesar de que Arafat seguía siendo el indiscutible dirigente de la resistencia palestina, muchos empezaban a creer que sólo un giro hacia el islamismo les permitiría conseguir la independencia. Los atentados palestinos, organizados sobre todo por Hamás, contra objetivos civiles judíos se multiplicaron, y en especial causaron un gran impacto las bombas que fueron detonadas dentro de algunos autobuses de trabajadores de la periferia en Ascalona y Jerusalén en febrero de 1996. Se trató tan sólo del comienzo de un goteo de actos suicidas que a la larga dañó no sólo a los palestinos, cuyas reivindicaciones se enturbiaron a los ojos de la opinión pública internacional, sino al propio partido laborista israelí, que en 1996 perdió las elecciones.

El regreso al poder, con el Likud de Benjamín Netanyahu, de la derecha no iba a favorecer, naturalmente, la consideración de las reivindicaciones palestinas más de lo que lo había hecho en tiempos de Beguin y Shamir. Pero una nueva oportunidad se presentó cuando los laboristas volvieron una vez más al gobierno con Ehud Barak en mayo de 1999. Barak era un militar, pero estaba dispuesto a hacer concesiones. Durante su gobierno incluso se entablaron conversaciones con Siria a través de la mediación estadounidense, y se suspendió definitivamente toda injerencia en el Líbano meridional, pero el momento culminante fueron las negociaciones de Camp David, en julio de 2000, mediante las que Bill Clinton esperaba poder cerrar con un broche de oro sus ocho años de presidencia. Barak ofreció alrededor del 90% de la Cisjordania, además del posible reconocimiento por parte de Israel de Jerusalén como capital de ambos estados (lo que representaba probablemente lo máximo que un jefe de gobierno israelí podía prometer en aquel entonces), aunque fuese sin llegar inmediatamente al nacimiento de un estado autónomo palestino. Pero Arafat insistió denodadamente, sobre todo, en la cuestión del regreso a su país de los refugiados palestinos, regreso que Israel no podía aceptar, so pena de alterar hasta los cimientos su composición demográfica y territorial, dado que los árabes habrían pasado a ser mayoría absoluta.

Al fracaso del año 2000 lo siguió inmediatamente la caída de Barak, acelerada por la provocación de Ariel Sharón, el célebre «halcón» de la derecha israelí, que en septiembre de 2000, escoltado por la policía, realizó un «paseo» por la explanada de las mezquitas de Jerusalén, para así provocar una reacción de los palestinos. Y ésta no se hizo esperar: estalló la segunda *intifada*, mucho más violenta que la primera, la denominada «*intifada* de Al-Aqsa» por el nombre de la mezquita sagrada de Jerusalén, el tercer lugar santo del Islam, después de la Meca y Medina. Esa segunda sublevación fue particularmente feroz y sangrienta. Por citar tan sólo algunos datos: un informe presentado a las Naciones Unidas estableció que sólo en el periodo de mayo de 2003 a junio de 2004 fueron asesinados, de entre la población civil, 768 palestinos (de los cuales un 23% eran niños) y 189 israelíes (de los cuales un 9% eran niños).

La *intifada* de las piedras de 1987 y la *intifada* de Al-Aqsa de 2000 eran, de todas formas, profundamente distintas: la primera fue un movimiento popular en el que los palestinos se enfrentaron a los israelíes prácticamente sin armas, y la segunda fue un movimiento político, organizado, de lucha armada. Durante la época de la segunda *intifada*, además, ya se había realizado una nueva transformación de la directiva palestina. La OLP de Yasir Arafat estaba ya desacreditada porque, además de ser acusada de haber adquirido demasiados compromisos, parecía cada vez más corrupta. En contraste, se estaban abriendo camino todavía más los islamistas reunidos sobre todo en el grupo de Hamás. Por eso la segunda *intifada* provocó un imparable encadenamiento de atentados y represalias recíprocos. Si bien los palestinos comenzaron a organizar misiones suicidas en las que «mártires» forrados de trilita se hacían saltar por los aires en bares y discotecas frecuentados por judíos, provocando la indignada condena de la opinión pública internacional, el gobierno israelí, dirigido a partir de enero de 2001 precisamente por Ariel Sharón, respondió no sólo destruyendo las casas de los terroristas, castigando a sus familias, o permitiendo que actuasen francotiradores que disparaban indiscriminadamente contra cualquier objetivo, incluso civil, sino también siguiendo una política de homicidios selectivos contra los exponentes de la resistencia a los que consideraba como los más peligrosos (el más clamoroso fue el asesinato, en marzo de 2004, del jefe espiritual de Hamás, el jeque Yāsīn). A todo ello se sumó la penuria económica, ya que, obviamente, Israel sometía los territorios habitados por palestinos a un asfixiante control militar e impedía aún más que antes que los palestinos encontrasen o conservasen un trabajo en Israel. Sharón también respondió a la proliferación de los atentados con la construcción de un muro que, fuertemente vigilado por el ejército israelí, limitaría drásticamente la capacidad de los palestinos para desplazarse y comunicarse, aislando unas ciudades árabes de otras y castigando aún más la economía palestina, además de volver imposible el nacimiento de un estado palestino con continuidad territorial. La construcción del muro, pese a ser ilegítima desde el punto de vista del derecho internacional, ha continuado de todas formas.

La violencia y la aparente irresolubilidad de la situación ha tenido, no obstante, la consecuencia positiva de convencer a la mayor parte de la opinión pública mundial —incluidos esta vez los Estados Unidos de George W. Bush— de que la paz será posible solamente si prevé el nacimiento de un estado palestino paralelo al israelí. Supone una brutal ironía de la historia que la única vía de escape parezca la de la repartición del territorio palestino que los árabes habían rechazado en 1947. La muerte de Arafat, que tuvo lugar casi al mismo tiempo que la decisión del primer ministro israelí, Sharón, de proceder al desmantelamiento de las colonias judías en Gaza, parece haber resultado en un cambio de la situación. La desaparición de Arafat (2004), que se había convertido sin lugar a dudas en un obstáculo para la realización de verdaderos avances, le despejó el camino a una directiva palestina más moderna y moderada, representada por Mahmūd 'Abbās (Abū Māzen), el nuevo presidente de la Autoridad Nacional Palestina después de Arafat, y Abū 'Alā, el nuevo primer ministro. Esa nueva directiva palestina, sin embargo, no controlaba a Hamás ni a otros grupos armados, por lo que le resultaba imposible ponerle freno al terrorismo de manera eficaz. La iniciativa de Sharón, por otro lado, suscitó la firme oposición de los fundamentalistas judíos ortodoxos. El desalojo de las colonias de Gaza en agosto de 2005 se llevó a cabo en medio de violentas protestas de los fundamentalistas religiosos, aunque los sondeos confirmaban la aprobación de la mayoría de los israelíes. Por lo demás, dicha iniciativa estaba repleta de elementos ambiguos: por una parte, se trataba de una medida unilateral que no preveía ningún diálogo con la directiva palestina; y, por la otra parte, el abandono de Gaza podría significar la ocupación definitiva de Cisjordania y Jerusalén. En cualquier caso, aún está por ver hasta qué punto el gobierno israelí está dispuesto a ir más allá (en mayo de 2006 el nuevo primer ministro, Ólmert, declaró que el objetivo de Israel es el de fijar de forma segura y definitiva sus fronteras, incluso recurriendo a peligrosas decisiones unilaterales que aislarían a los palestinos), mientras que la Autoridad Nacional Palestina ya no controla sus territorios, como quedó demostrado por la clamorosa victoria de Hamás en las elecciones de enero de 2006. La propia Hamás, por otro lado, no ha renunciado oficialmente a la lucha armada, y todavía no se ha declarado dispuesta a reconocer a Israel.

Siria, al borde del abismo

La dura derrota sufrida en la Guerra de los Seis Días debilitó, obviamente, al gobierno sirio. No obstante, el proceso de reforma interno, de tendencia marcadamente socialista, no se detuvo. Se instituyó una comisión para la planificación; se extendió el control público del sector industrial, que en su conjunto vivió cierto despegue productivo; se trató de mejorar el sistema educativo, alentando a los jóvenes sirios a que estudiasen en el extranjero; y se procedió a difundir de forma más minuciosa y ramificada la asistencia médica y sanitaria en el medio rural. A pesar de esos pasos adelante, el país seguía siendo institucionalmente frágil a causa de la hostilidad entre quienes defendían un gobierno esencialmente civil, centrado en el predominio del Ba'z, y quienes, por el contrario, pretendían favorecer una mayor implicación de los militares en la vida política. La primera facción estaba liderada por Salāh al-Ŷadīd, que controlaba el aparato del partido y era heredero del giro a la izquierda del Ba'z tras la «revolución» de 1963; la segunda estaba liderada por Hāfez al-Asad (Assad), ministro de Defensa y señor absoluto del ejército. Por sorprendente que resulte, Assad era el más moderado de los dos tanto en política interior como en política exterior, y estaba convencido, entre otras cosas, de la inutilidad de seguir provocando a Israel, además de estar poco predispuesto a apoyar a la guerrilla palestina. El «septiembre negro» iba a acelerar el balance de cuentas. En noviembre de 1970 Salāh al-Ŷadīd convocó un congreso extraordinario del Ba'z en un último intento de resolver el conflicto intestino en el plano político, pero Assad pasó rápidamente al contraataque, y el día 13 hizo arrestar a todos sus adversarios, incluido el jefe del estado, Atassi, que junto con Ŷadīd iba a languidecer en la cárcel durante muchos años.

En 1970 la toma del poder por parte de Assad, rápidamente elegido presidente de la república, supuso un auténtico vuelco en la historia de Siria. Assad estabilizó el plano institucional de un país tradicionalmente inquieto y desequilibrado, pero no logró volver más sólida su posición internacional, que, por el contrario, iba a resultar bastante frágil tanto respecto a Israel como respecto al Líbano y, sobre todo, en relación con los Estados Unidos, que durante los años noventa se convirtieron en la única potencia mundial.

En el plano interno, durante la presidencia de Assad se vivió una reorganización del Ba'z. El jefe del estado prefirió de hecho consolidar su posición reforzando antes que nada la autoridad y el poder del grupo religioso-tribal del que formaba parte, el de los alauíes. No fue una casualidad que quien pasó a ser el número dos del régimen fuese su hermano Rif'at (que más tarde caería en desgracia y sería exiliado); y es desde esa misma perspectiva como podemos comprender que tras su muerte en el año 2000 pudiese sucederlo en la presidencia su hijo Bashār. El partido siguió siendo el centro de las atenciones de Assad. Éste constituía, junto con las fuerzas de seguridad, la base sólida sobre la que construir su liderazgo. Mientras daba sus primeros pasos,

> el régimen baazista desarrollado por Assād [era] un animal híbrido: de Ŷadīd hereda[ba] el *étatisme* de estilo soviético y el empeño en promover a las clases menos privilegiadas. Sin embargo, ansioso por hacer olvidar la impopularidad de los extremistas, deja[ba] de lado la lucha de clases para incrementar en cambio su apoyo en la sociedad, conquistando a los hostiles sectores acomodados mediante la liberalización económica y política. Su objetivo prioritario [era] de hecho el de construirse una sólida base de poder[5].

Ese proyecto funcionó durante gran parte de los años setenta, mientras las condiciones económicas siguieron siendo favorables. De hecho, entre mediados de los sesenta y media-

[5] P. Seale, *Il leone di Damasco* (Gamberetti, Roma, 1995), p. 207.

dos de los setenta Siria vivió un periodo de prosperidad económica, impulso productivo y crecimiento social (en los campos de la enseñanza pública y la emancipación femenina, por ejemplo). Cuando las bases de la riqueza empezaron a dar muestras de agotamiento y el apoyo popular empezó a ser menos decidido, el gobierno de Assad experimentó un giro autoritario destinado a acrecentar el carisma del presidente. Damasco y el resto de las ciudades se poblaron de gigantescos retratos del padre y custodio de la patria, y el culto a la personalidad se convirtió en un aspecto irrenunciable de la propaganda. Assad puso mucho cuidado en controlar o eliminar a la oposición interna, y su postura respecto a los Hermanos Musulmanes fue especialmente brutal. El islamismo había arraigado pronto en Siria, y ya durante la época de Nasser miembros de la hermandad como Mustafá al-Sibāʿī habían ofrecido una contribución en absoluto irrelevante a la doctrina islámica —por ejemplo, al recalcar el valor socialista del Islam[6]—. Ahora bien, los Hermanos Musulmanes constituían la oposición al régimen más organizada, y no sólo de entre las islámicas. Cuando el desafío islamista se volvió demasiado peligroso y se propuso derrocar al gobierno, Assad lo eliminó con despiadada determinación. En 1982 hizo incluso que interviniese el ejército, y tuvieron lugar auténticas masacres, en particular en la ciudad de Hama. Por lo menos 10.000 personas perdieron entonces la vida (hay quienes hablan hasta de 20.000), pero a partir de ese momento las organizaciones islámicas dejaron de representar un peligro serio para la presidencia.

En el plano de la política exterior Siria fue la más perjudicada tanto por la Guerra del Yom Kipur como por la política de Henry Kissinger. Por una parte, Assad no había obtenido de su

---

[6] Al-Sibāʿī escribió un libro, *Ishtirākiyya al-Islām* (el socialismo del Islam), singularmente consonante con las posturas del socialismo árabe de Nasser.

participación en el conflicto de 1973 ningún beneficio para Siria, mientras que Egipto por lo menos había emprendido el camino de la paz. Por otro lado, Assad se había convertido en el principal protector de los palestinos, aunque no *ex toto corde*. Pero, como ya hemos visto, la política estadounidense —por lo menos durante esos años— no tenía previstas soluciones positivas para ellos. De esa forma, Assad se encontró en la incómoda posición de tener que representar el papel de extremista, en contra de su propia inclinación caracterial y su voluntad política. En realidad también tomó decisiones poco acertadas. Una de ellas, que fue muy discutida incluso dentro de su propio país, fue la intervención, en 1976, en la guerra civil libanesa. Desde cierto punto de vista dicha decisión tenía su lógica: sobre todo desde la perspectiva del conflicto, más o menos declarado, con Israel, el Líbano era un territorio con un irrenunciable interés estratégico para Siria, y ésta, incluso durante el gobierno de Bashār al-Asad, siempre ha sido reacia a renunciar a su implicación con ese país. Pero eso no fue óbice para que la actuación siria se mostrase como una injerencia indebida en los asuntos internos de una nación soberana.

Durante los años ochenta Assad decidió dar un vuelco en su política de alianzas, y se inclinó por el Irán jomeinista. La alianza sirioiraní constituyó un largo eje chií o filochií que iba desde el Líbano meridional (donde el Hezbolá acataba a Irán y estaba protegido por Siria), pasando por Damasco, hasta llegar a Teherán. Eso le permitió a Assad no quedarse aislado en la región, dadas las difíciles relaciones que mantenía no sólo con Iraq (el tradicional adversario baazista de Siria), sino también con Jordania y, sobre todo, con Egipto. Pero también tuvo un resultado negativo, puesto que Siria fue considerada en cierto modo sostenedora del islamismo radical y Assad se ganó la fama de protector del «terrorismo». Naturalmente, hay poco de verdad en todo ello, mientras que son bastante auténticos los intereses estratégicos prioritarios de Siria. Por otro lado, mientras la Unión Soviética se mantuvo en pie, la Siria de Assad fue uno de los aliados más constantes de Moscú en Oriente Medio, y eso suscitó las inevitables preocupaciones y hostilidades de los Estados Unidos.

Cuando Assad murió en el año 2000 y lo sucedió su hijo Bashār, Siria ocupaba una posición precaria. La nueva administración de George W. Bush la señalaba como uno de los componentes del «eje del mal». Pese a ciertas aperturas, aún sigue en pie el contencioso con Israel, con el que no se ha concluido la paz. Bashār es, desde luego, demasiado sensato como para arriesgarse a un conflicto abierto, pero hasta él sufrió una grave derrota diplomática cuando, durante la primavera de 2005, se vio obligado a retirar todas las tropas sirias guarnecidas en el Líbano (véase el siguiente parágrafo).

Esa derrota diplomática, junto con la caída del Iraq de Saddam Husein, que sin lugar a dudas ofrecía un «parapeto» a la política exterior siria, y el renacimiento de las organizaciones islámicas, podría tener repercusiones significativas en la situación interna, haciendo entrar en crisis sus equilibrios y empañando, posiblemente, la imagen que Bashār ha tratado de proyectar de sí mismo como presidente «reformista». Siria, en resumen, aparece hoy en día como uno de los países más frágiles del escenario de Oriente Medio.

El Líbano desde la guerra civil hasta la rebelión contra la injerencia siria

La intrínseca debilidad de la sociedad libanesa (demasiado fragmentada en su interior) y su carácter híbrido (¿hasta dónde llegaba la identidad árabe, y hasta dónde la identidad nacional libanesa?; ¿hasta qué punto el Líbano era musulmán, y hasta qué punto cristiano?) iban a convertir el país en presa fácil de antagonismos opuestos. La guerra civil, que estalló en 1975 y no terminó hasta 1989, fue desencadenada precisamente por sus profundas rivalidades internas. Por un lado, la comunidad chií, tradicionalmente más pobre, pero en proceso de expansión demográfica, pedía el reconocimiento de mayores derechos y oportunidades. Por el otro, los cristianos maronitas se decantaron por la derecha, sobre todo por la Falange, la organización militar parafascista dirigida por la familia Jumayyil (Gemayel). A eso se sumó la fastidiosa presencia de los guerrilleros palestineses, que se habían reorganizado precisamente en el Líbano para atacar a Israel. Los maronitas eran absolutamente hostiles a los palestinos y propensos a encontrar una alianza con Israel. Los chiíes y el resto de los musulmanes contrarios a un acercamiento a Israel veían en Siria a su aliado natural.

En 1975 los enfrentamientos entre palestinos y falangistas degeneraron en combates sistemáticos por todo el país entre milicias cristianas y musulmanas. El presidente de la república, el maronita Sulaymān Faranŷiyya (Frangié), se alineó con la derecha, pero los gobiernos que formó resultaron incapaces de retomar el control de la situación. En 1976 tuvo lugar la intervención de Siria, en la que los musulmanes encontraron un bastión, aunque al mismo tiempo perdieron su independencia política. Siria impuso un nuevo presidente, Elías Sarkīs, pero simultáneamente dejó ver que sus intereses primarios eran estratégicos, y que los explotaba en su propio beneficio: los mismos palestinos fueron atacados por los sirios, y durante el verano de 1976 tuvo lugar la masacre del campo de refugiados de Tell el-Zaʿtar. Entre 1977 y 1978 se llevó a cabo la neta separación de Beirut entre la parte cristiana y la musulmana. El asesinato de uno de los mayores exponentes de la izquierda, el druso Kamāl Ŷānbulāt (Yumblatt), debilitó temporalmente a los musulmanes, mientras que en 1979 el mayor Haddād, un cristiano católico griego, proclamó en el Líbano meridional un estado libre e independiente que se sostenía gracias al apoyo israelí.

En 1982 la situación dio un vuelco cuando, como ya dijimos, Israel invadió el Líbano meridional en la ya citada operación «Paz para Galilea». Con esa invasión el país parecía cada vez más la víctima de unos apetitos políticos enfrentados, los de israelíes y sirios, y la guerra civil se asemejaba a un túnel sin salida. La comunidad internacional intervino enviando tropas de paz que iban a interponerse entre los contendientes, aunque no tuvieron mucho éxito. Entre otras cosas, la invasión israelí provocó el nacimiento de un grupo chií militante, el Hizballāh (Hezbolá) o «Partido de Dios». El Hezbolá se aproximaba a las posturas del chiismo iraní, y aspiraba a constituir un estado islámico y mejorar las condiciones sociales de la población chií. Su proyecto se centraba, como rezaba la propaganda jomeinista, en la defensa de los «oprimidos», pero sobre todo en la lucha sin cuartel contra Israel, considerado como el «enemigo absoluto». El Hezbolá eligió (probablemente por primera vez en Oriente Medio, de forma sistemática) como arma ofensiva el «martirio», que evocaba el sacrificio del imán Husayn en Karbalā'. Hombres cargados de explosivos se sacrificaban lanzándose contra objetivos militares de los adversarios (es importante señalar que se trató siempre de objetivos militares, y en ningún caso de objetivos civiles). Especialmente devastador fue un atentado de 1983 en el que murieron alrededor de 250 soldados estadounidenses y franceses.

La actuación del Hezbolá resultó muy eficaz a la hora de enfrentarse a Israel, y el partido alardeó más adelante de ser el auténtico vencedor contra el enemigo sionista en el Líbano. En cualquier caso, Israel comenzó relativamente pronto la retirada de sus tropas: fueron sobre todo las milicias cristianas aliadas del estado judío las que prosiguieron con las actividades antimusulmanas y antipalestinas. Tras la retirada israelí, la guerra civil fue extinguiéndose lentamente, y en 1989 tuvo lugar en Tā'if (Arabia Saudí) una cumbre entre los distintos componentes políticos libaneses que puso un fin de facto al conflicto.

En Tā'if se llegó a un acuerdo de compromiso. Pese a que la mayoría de la población ya no era cristiana, sino musulmana, se conservó la estructura constitucional que preveía que fuese un cristiano quien ocupase el puesto de presidente de la república. Sus poderes, sin embargo, se vieron restringidos, mientras que se estableció un mayor equilibrio entre las facciones suní y chií de los musulmanes.

Entre 1989 y 2004 el Líbano retomó progresivamente la vida normal. Las actividades económicas reflorecieron, y, pese a no volver a ser «la Suiza de Oriente Medio» (como era conocido en los años cincuenta y sesenta, cuando los bancos y el comercio hicieron de él uno de los países árabes más ricos), el Líbano vivió una nueva prosperidad económica. El Hezbolá se convertió en un auténtico partido de gobierno, y se legitimó en las elecciones locales y nacionales, conquistando bastantes escaños. Las divisiones religiosas faccionarias parecían menos profundas (pero resulta difícil juzgar hasta qué punto las brasas arden aún bajo las cenizas), y la dialéctica parlamentaria fue haciendo del Líbano el país árabe probablemente más cercano a un estado democrático en el sentido occidental del término. El gravamen sirio se mantuvo durante mucho tiempo, dado que desde la guerra civil en adelante Siria había mantenido tropas en territorio libanés y había cultivado sus alianzas, como por ejemplo la del Hezbolá.

En febrero de 2005, no obstante, un grave acontecimiento iba a darle un nuevo giro a la situación: el ex primer ministro Rafiq Harīrī, hostil a Siria, fue asesinado en una calle de Beirut. El magnicidio fue oficialmente imputado a los servicios secretos sirios. Resulta sorprendente, sin embargo, que después del 11 de septiempre de 2001, la guerra contra el terror declarada por los EEUU y la confirmación por parte de la administración norteamericana de la inclusión de Siria entre los países del llamado «eje del mal», ésta se arriesgase a realizar una provocación tan clamorosa contra el orden mundial, corriendo el riesgo de desencadenar una guerra en su contra. No creo que debamos descartar a priori la hipótesis de que ese asesinato tenga que atribuirse a agentes provocadores deseosos de «balcanizar» una vez más el Líbano, y tal vez incluso de arrastrarlo a una nueva guerra civil. De cualquier manera, la reacción de la opinión pública internacional obligó a Siria a retirar definitivamente sus tropas del Líbano, mientras que una nueva época de aperturas políticas y libertades democráticas, de la que son protagonistas, entre otros, el socialista druso Walīd Yumblatt (hijo de Kamāl) y la nueva promesa política, Saʿd Harīrī, hijo del ex primer ministro asesinado, parece prometer una nueva primavera.

Arabia Saudí: ¿una monarquía en crisis?

Tras la muerte del rey Faysal en 1975, Arabia Saudí vivió un progresivo debilitamiento de su cohesión política paralelo al crecimiento de la oposición islámica. El asalto a la sagrada mezquita de la Meca en noviembre de 1979 por parte de un comando terrorista puede considerarse como el punto de inflexión de ese proceso. Los asaltantes estaban claramente movidos por un espíritu de emulación de la revolución islámica jomeinista, pero su plan era precisamente el de derrocar al régimen saudí. Dentro del recinto sagrado (*harām*) de la mezquita se libró una atroz batalla que lo inundó de la sangre fratricida de los musulmanes. Después de ese suceso las protestas se volvieron más sistemáticas, y se organizaron, provocando una crisis de legitimidad del régimen, duramente criticado por la opinión pública islámica. Durante los ochenta y los noventa nacieron, entre otros, un Comité para la Defensa de los Derechos Legítimos (CDRL), un Movimiento por la Reforma Islámica en Arabia (MIRA) y un Comité para el Consejo y la Reforma (ARC). Esas organizaciones denunciaban al régimen saudí, por paradójico que pueda parecer, desde distintos (y a veces contrapuestos) puntos de vista, como no lo bastante islámico o incluso traidor a los principios del Islam[7]. Y ¿qué decir de la figura de Osama Ben Laden, vástago de una familia enormemente rica, que se erigió en combatiente contra los falsos musulmanes, así como contra la mismísima familia Āl Saʿūd? La organización de Ben Laden, al-Qāʿida, suscitó durante sus comienzos no pocas simpatías entre la opinión pública.

Al atentado de 1979 lo siguió en paralelo, durante los años ochenta, la disminución de los ingresos procedentes del petróleo. Arabia Saudí y el resto de los países petrolíferos del golfo se habían enriquecido desmesuradamente durante los años setenta, cuando la Guerra del Yom Kipur puso en el candelero, al volverlo indispensable, el crudo de los árabes. Pero en los ochenta el viento cambió de dirección, en parte porque Occidente trató de diversificar sus abastecimientos. Ante la suma de esas dificultades, así como ante las inquietudes de la sociedad civil, la monarquía saudí reaccionó de varias maneras: por un lado, enfatizando su papel religioso (el rey Fahd, en el trono desde 1982, reclamó el título exclusivo de «guardián de los dos santos lugares» (Ŷādim al-Haramayn al-Sharīfayn), y no dejó de prodigar donativos a las organizaciones islamistas); por otro, haciendo algunas tímidas concesiones políticas (en 1992 se instituyó un consejo consultivo cuyos miembros son, por otra parte, nombrados por el soberano: no se trataba de un parlamento, pero no dejaba de ser la primera señal de una discrepancia con la monarquía absoluta; y en 2005 se han celebrado elecciones municipales democráticas, y se ha prometido extender pronto el derecho de voto a las mujeres); y, en tercer lugar, consolidando su relación privilegiada con Europa y, sobre todo, los Estados Unidos. Todo eso no ha evitado las críticas. La decisión de Fahd

---

[7] Cfr. J. Teitelbaum, *Holier than Thou. Saudi Arabia's Islamic Opposition* (Washington Institute for Near East Policy, Washington DC, 2000).

de permitirles a los EEUU que construyeran y mantuviesen bases militares en Arabia Saudí a consecuencia de la Guerra del Golfo de 1991 (cfr. cap. XI, § 1) se vio seguida por grandes protestas. La presencia de «infieles» armados y potencialmente peligrosos en el suelo sagrado del Islam fue condenada por una fetua de un prestigiosísimo jurisperito, pero fue aceptada *obtorto collo*. Por otra parte, desde 1996 el rey Fahd, gravemente enfermo, no fue ya el auténtico responsable de la política saudí. Tras su muerte en 2005 lo ha sucedido su hermanastro ʿAbdallāh (¡una vez más, un hijo superviviente de ʿAbd al-ʿAzīz Ibn Saʿūd!), que sin embargo no sólo es muy anciano, sino que además no despierta la simpatía universal de la clase dirigente.

Arabia Saudí no consiguió, a pesar de sus esfuerzos, conservar el papel de líder del mundo árabe e islámico al que había aspirado tras la Guerra de los Seis Días, y a cuya realización se había aplicado con abnegación el rey Faysal. Por el contrario, ha seguido una política no siempre transparente de apoyo a las organizaciones islámicas radicales, con el fin precisamente de consolidar su función hegemónica como sede de los lugares santos del Islam, pero con la consecuencia de alimentar las tendencias más extremistas (cfr. *infra*, cap. XI). La alianza con los EEUU, buscada desde los años sesenta, y nunca más abandonada desde entonces ni por Faysal ni por Fahd, parece actualmente menos sólida que antaño, aunque el reino sigue acreditándose como uno de los principales puntos de referencia de la política exterior estadounidense en Oriente Medio. En definitiva, y a pesar de parecer estable desde fuera, es posible que Arabia Saudí sea más frágil e inestable de lo que parece a simple vista.

Argelia: ¿una guerra civil latente?

Tras el fallecimiento de Bumedián en 1979, el FLN entró en crisis y emprendió un rápido recorrido involutivo. Shadhlī

Ibn Ŷadīd (Chadli Benyedid) fue el sucesor inmediato del difunto presidente, y bajo su dirección Argelia trató de recorrer una nueva senda, aunque no por ser nueva resultó mejor que la anterior. Según todas las apariencias, Benyedid buscaba una mayor liberalización de la sociedad a través del abandono de las opciones socialistas y, sobre todo, mediante una liberalización de la economía. No obstante, en los más de diez años de su presidencia se acumuló un conjunto de dificultades y contradicciones que provocó la irreversible crisis del régimen. Esos factores pueden enumerarse de la siguiente manera: 1) en primer lugar, la negativa evolución de la economía, determinada sobre todo por el derrumbe de los precios del petróleo durante los años ochenta, obligó al gobierno a reducir la asistencia pública; 2) además, la riqueza petrolera no fue distribuida equitativamente, y las desigualdades sociales se hicieron más profundas; 3) las dificultades económicas se vieron naturalmente empeoradas por la explosión demográfica que modificó profundamente el carácter de la sociedad argelina, llevando al proscenio a unos jóvenes sedientos de bienestar y progreso social; 4) la cultura y la sociedad tradicionales de Argelia, agitadas por los vientos de la modernidad, sufrieron un proceso de erosión y alienación que destruía los códigos y lenguajes que antaño habían regulado la vida asociada; 5) frente a esos desafíos, el FLN y el estado no fueron capaces de salvaguardar su credibilidad, al no lograr afrontarlos de manera positiva, y con el paso del tiempo perdieron hasta su legitimidad, al haberse ensanchado el hiato entre la clase dirigente y la sociedad civil; 6) el FLN, además, no dejó suficientes espacios de expresión a las necesidades de la propia sociedad civil, que cambió de rumbo en busca de nuevas soluciones.

El primer cambio decisivo de la más reciente historia argelina lo constituyeron probablemente las violentas luchas sociales de octubre de 1988. Provocadas por la crisis económica y el empeoramiento de las condiciones de la gran mayoría de los argelinos, esas luchas fueron duramente reprimidas por el FLN, que empleó el ejército contra los manifestantes, causando un millar de víctimas. La rudeza de la represión le arrebató al FLN las simpatías de la opinión pública, y ni siquiera la nueva constitución de 1989, que introdujo el multipartidismo, logró sanear la situación, sino que incluso aceleró su deterioro. En efecto, surgió un partido islamista, el Frente Islámico de Salvación (FIS), cuyo líder era el profesor universitario 'Abbāsi Madanī, que se propuso como alternativa directa al partido en el poder y catalizó la voluntad de protesta de los argelinos. Puede afirmarse que la crisis del régimen que había guiado la revolución y había gestionado las primeras décadas posrevolucionarias fue la causa primera de la reavivación de la islamización, y hasta de su giro hacia el radicalismo y, más tarde, el terrorismo.

El segundo cambio decisivo de la historia argelina ocurrió entre 1991 y 1992, cuando tuvieron lugar las elecciones (locales primero, y luego generales). En las elecciones locales el FIS conquistó, de forma totalmente legal, 853 de los 1.541 ayuntamientos y 32 de las 48 provincias. Eso anunciaba un triunfo de los islamistas, que, efectivamente, en la primera ronda de las elecciones generales obtuvieron 188 de los 231 escaños. La segunda ronda, por lo tanto, prometía no sólo una mayoría absoluta para el partido musulmán, sino incluso la obtención de dos tercios de los escaños parlamentarios, lo que le habría permitido modificar la constitución, dándole una orientación islámica. Para evitar eso, con un auténtico golpe de estado apoyado por el ejército se congeló la segunda ronda de las elecciones, se encarceló a 'Abbāsi Madanī y otros dirigentes del FIS y se declaró a ese partido fuera de la ley. Occidente aplaudió la represión militar debido al temor al nacimiento de un estado islámico en el «patio de casa». Pero la violenta fractura del proceso electoral tuvo consecuencias imprevisibles.

El FIS experimentó una radicalización extremista de la que nacieron el Ejército Islámico de Salvación en primer lugar, y a continuación el sanguinario Grupo Islámico Armado (GIA). Este último emprendió un terrorismo feroz que, especialmente entre 1992 y 1998, provocó decenas de miles de víctimas. Los terroristas atacaban indiscriminadamente en el campo y en la ciudad, degollando a campesinos indefensos, acusados de connivencia con el régimen, exterminando a la población de aldeas enteras y dejando una estela de muerte que impresionó de forma dramática a la opinión pública mundial. Se ha sostenido que el gobierno argelino echó leña al fuego del terror con el fin estratégico de aislar a los guerrilleros y mantener operativo en todo el país el estado de emergencia, pero no existen elementos verdaderamente probatorios de ello. Un dato concreto es que la llamada guerrilla islámica de Argelia ha laceró dolorosamente a la sociedad civil. Benyedid presentó su dimisión ya en enero de 1992, pero eso no sirvió para extinguir la violencia, que aún iba a durar muchos años. No fue hasta 1999, con la elección como presidente de ʻAbd al-ʻAzīz Bū Taflīka (Buteflika), ministro de Exteriores durante el gobierno de Bumedián, cuando el país pareció recuperar una relativa estabilidad. El terrorismo se fue atenuando, pese a no desaparecer completamente, y Buteflika, reelegido para un nuevo mandato en 2004, trató de restaurar la hegemonía del FLN, si bien con un estilo de gobierno de tipo más «democrático».

Sudán, entre islamización y procesos democráticos

Desde los años sesenta en adelante la historia de Sudán ha vivido una continua alternancia entre largos periodos de regímenes militares y breves periodos de regreso a una constitucionalidad mayormente «democrática». Desde muchos puntos de vista el país ha representado un original laboratorio para la elaboración de un estado islámico sin los excesos del jomeinismo, dado que también las fases «democráticas» han estado dominadas por partidos de afiliación religiosa. De hecho, cuando en 1964 cayó el régimen militar de 'Abbūd, el gobierno fue compuesto por el partido de orígenes mahdistas Umma, cuyo líder era Sādiq al-Mahdī, un descendiente precisamente del Mahdī. Durante ese mismo periodo volvió al país, tras finalizar sus estudios en Londres y París, el que puede ser considerado como el verdadero *maître à penser* del nuevo Sudán musulmán: Hasan al-Turābī, defensor de una especie de democracia islámica fundada en el principio de la consulta (*shūrá*)[8]. Al-Turābī tenía una formación salafista, y era un exponente destacado de los Hermanos Musulmanes sudaneses, de cuya organización política se hizo cargo de forma directa. Además del estado islámico, defendía la transformación del país en una federación en la que se reconociesen las autonomías locales y una reforma económica de tendencia anticapitalista. El Umma y los Hermanos Musulmanes colaboraron durante muchos años, pero las divisiones internas del primero fueron las principales causantes de la derrota de ambas organizaciones en las elecciones generales de 1968. La formación que resultó vencedora fue el Partido Unionista Democrático, evolución del anterior Partido Nacional Unionista, adversario del Umma, aunque igualmente ligado a las raíces religiosas del país. Su gobierno fue sin embargo breve, ya que en 1969 un nuevo golpe militar llevó al poder a los Oficiales Libres de Ŷa'far Numayrī (Nimeiry), de tendencia nasseriana.

El régimen de Nimeiry dio sus primeros pasos siguiendo una vía «secular», y en 1973 se promulgó la primera constitución sudanesa desde la independencia. El Islam desempeñaba, desde luego, un papel importante en la legislación, pero también se les dejaba espacio a las demás religiones (al Cristia-

---

[8] Las ideas políticas de al-Turābī están expuestas de forma sistemática en el artículo *The Islamic State*, incluido en el volumen editado por J. Esposito *Voices of Resurgent Islam* (Oxford University Press, Oxford-Nueva York, 1983).

nismo en particular). Naturalmente, el sistema socioeconómico reivindicaba bases socialistas, siguiendo la estela del nasserismo, y se promovieron las nacionalizaciones. La fase «nasseriana» de Nimeiry duró pocos años, dado que ya a partir de 1977 el general favoreció, junto con una autocracia cada vez más rígida, una islamización integrista que no era, sin embargo, más que un instrumento para el afianzamiento de su poder político. Al-Turābī trató de todas formas de aprovechar esa nueva tendencia: tras ser nombrado fiscal general del estado, contribuyó de forma decisiva a la elaboración del corpus legislativo aprobado en septiembre de 1983, que debía abrir el camino para la transformación de Sudán en un «estado islámico» a todos los efectos. Sus disposiciones concernían sobre todo a un cambio de orientación islámica de la economía del país (introduciendo, por ejemplo, la prohibición del préstamo con intereses y la obligatoriedad de la *zakāt*, la donación a los pobres prevista por el Corán), y basaban el derecho penal en las penas coránicas *hudūd*. La política de los Hermanos Musulmanes derivó también hacia una revalorización del papel de la mujer dentro de la familia y el mundo del trabajo, así como hacia la promoción de la educación y la asistencia social. Nimeiry proclamó el estado islámico en septiembre de 1984, pero al mismo tiempo encarceló a al-Turābī y restringió los espacios para la participación y la expresión política.

La manipulación del Islam en función de la autocracia provocó, entre otras, la firme oposición del movimiento de los Hermanos Republicanos y su fundador, Mohammed Mahmūd Tāhā. Éste puede ser considerado como uno de los más originales pensadores islámicos contemporáneos[9]. Sostenía que el Corán había sido revelado en dos fases, la mecana y la medinesa, de las que sólo la primera puede considerarse como la revelación universalmente

---

[9] M.M. Taha, *Il secondo messaggio dell'Islam* (EMI, Bolonia, 2002).

válida. La revelación medinesa constituyó el «primer mensaje» del Islam, un mensaje, no obstante, históricamente contextualizado: las reglas políticas y jurídicas establecidas por el Profeta en Medina tenían sentido en aquel momento concreto, pero ya no son válidas hoy en día. Por eso Ṭāhā afirmó que la *sharīʻa* ha terminado su tarea, y que el «segundo mensaje» del Islam, el mensaje dirigido a las generaciones futuras, que volverá a proponer los valores universales de la revelación de la Meca, tendrá que prever nuevas formas de legislación y organización política. La sociedad inspirada en el «segundo mensaje» del Islam estará sustentada por la absoluta libertad individual, y será democrática y socialista, garantizando la absoluta igualdad política y social.

La heterodoxia de las ideas de Ṭāhā y, sobre todo, su oposición al régimen indujeron a Nimeiry a hacer que lo arrestasen, procesasen y ajusticiasen (en enero de 1985). Pero la política antidemocrática del dictador militar le había arrebatado las simpatías de la gente. En abril de 1985 una sublevación popular obligó a Nimeiry a huir, e inauguró otro trienio de experiencia democrática. Durante ese lapso de tiempo (1986-1989) tuvo lugar un nuevo acuerdo entre el Umma de Ṣādiq al-Mahdī y los Hermanos Musulmanes de Hasan al-Turābī, a los que se unió también el Partido Unionista Democrático. Pero esos tres partidos se pelearon al tratar de decidir si conservar o modificar las leyes islámicas de 1983. Esas luchas intestinas, unidas a la reavivación de la guerrilla autonomista del Sur cristiano y animista, liderada en esa ocasión por John Garang, volvieron de nuevo frágil el sistema político sudanés, y una vez más se le despejó el camino a un pronunciamiento militar. El 30 de junio de 1989 el general ʻOmar al-Bashīr tomó el poder en nombre de la «salvación nacional».

El régimen de al-Bashīr, que sigue en el poder actualmente (2005) ha continuado por la senda de la islamización, aunque de una forma bastante pragmática. En 1998 Sudán fue declarado oficialmente un «estado islámico», pero eso no significó que se cerrase a Occidente y sus modelos, hasta el punto de que la economía ha experimentado nuevas aperturas capitalistas. Sobre todo se acentuó el carácter autoritario del gobierno, en el que el poder ejecutivo sigue cometiendo claramente actos de prevaricación sobre el legislativo. Se promulgó una nueva constitución que corroboraba la posición central de la *shūra* y la *sharī'a*, aunque al mismo tiempo admitía que otras religiones podían convivir con el Islam. El pragmatismo de al-Bashīr puede valorarse atendiendo a dos datos: en primer lugar, la marginación definitiva de Hasan al-Turābī, portavoz de un islamismo principalmente ideológico; y, en segundo lugar, el acuerdo alcanzado con la población del Sur que no es árabe ni musulmana. A pesar de que al-Turābī apoyó durante sus comienzos al nuevo régimen, e incluso llegó a ser presidente del parlamento, ha sido arrestado y puesto en libertad en varias ocasiones, aunque las razones reales de la ruptura entre los Hermanos Musulmanes y los militares islamistas no sean aún del todo claras. Al-Turābī ha denunciado, por otra parte, el carácter antidemocrático del régimen desde el punto de vista del igualitarismo coránico. Por otro lado, en 2005 la guerrilla independentista depuso las armas, y su líder, John Garang, fue nombrado vicepresidente de la república. (Garang, sin embargo, murió en agosto del mismo 2005 en un accidente aéreo sobre el que se han levantado sospechas.)

Todo cuanto hemos dicho lleva a una reflexión conclusiva. Por un lado, el Islam sudanés es un Islam fronterizo, siempre sometido al riesgo de contaminarse con las tradiciones ancestrales del África negra, animista (o francamente pagana). Por el otro, los conflictos intestinos que han ensangrentado Sudán durante décadas deben explicarse teniendo muy en cuenta las rivalidades y los enfrentamientos tribales. Éstos, junto con las motivaciones religiosas, subyacieron a la oposición del sur cristiano-animista y negro contra el Norte árabe y musulmán, y también explican (aunque no la justifiquen) la guerra civil que ha lacerado Darfur, otra región potencialmente secesionista.

2. ¿UNA ESTABILIDAD REAL?

Algunos estados de Oriente Medio, al contrario que aquellos sobre los que hemos tratado en el parágrafo anterior, parecen haber alcanzado una cierta estabilidad interna. Se trata, en primer lugar, de monarquías islámicamente legitimadas como Marruecos y Jordania y, en segundo lugar, de las repúblicas autoritarias del Magreb, es decir Túnez y Libia. Un síntoma de esa estabilidad podría ser, en los casos de Marruecos, Túnez y Jordania, la continuidad de los regímenes políticos, y para Libia la longevidad de Gaddafi.

En Marruecos, Mohammed VI sucedió sin sobresaltos en 1999 a Hasan II, hijo del héroe independentista Mohammed V. El país, tradicionalmente moderado, vive incluso una tímida dialéctica democrática entre partidos. El nuevo rey permitió la repatriación de algunos opositores a los que su padre había exiliado. La prensa alberga debates críticos con el poder, si bien en algunas ocasiones debe someterse a la censura. Desde el punto de vista institucional, se encuentra abierta la discusión sobre la elección entre las formas tradicionales de gobierno (la monarquía, el juramento de fidelidad de tipo califal prestado por los súbditos a un soberano orgulloso de sus orígenes jerifianos...) y formas más actualizadas de gestión democrática (¿cuál debe ser, y hasta qué punto debe llegar, la autonomía del parlamento respecto a la autocracia monárquica?; ¿deben los procesos electorales considerarse como alternativos a la legitimación del poder gracias a los ritos tradicionales de obsequio al rey, «comandante de los creyentes»?). En Marruecos se encuentra presente una tendencia islamista moderada, y los islámicos toman parte en los procesos electorales, mientras que las elecciones de 2002 registraron una cierta mengua de las representaciones políticas tradicionales.

En Túnez, en noviembre de 1987 el general Zayn al-'Ābidīn Ibn 'Alī (Ben Alí), a la sazón primer ministro, depuso con un golpe de estado indoloro al octogenario Burguiba, y después fue elegido presidente de la república, cargo que aún conserva. Las motivaciones oficiales de esa defenestración tenían que ver con la incapacidad del anciano líder para continuar dirigiendo el estado, pero las verdaderas causas estribaban, por una parte, en las dificultades económicas y sociales del país, que la virtual dictadura de Burguiba había acrecentado durante los últimos años, y por la otra, en el temor a que el desafío islamista pusiese en peligro las estructuras estatales. Los años ochenta habían sido muy bulliciosos, y en nada menos que tres ocasiones el ejército había tenido que intervenir para reprimir violentas protestas sociales. Durante los primeros tiempos de su presidencia, Ben Alí concedió varias ocasiones de participación democrática, abriéndose a la oposición legal, e incluso reconoció al partido islamista moderado de inspiración salafista Movimiento de la Tendencia Islámica, liderado por Rashīd Gannūshī. A medida que pasaban los años noventa, no obstante, tales ocasiones disminuyeron progresivamente, hasta desaparecer del todo. El Movimiento de la Tendencia Islámica, más tarde convertido en el partido Nahda (Renacimiento), fue declarado fuera de la ley, y Rashīd Gannūshī, a pesar de que en varias ocasiones había tomado partido personalmente a favor de un sistema democrático, se vio obligado a exiliarse a Londres. Desde ese punto de vista, Túnez puede considerarse un buen ejemplo de cómo la mano de hierro de dos jefes de estado (primero Burguiba, y después Ben Alí) ha bloqueado el desarrollo institucional de un islamismo moderado[10]. La sociedad civil se ha convertido en el «rehén» de unas dinámicas de exclusión que tratan de limitar los espacios de participación a favor del

---

[10] Cfr. la reconstrucción exhaustiva de K. Mezran en el capítulo dedicado a Túnez de su libro *Negotiating National Identity. The Case of the Arab States of North Africa* (Antonio Pellicani Editore, Roma, 2002), pp. 165-213.

poder desmesurado del partido del gobierno, el Rassemble-
ment Constitutional Démocratique, un verdadero partido-es-
tado que ocupa todos los órganos vitales del poder. El asfixiante
control policial se ha visto recompensado por la estabilidad interna, así como por un crecimiento económico envidiable que
ha hecho de Túnez uno de los países árabes más occidentaliza-
dos y, en cierto sentido, más acomodados.

En Jordania, el rey Hussein, ambiguo protagonista de los
años sesenta, murió en 1999. Tras la Guerra de los Seis Días,
Hussein mantuvo un perfil bajo, vinculándose cada vez más a
Occidente, y en particular a los Estados Unidos. Resulta significativo que Jordania fuese el único país árabe después de
Egipto que firmó un tratado de paz con Israel. En el plano interno, Hussein gobernó de forma paternalista, aunque no particularmente autoritaria. También es significativo, a este
respecto, que en Jordania los partidos islámicos, también en
este caso derivaciones de la Hermandad Musulmana, hayan obtenido una legitimación parcial y hayan estado presentes en el
parlamento a consecuencia de unas elecciones regulares. El
nuevo soberano, 'Abdallāh II, sucedió a su padre sin contra-
tiempos, y se ha movido con cautela en una región políticamente atormentada por una guerra endémica. De hecho,
'Abdallāh ha tratado de acreditarse como un soberano modernista, y está bastante bien visto en las cancillerías occidentales.

En Libia, el coronel Gaddafi (pese a seguir sin desempeñar
cargos políticos oficiales) sigue siendo el verdadero responsable de la política interna y, sobre todo, exterior. Durante los últimos años ha decidido dar un giro «africanista», declarándose
desilusionado con los árabes y decidido a cultivar la vocación
continental de su país. El reconocimiento de los errores del
pasado y la admisión por parte de Gaddafi de haber alimentado durante algún tiempo al terrorismo internacional (las víctimas de muchos atentados han sido indemnizadas) han
conducido al aflojamiento de las sanciones, así como al regreso

de Libia a la diplomacia que verdaderamente importa. Son buenas, sobre todo, sus relaciones con los países europeos (con Italia y Francia al frente), y también han mejorado las que mantiene con los Estados Unidos. Pero estas transformaciones no han moderado la retórica tercermundista del viejo líder, cuyo activismo, principalmente en el plano africano, está dirigido a garantizarle a su país un papel protagonista en un continente deseoso de tener más peso en los equilibrios del planeta.

Igualmente estables parecen las ricas monarquías petrolíferas del golfo Pérsico, muchas de las cuales están dirigidas por dinastías bastante ilustradas de jeques y emires. En especial el conjunto de los Emiratos Árabes Unidos, cuyos estados más importantes son Abu Dabi y Dubái, y que constituye todo un ejemplo de eficacia administrativa. El dinero obtenido del abundante crudo permite un nivel de vida muy elevado (en algunos casos incluso superior al de los Estados Unidos), y el bienestar es el mejor antídoto contra cualquier arrebato de extremismo o violencia.

Turquía

Mustafá Kemāl murió prematuramente en 1938. En el aspecto teórico el kemalismo sobrevivió a su fundador y sus sucesores inmediatos desde dos puntos de vista: el modernismo y el laicismo del gobierno, por un lado, y el papel decisivo desempeñado por los militares, por el otro. Y lo que es más, los militares se erigieron en defensores y custodios del carácter laico del estado, y hasta hoy en día ningún gobierno civil puede sostenerse en contra de su bienquerencia. Durante la Segunda Guerra Mundial Turquía se mantuvo neutral, firmando por una parte un acuerdo con Alemania, y resistiendo por la otra las presiones de los aliados para que se alinease con los demócratas. No fue hasta marzo de 1945 cuando el gobierno le declaró la guerra a Alemania, suscitando las protestas de la URSS, que acusó a Ankara de «oportunismo». Tras la guerra, sin embargo, el país emprendió un camino más resueltamente filooccidental, en parte —a corto plazo— para resistir a las presiones soviéticas que pretendían ampliar la esfera de influencia de Moscú en los territorios del Asia central y, una vez más, hacia los estrechos. Así, Turquía iba a convertirse en uno de los aliados más fieles de los Estados Unidos en Oriente Medio, y a a partir de 1952 iba a entrar en la OTAN. La llamada «doctrina Eisenhower» de aislamiento y contención de la URSS iba a encontrar uno de sus apoyos más sólidos precisamente en Turquía, que, como se recordará, en los años cincuenta se sumó también al pacto de Bagdad.

El apoyo occidental le permitió a Turquía llevar a cabo una política exterior que no se les habría consentido a naciones menos alineadas. En cuanto al nacionalismo turco, resultan probatorias las cuestiones chipriota y curda. Las tensiones entre griegos y turcos son tradicionales, y se remontan a las expediciones de conquista griegas en territorio turco inmediatamente posteriores a la Primera Guerra Mundial o, si se prefiere, al resentimiento nacionalista griego contra la ocupación otomana (en el siglo XIX). Chipre es una isla cuya población se compone de una inmensa mayoría griega y una considerable minoría turca. Pues bien, en 1974 un golpe de estado de los nacionalistas grecochipriotas, apoyados por la junta militar que estaba en el poder por aquel entonces en Atenas, trató de imponer la anexión de la isla a Grecia. Si bien ese proyecto fracasó bastante pronto, y Chipre volvió a tener un gobierno democrático, Turquía aprovechó la oportunidad para favorecer la creación en 1976 de la minúscula República Turca del Norte de Chipre, fragmentando de facto la unidad política de la isla. Hasta hoy en día Turquía sigue siendo el único país que reconoce esa república. El problema curdo resulta más relevante. El intento de asimilación y «turquización» del Curdistán llevó al movimiento independentista curdo a experimentar una violenta radicalización. El gobierno turco respondió con una dureza extremada, y en nada inferior a la empleada por Saddam Husein en Iraq, pero, a pesar de las simpatías que la opinión pública internacional ha mostrado a menudo respecto a la causa curda, el gobierno de Ankara no ha padecido las mismas sanciones y reprensiones que Saddam Husein, y ha podido continuar tranquilamente con su labor represiva. En 1999 fue arrestado 'Abdullāh Öcalan, líder carismático de la lucha armada del Partido de los Trabajadores del Curdistán (PKK), y el asunto provocó un caso diplomático internacional, dado que Öcalan fue detenido en Kenia, después de haber sido acogido también por Italia. Precisamente a causa del problema curdo Turquía ha visto siempre con malos ojos la perspectiva de una división de Iraq tras la guerra de 2003, ya que eso podría abrir el camino hacia una reunificación de los territorios curdos y, por lo tanto, hacia una potencial fragmentación del propio estado turco.

Una segunda característica esencial de la política turca contemporánea es la de la extrema volatilidad del sistema institucional. Desde la Segunda Guerra Mundial hasta hoy en día, han proliferado partidos de todo tipo de tendencias, desde la extrema izquierda hasta la extrema derecha, pasando por liberales, nacionalistas y comunistas. La historia interminable de las alianzas políticas en épocas de elecciones y las escisiones en cualquier momento, de las luchas intestinas, de los compromisos y de las hostilidades entre los partidos turcos no puede ser narrada aquí con detalle. El hecho es que el sistema político ha mostrado a menudo preocupantes síntomas de fragilidad, a veces agravados por el problema de la propagada corrupción. Dicha fragilidad impulsó a los militares a intervenir al menos en tres ocasiones. En 1960 tuvo lugar un pronunciamiento contra Adnan Menderes, a la sazón primer ministro, que fue procesado y ejecutado, y la instauración de un rígido control militar de la vida política durante al menos un año, hasta que en 1961 la entrada en vigor de una nueva constitución permitió el regreso progresivo a una vida parlamentaria normal. En una segunda ocasión (entre 1971 y 1973) los militares impusieron la ley marcial y su supervisión de un gobierno que, no obstante, seguía siendo civil. Finalmente, entre 1980 y 1983 el ejército asumió directamente el poder, y el general Kenan Evren fue elegido presidente de la república. Después de 1983, sin embargo, los militares ya no han vuelto a imponer su control directo del estado, aunque siguen siendo los guardianes de su carácter laico. Desde entonces se han alternado gobiernos de distintas tendencias, derechistas e izquierdistas.

Una tercera característica interesante de la vida política turca es la del lento regreso, si bien no exactamente a la islamización, sí a una mayor presencia de símbolos religiosos. Ya durante los años cincuenta se había consentido la reapertura de las escuelas religiosas islámicas, y se había vuelto a introducir el uso del árabe en ciertas ocasiones litúrgicas, atenuando así la hostilidad laicista de una parte de la sociedad contra la matriz árabe del Islam. Durante los años noventa las mezquitas volvieron a llenarse, y las cofradías místicas volvieron a cobrar fuerza. La llegada al poder de partidos de tendencia islámica puede ser considerada como el culmen de este proceso. El primero de ellos fue el Partido del Bienestar de Necmettin Erbakan (líder de formaciones políticas islámicas desde los años setenta), que ganó las elecciones de 1997. El primer gobierno islámico tuvo sin embargo una vida breve: el temor a un giro hacia el integrismo y, sobre todo, su apertura hacia otros países musulmanes como Irán o Libia (países que se encuentran en la «lista negra» de Occidente) suscitaron preocupaciones y azoramientos. Por ello se llevó a cabo una nueva intervención militar que entre 1997 y 1998 llevó en primer lugar a la caída del gobierno, y a continuación a la disolución forzada del Partido del Bienestar. De entre sus cenizas nació primero el Partido de la Virtud (destinado también a una disolución forzada), y luego el moderado Partido de la Justicia y el Desarrollo. Tras un paréntesis (1999-2002) durante el que gobernó Bülent Ecevit —socialista en lo personal, y sin embargo primer ministro incluso de gabinetes de unidad nacional—, en noviembre de 2002 el Partido de la Justicia y el Desarrollo ganó las elecciones y formó un nuevo gobierno, sin que los militares interviniesen en esta ocasión.

El nuevo primer ministro, Tayyip Erdoğan, ha demostrado moderación y ha vuelto a confirmar las lealtades atlánticas de Turquía, pero, sobre todo, ha tratado de acelerar las etapas del proceso que podría llevar a Turquía a pasar a formar parte de la Unión Europea. Este objetivo de «europeizar» completamente el país (objetivo que había sido ya de los Jóvenes Turcos y Mustafá Kemāl) debe tomar muy en cuenta el regreso del Islam, una perspectiva que hace treinta años, o tal vez menos, habría sido impensable. Si bien en 2005 se ha aceptado en líneas generales abrir las negociaciones para el ingreso de Turquía en la Unión Europea, las posturas de los estados europeos frente a las solicitudes turcas son muy diversas. Algunos están totalmente convencidos de la necesidad de integrar en Europa a Turquía, que como país islámico podría constituir un puente entre Occidente y Oriente (esa es la aspiración declarada de los dirigentes turcos). Por otra parte, hay quien teme la presencia completamente inusitada de un estado islámico en una Europa «cristiana»: se trata de motivaciones que pacen en los territorios íntimos de los particularismos regionales o nacionales xenófobos, y que por lo general tienen un significado propagandístico. Más consistentes resultan las preocupaciones de orden económico (la economía turca es altamente inestable, y aún no está completamente injertada en el mercado global) o demográfico (las posibles inmigraciones a países europeos que, como Alemania, albergan ya a varios millones de turcos, con todos los riesgos sociales que aquéllas conllevan). Desde el punto de vista formal, además, algunos aspectos de la legislación y la práctica jurídica turcas (los angostos espacios consentidos al disentimiento o la falta de respeto por los derechos humanos) pueden suponer un obstáculo —en verdad, también en este caso más teórico que real, si es que existe la voluntad política—. Turquía es, por lo demás, un pilar indispensable de las alianzas occidentales, así como de la estrategia occidental referente a Oriente Medio, donde podría representar un importante papel de control y estabilización gracias a la potencia de su ejército.

3. EL PROBLEMA CURDO

El parágrafo dedicado a Turquía nos permite abrir un breve paréntesis acerca de la cuestión curda —sobre la que, por otra parte, no tenemos oportunidad de explayarnos aquí—. El curdo es un pueblo de etnia e idioma indoeuropeos y religión mayoritariamente musulmana suní asentado en una vasta región a caballo entre la Media Luna Fértil, el Cáucaso y el lago Van. El nacimiento de los nuevos estados de Oriente Medio después de la Primera Guerra Mundial tuvo como consecuencia que el Curdistán, hasta entonces una mera expresión geográfica, se viese dividido políticamente entre cuatro estados: Turquía, Siria, Iraq e Irán (sin contar con el Azerbaiyán soviético). Esa división suscitó el nacimiento de un espíritu nacionalista curdo hasta entonces inexistente que pronto se iba a organizar en el plano político.

El acontecimiento más significativo de la lucha independentista curda fue la creación en Irán de la efímera República de Mahabad (1946), que fue aplastada por el sah tan pronto como éste retomó el control de su país tras la crisis de la Segunda Guerra Mundial. Desde entonces las principales organizaciones políticas curdas han sido el Partido Demócratico del Curdistán (PDC), ubicado tanto en Irán como en Iraq, y liderado durante mucho tiempo por el mítico *mulá* Mustafá al-Bārzānī; la Unión Patriótica del Curdistán (UPC), adversaria del PDC, bajo el liderazgo de Ŷalāl Talabānī; y el Partido de los Trabajadores del Curdistán

(PKK), turco y de tendencias marxistas. En general el nacionalismo curdo ha sido un movimiento esencialmente laico, sin ninguna connotación religiosa en particular, y al que no le han faltado elementos marxistas o incluso maoístas. Por lo común, el nacionalismo curdo se ha mostrado extremadamente fragmentario en su interior e incapaz, en realidad, de reivindicar un estado curdo unitario. En consecuencia, se ha conformado principalmente con hacer reivindicaciones de autonomía amplia tanto en Turquía como en Iraq o Irán. La acción política del PDC, por ejemplo, se vio paralizada durante mucho tiempo por una profunda rivalidad interna (por no hablar de la rivalidad entre el PDC y la UPC), y las alas iraquí e iraní del partido se exhibieron en continuos cambios de chaqueta: o bien el PDC iraquí apoyaba al gobierno iraní en contra de Iraq, o bien el PDC iraní apoyaba al gobierno iraquí en contra de Irán. Esa oscilación, obviamente, debilitaba las reivindicaciones curdas. Por otra parte, los movimientos curdos independentistas y autonomistas han sido reprimidos con dureza, haciendo uso incluso del ejército, tanto por parte de Turquía como de Iraq e Irán. La otra cara de la moneda de la represión ha sido, por parte de algunas organizaciones como el PKK, el recurso frecuente a la guerrilla, o incluso a la lucha armada.

En los albores del siglo XXI, el nacimiento de un estado curdo unitario se encuentra aún en el limbo de los sueños. La situación ha dado un decidido salto adelante tras la guerra angloestadounidense de 2003 contra Iraq. La caída del régimen de Saddam Husein, fieramente adverso a los curdos, le ha permitido a Ŷalāl Talabānī convertirse en presidente del nuevo estado iraquí y reivindicar una autonomía plena y total para el Curdistán (recuérdese que ese territorio es rico en petróleo). Esa autonomía podría representar, de hecho, el primer paso hacia un estado curdo independiente, y eso, como ya dijimos, ha despertado la preocupación de Ankara (y de Irán), que en caso de que de verdad naciese un estado curdo podría ver cómo al territorio turco se le amputa una quinta parte, aproximadamente, de su extensión.

Capítulo XI

La lucha de las hegemonías

1. El desafío del Iraq de Saddam Husein

Saddam Husein (Husayn) se convirtió en presidente de Iraq en 1979. Toda la aventurada política exterior del *ra'is* de Bagdad debe leerse desde la perspectiva de la instauración de una nueva hegemonía y unos nuevos equilibrios en la región de Oriente Medio.

Apenas se hubo afianzado en el poder, Saddam Husein atacó en 1980 al Irán jomeinista. El objetivo del dictador iraquí era dual: adueñarse de los pozos petrolíferos del bajo Irán y, tras haberle asestado un golpe mortal a la república islámica, erigirse en el dominador absoluto de la Media Luna Fértil y la zona del golfo Pérsico. La guerra duró ocho años, y fue extremadamente sangrienta. Durante su primera fase los iraquíes llevaron las de ganar, y lograron establecer algunas cabezas de puente en territorio iraní. Pero el ejército de la república islámica pronto reconquistó el terreno perdido, y el conflicto se convirtió en una guerra de posiciones no muy diferente de la Primera Guerra Mundial. Ataques y contraataques de una y otra parte, de una trinchera a otra, causaron centenares de miles de muertos. El sacrificio de muchos iraníes jovencísimos, que desafiaban el fuego y las minas iraquíes al ir a inmolarse por su fe contra el régimen ateo y descreído de Saddam, impresionó a la opinión pública mundial. En un cierto punto, parecía que Iraq estuviese a punto de venirse abajo. El temor a un triunfo de los islamistas persuadió a Occidente, y en particular a la administración estadounidense de Ronald Reagan, a apoyar y financiar el esfuerzo militar iraquí. (De hecho, cuando estalló la Segunda Guerra del Golfo, en 2003, el ejército iraquí todavía estaba equipado con las armas que le habían proporcionado los estadounidense en los años ochenta.) A pesar de que consideraba a Saddam Husein como una especie de «satanás», Jomeini se convenció a la larga de que esa guerra no podía ganarse, por lo que accedió «con gran dolor de su corazón», como declaró, a firmar la paz en 1988.

Saddam lanzó su segundo desafío inmediatamente después, en 1990. Su objetivo era Kuwait, que fue invadido con un gran número de fuerzas. Iraq siempre había tenido la pretensión de controlar o incluso anexionarse ese emirato, pero, desde luego, en esa ocasión el objetivo de Saddam era sobre todo el de sus inagotables recursos petrolíferos. Es presumible que el dictador, que ya había sido apoyado por Occidente, estuviese convencido de que su jugada no iba a tener consecuencias prácticas, aparte de las protestas de rigor. Esta vez, sin embargo, los Estados Unidos, cuyo presidente era por entonces George H. W. Bush, intervinieron de manera decidida y contundente. El pretexto les fue proporcionado por Arabia Saudí, que, preocupadísima ante la posible consolidación en el golfo de una agresiva potencia iraquí y temerosa de ver amenazadas sus fronteras, pidió ayuda a su aliado norteamericano. Arabia Saudí se transformó en la base de una rápida operación militar que durante la primavera de 1991 llevó a la clara derrota de Saddam Husein. Casi todos los países se alinearon en contra de Iraq, que había infringido las normas del derecho internacional. Incluso algunos países árabes e islámicos como Egipto (y hasta Siria) enviaron tropas para ayudar a los estadounidenses. La victoria de los aliados resultó fácil, pero Bush no supo o no quiso aprovechar las tensiones internas de la sociedad iraquí (sobre todo la hostilidad chií contra el régimen suní) para asestarle un golpe decisivo a Saddam.

Sin embargo, no hay que olvidar que una parte considerable (o incluso la mayoría) de la opinión pública árabe e islámica, contradiciendo las decisiones oficiales de sus gobiernos (recuérdese, no obstante, que también algunos gobiernos árabes se mostraron reacios a alinearse con Occidente), se pronunció a favor de Saddam. La guerra de la coalición liderada por los EEUU les parecía a muchos una injerencia ilícita de Occidente en los asuntos de Oriente Medio, como una especie de nueva incursión colonial. En Arabia Saudí la oposición fue especialmente virulenta, denunciando la afrenta que la presencia de las fuerzas «descreídas» de los estadounidenses les infligía a los lugares sagrados del Islam (se ha llegado incluso a sostener que la decisión de Arabia Saudí de buscar ayuda en Occidente radicalizó aún más a la oposición islamista). Además, tras haber sido siempre absolutamente laico, totalmente indiferente a la religión, Saddam acertó a interpretar los vientos de protesta, y empezó a interpretar el papel de vengador del Islam, tomando parte en los rezos públicos y enarbolando la retórica de la fe (un «cambio» que, por otra parte, ya había comenzado en la época de la guerra con Irán). Su régimen sobrevivió, pero la derrota reavivó sus rivalidades internas (el independentismo curdo, el descontento chií...) y lo volvió todavía más frágil de lo que ya era antes.

2. LA INVASIÓN SOVIÉTICA DE AFGANISTÁN Y LA RESPUESTA DE OCCIDENTE

Si bien Afganistán no forma parte, en rigor, de Oriente Medio tal como lo definimos al comienzo de este volumen, la invasión de ese país por parte de la Unión Soviética en 1979 y las consecuencias que de ella se derivaron tuvieron una influencia decisiva en la situación general de Oriente Medio. La URSS entró en Afganistán para apoyar al Partido Democrático Popular (de tendencia socialista), en el poder desde 1978 y liderado en aquel entonces por Bābrak Karmāl, contra quienes, apoyados por Pakistán, deseaban desvincularse de la interesada benevolencia soviética.

Los Estados Unidos y Arabia Saudí se dedicaron a apoyar económica y logísticamente a la guerrilla islámica afgana que combatía contra los soviéticos ateos, materialistas y enemigos del Islam. Sus objetivos eran, naturalmente, distintos: los Estados Unidos querían asestarle un golpe mortal al tenaz adversario de siempre, mientras que Arabia Saudí esperaba ampliar su influencia hegemónica en el mundo islámico tanto desde el punto de vista político como desde el ideológico y religioso. El hecho es que la resistencia y la guerrilla afganas resultaron estar compuestas de elementos que acabarían por volverse contra sus antiguos protectores. Por una parte, un grupo importante de rebeldes estaba constituido por los inflexibles fundamentalistas talibanes, los «estudiantes» de ciencias religiosas educados en su mayor parte según los principios del colegio tradicional y puritano de Deoband, en Pakistán. Para apoyar a los rebeldes acudieron a Afganistán grupos de voluntarios de todos los países árabes (desde Túnez hasta Palestina, pasando por Egipto) encuadrados ideológicamente por el palestino 'Abdallāh 'Azzām y económicamente alimentados por el multimillonario Usāma Bin Ladin (Ben Laden). Esos árabes «afganos» aprendieron técnicas de combate, las reglas de la guerrilla y el uso de armas, pero sobre todo se imbuyeron de una ideología islamista extremista —la propia ideología deobandista y yihadista—, convenciéndose de que la lucha armada era el único medio para hacer prevalecer al Islam contra el ateísmo y el materialismo, derrocar a los gobiernos descreídos y corruptos de los países musulmanes y derrotar a los nuevos cruzados occidentales, en especial a los norteamericanos, que habían venido a invadir las tierras islámicas. Ben Laden, el terrorista al que se le imputó el ataque del 11 de septiembre de 2001 en Nueva York, se adiestró y maduró sus ideas subversivas precisamente en Afganistán, convirtiéndose en un enemigo acérrimo no sólo de los Estados Unidos, sino hasta de la propia Arabia Saudí en la que había nacido. En resumidas cuentas: los Estados Unidos y Arabia Saudí despertaron a una hidra de muchas cabezas que luego no fueron capaces de apaciguar.

De hecho, hay claras diferencias tanto entre el salafismo y el reformismo de la Hermandad Musulmana y los grupos fundamentalistas o «islamistas» contemporáneos (*islāmiyyūn*) como entre el fundamentalismo violento de los años setenta y el terrorismo de los noventa. Por lo que respecta a las diferencias entre Hermanos Musulmanes e islamistas, éstas se encuentran en la estrategia, si bien no en los objetivos. Ya hemos dicho en varias ocasiones que los Hermanos Musulmanes aspiraban y aspiran a lograr una islamización *desde abajo*, mediante la propaganda, la educación y la infiltración en el tejido social y político. Es evidente que ese tipo de estrategia excluye la lucha armada. Los islamistas, por el contrario, aspiraban y aspiran a lograr una islamización *desde arriba*, impuesta mediante la lucha armada y la revolución contra los estados, cuyos gobernantes descreídos tienen que ser derrocados, y contra sus poblaciones. Resulta asimismo evidente que dicho tipo de estrategia militarizada puede desembocar fácilmente en el terrorismo, especialmente allí donde las organizaciones extremistas no disfrutan del apoyo popular. Los sangrientos atentados en Egipto, por ejemplo en Taba, en octubre de 2004, y Sharm el-Sheij, en julio de 2005 (por no mencionar las agresiones a turistas de las que ya hemos hablado), estaban evidentemente encaminados a debilitar el régimen de Mubárak, y tenían el objetivo de atacar primero a un enemigo «cercano» (un gobierno descreído) respecto al enemigo «lejano» (Occidente). Y de forma análoga deben ser juzgados los atentados perpetrados en Arabia Saudí en 1996, 2000 y algunas otras ocasiones.

Por otro lado, la diferencia entre el islamismo militante de los años setenta y el de los años noventa se ve explicitada por la sociología de sus respectivos movimientos[1]. En líneas muy generales puede decirse que, mientras que los combatientes armados de los años setenta eran en su mayoría relativamente maduros, de procedencia urbana y de instrucción media o alta, los combatientes armados de los años noventa eran en su mayor parte muy jóvenes, de origen campesino y de escasa cultura. En definitiva, se experimentó una «proletarización» del islamismo fundamentalista, que también por eso adquirió características terroristas. Ese terrorismo puede atribuirse, por lo tanto, a tres factores concomitantes: la proletarización de sus miembros, la durísima represión por parte de los regímenes políticos en el poder —lo que radicalizó la lucha y la militancia— y el desarraigo de las organizaciones de una base de masa popular, dado que una inmensa mayoría de la población marginó de su seno a los terroristas. De hecho, el radicalismo de los años setenta obtuvo cierto apoyo popular que a la larga, sin embargo, se agotó, y los militantes se vieron forzados a llevar a cabo acciones cada vez más provocadoras y agresivas. Resulta característico que el terrorismo de los años setenta tuviese objetivos bien precisos y determinados: los políticos, las fuerzas de policía y ciertos intelectuales laicistas. Por el contrario, los objetivos del terrorismo proletarizado fueron los turistas (como en Egipto) o la población rural (como en Argelia). La intensificación del radicalismo islámico durante los años noventa, cuyos casos más impactantes

---

[1] Véase, por ejemplo, S.E. Ibrahim, *The Changing Face of Egypt's Islamic Activism*, en el volumen editado por el mismo autor *Egypt. Islam and Democracy* (The American University in Cairo Press, El Cairo, 2002).

—los de Argelia y Egipto— ya hemos discutido, y su evolución desde una lucha armada contra objetivos públicos hasta un terrorismo extenso y ramificado dependen por lo tanto de causas sociales, ideológicas y políticas a un tiempo que pueden sintetizarse en cuatro aspectos que a esta altura de nuestro análisis tal vez puedan comprenderse con facilidad:

a) la consolidación de tendencias neotradicionalistas, así como del retorno a un Islam integrista a causa del fracaso tanto de las ideologías laicas importadas del extranjero, que no habían madurado en el humus local, como de las políticas económicas y sociales de élites dirigentes enrocadas en la defensa de sus propios privilegios;

b) el radicalismo de esa parte de la ideología y el derecho musulmanes tradicionales que reivindica la exclusividad de la ideología islámica, con el consiguiente rechazo hacia Occidente, que encarna el ateísmo y la amenaza imperialista;

c) la imposibilidad por parte de las organizaciones islámicas moderadas de hacer oír legalmente su voz en la sociedad a causa de una dura y difundida represión llevada a cabo aprioríisticamente contra las manifestaciones políticas con cualquier vislumbre de religiosidad;

d) los errores y egoísmos de la política occidental en Oriente Medio.

Todo cuanto acabamos de decir acerca de la guerra afgana representa solamente el telón de fondo de la radicalización del terrorismo, necesario sin embargo para comprender sus etapas posteriores.

3. EL 11 DE SEPTIEMBRE DE 2001 Y SUS CONSECUENCIAS

Creo que los conflictos en los que estuvieron implicados Saddam Husein y Afganistán ayudan a comprender a distancia también el 11 de septiembre, a comprenderlo en cuanto a sus causas y en cuanto a sus consecuencias. El 11 de septiembre de 2001 militantes del grupo terrorista al-Qāʿida (la Base), financiado por el multimillonario saudí Osama Ben Laden e ideológicamente inspirado por el médico egipcio Aymán al-Zawāhirī, secuestraron y desviaron algunos aviones civiles, pilotándolos hasta hacer que impactasen contra las Torres Gemelas de Nueva York, destruyéndolas y provocando así alrededor de 3 000 víctimas, y trataron sin éxito de atacar las oficinas del Pentágono en Washington.

Ese acontecimiento representó, a todas luces, la exportación al plano mundial del terrorismo de los años noventa, así como un claro desafío a los Estados Unidos, no sólo (y no tanto) por ser la única superpotencia, tras el derrumbe de la URSS, que quedaba dominando el mundo, sino sobre todo por considerarlos como los principales actores y símbolos de la agresión occidental, de un Occidente descreído e imperialista, contra el mundo islámico. Sin embargo, incluso prescindiendo de los muchos aspectos oscuros y ambiguos que aún rodean la acción militar del 11 de septiembre, y en los que no vamos a detenernos, esos atentados no pueden achacarse de manera inmediata y diáfana al terrorismo de los años noventa. En primer lugar, porque al-Qāʿida apareció como una organización ramificada y tentacular, no circunscrita a ningún estado en particular, sino capaz de llevar a cabo una guerrilla planetaria. En segundo lugar, porque al-Qāʿida no parece haber nacido, como lo hicieron las organizaciones terroristas de Egipto o Argelia, en respuesta a condiciones socioeconómicas y políticas concretas, sino como una auténtica central del terror, una especie de SPECTRA vestida con ropas islámicas. No tenía, por lo tanto, raíces ni afiliaciones en ningún tejido social en particular, sino que sobrevolaba las pertenencias regionales y nacionales, pretendiendo llevar a cabo un desafío global. En tercer lugar, porque la retórica ideológica de al-Qāʿida recurría a un lenguaje y una simbología arcaicos, poco modernos o incluso posmodernos, mientras que los movimientos de islamización de los sesenta y los noventa deben considerarse como un fruto de la modernidad, como ya hemos explicado.

De hecho, al-Qā'ida parece una organización aislada de la opinión pública islámica mayoritaria, así como del apoyo de la mayoría de la población islámica de los países de Oriente Medio. Se muestra como una vanguardia peligrosa pero sin raíces, o que pretende enraizarse allí donde el descontento crea un terreno favorable (por ejemplo, en Iraq tras la guerra de 2003). En realidad, esa pretensión ha obtenido muy pocos éxitos, y eso podría llevar a presumir que el destino de esta especie de terrorismo globalizado sea el de apagarse lentamente, aunque sea después de haber dejado tras de sí una estela de sangre. Las matanzas de marzo de 2004 en Madrid y julio de 2005 en Londres (pero también las que han tenido lugar en los propios países árabes) demuestran la futilidad del terrorismo en sí y el fracaso de una estrategia que probablemente pretendía desbaratar el orden mundial mediante acciones militares epatantes destinadas a asustar a la opinión pública y excitar sus temores. El hecho es que el peligro ya no parece ser al-Qā'ida en cuanto tal, puesto que tal vez ya no sea operativa como organización centralizada, sino la difusión de un terrorismo acéfalo y ramificado, carente de una estrategia global, pero capaz de reclutar agentes y miembros en los lugares más diversos. Eso lo atestiguan la proliferación de siglas y células que difícilmente pueden atribuírsele a una única matriz, y más difícilmente aún pueden ser gobernadas por un único cabecilla.

El proyecto estratégico de al-Qā'ida al principio, y más tarde de los grupúsculos que han tomado su puesto, no consistía, en mi opinión, en un intento de herir de muerte a Occidente, que era y sigue siendo demasiado poderoso y lejano como para ser abatido por cualquier tipo de organización terrorista, sino sobre todo en un intento de sublevar en contra de Occidente a la opinión pública musulmana, descontenta con sus condiciones, así como con la injerencia occidental y estadounidense, a fin de que todo el Islam se alzase y se volviese contra el propio Occidente, lanzándose a una yihad ofensiva. Lo que trato de decir es que el objetivo de Ben Laden, al-Zawāhirī y otros cabecillas que no vale la pena citar aquí no era sólo el de hacer entrar en crisis a Gran Bretaña o los Estados Unidos, conmocionando su estabilidad interna, sino sobre todo el de demostrar que las superpotencias son de todas formas vulnerables, y que una yihad contra el enemigo occidental llevada a cabo por todos los pueblos islámicos sería capaz de derribarlo. La absoluta indiferencia del conjunto de los pueblos araboislámicos y la opinión pública islámica mayoritaria respecto a este proyecto lo vuelve grotescamente disparatado. Es difícil, por lo tanto, hablar de al-Qā'ida, el 11 de septiembre y la estela de sangre que ambos han dejado sobre el mundo como el triunfo del islamismo radical, sino que más bien, por muy paradójico que pueda parecer, es más lícito hablar de su derrota o, por lo menos, de su marginación respecto a la opinión pública islámica mayoritaria, y también ante Occidente. El hecho de que los propios musulmanes –tanto en Egipto como en Irán o Marruecos– se hayan convertido en blancos del terrorismo no podrá sino acentuar aún más el aislamiento de los extremistas.

Hemos proyectado nuestro análisis hacia el futuro, pero es necesario recordar que la respuesta de Occidente, es decir de los EEUU y Gran Bretaña, al desafío del 11 de septiembre fue errónea y peligrosa. El presidente estadounidense George W. Bush desencadenó (con el apoyo del primer ministro británico Tony Blair) en nombre de la lucha contra el terrorismo y la venganza por los muertos de los Estados Unidos una guerra con Afganistán en 2002 y otra más contra el Iraq de Saddam Husein en 2003, ambas percibidas por los árabes y los musulmanes como contrarias al derecho internacional. Esa percepción se incrementó en relación con la guerra contra Iraq, ya que las acusaciones lanzadas contra Saddam Husein de poseer armas de destrucción masiva y estar en connivencia con al-Qā'ida –los pretextos que sirvieron como base para desencadenar la guerra– se revelaron como infundadas (las propias cúpulas políticas estadounidenses y británicas se vieron obligadas a admitirlo), e incluso construidas artificiosamente para justificar la intervención. Cierto es que la potencia bélica angloestadounidense destruyó el impresentable régimen talibán de Afganistán y derrocó al régimen dictatorial de Saddam Husein, pero ¿a qué precio?

Los talibanes no han desaparecido en absoluto de Afganistán, y, lo que es más, han logrado reorganizarse, y el gobierno más o menos democrático instaurado por los Estados Unidos no controla todo el territorio, en el que las divisiones étnicas y tribales aún están bien vivas (por otro lado, resulta reconfortante la gran participación de la población –incluidas las mujeres– en los comicios electorales de 2005). Aún peor resulta, como es bien sabido, lo sucedido en Iraq, donde se han desencadenado una guerrilla interna cruel y destructiva y una hostilidad interconfesional y política entre suníes, chiíes y curdos que han vuelto la situación del país extremadamente frágil y precaria, a pesar de que se haya sometido a referéndum y haya sido aprobada en octubre de 2005 una constitución, y a pesar también de que hayan tenido lugar ya unas elecciones con una significativa participación popular. La constitución prevé, entre otras cosas, la posible transformación de Iraq en un estado federal y el reconocimiento del Islam como una de las principales fuentes de la legislación. La federalización del estado podría ser en realidad el preludio a su disgregación. Y la disgregación iraquí, probablemente, para quien más ventajas tendría sería para Irán, interlocutor y referente de los chiíes.

Al-Qā'ida no existía en Iraq durante el gobierno de Saddam Husein. Tras la guerra se ha ramificado por el país. Miles y miles de civiles y militares iraquíes han muerto a causa de un terrorismo pseudoislámico dirigido contra musulmanes. Pero la consecuencia más grave ha sido otra. La guerra contra Iraq de 2003, los millares de muertos (25 000 según cálculos de la primavera de 2005) y los escándalos de las prisiones inhumanas de Guantánamo y Abu Grayb, donde los presos musulmanes e iraquíes han sido torturados y el Corán, profanado, han ensuciado aún más la imagen que la opinión pública árabe e islámica tiene de los EEUU (y también de Gran Bretaña). Podría resultar fácil, para las mentes malintencionadas, encontrar en la guerra una confirmación de las sospechas de que Occidente considera Oriente Medio como una tierra de conquista, neo-colonización y explotación (mediante la gestión de los recursos petrolíferos) y que, por encima de todo, encubre esa conquista con un manto de antiislamismo visceral, agitando la bandera del choque de civilizaciones, de la «barbarie» islámica contra la «cultura» occidental, del fundamentalismo terrorista contra las buenas intenciones de quienes quieren la democratización de Oriente Medio. Eso podría volver a darle aliento a al-Qā'ida, a sus acólitos y a las organizaciones que han brotado de ella y han recogido su herencia; podría darles una legitimación que no tienen en absoluto entre las masas árabes y musulmanas. No es una casualidad que una parte importante de la opinión pública araboislámica se alinease una vez más con Saddam Husein en 2003, tal y como había hecho ya en 1991. Si tenemos en consideración la suma de estos factores, tal vez sea posible afirmar que la coalición de Bush perdió, en lo esencial, la guerra en Iraq, aunque renuncie antes o después a su presencia militar en la región.

Conclusiones

Considerar cuáles pueden ser las perspectivas de futuro de Oriente Medio significa radiografiar y juzgar a un tiempo los procesos de desarrollo político que hemos bosquejado en los capítulos anteriores. Cuando en 1991 cayó la Unión Soviética, hubo quien (Francis Fukuyama, por ejemplo[1]) profetizó el fin de la historia, es decir, que el mundo, ya bajo la hegemonía única de la superpotencia democrática estadounidense, se encaminaba hacia la globalización y la homogeneización política: la democracia se difundiría por todo el mundo, el (pos)capitalismo liberal se convertiría en el único sistema económico posible y los conflictos desaparecerían o serían controlados. El concepto de «fin de la historia» sugería, por un lado, que el *contraste* de opiniones estaba destinado a desaparecer bajo el paraguas del «pensamiento único», democrático, liberal y «occidentalizado»[2], y por otro, que

---

[1] F. Fukuyama, *The End of History and the Last Man* (The Free Press, Nueva York, 1992) [versión castellana: *El fin de la historia y el último hombre* (Planeta, Barcelona, 1992)].

[2] Y para lograr que ese pensamiento único triunfase sería necesario el «choque de civilizaciones» que teorizó el politólogo Samuel Huntington. Naturalmente, el Islam no es el único antagonista de Occidente (también lo sería China, por ejemplo), pero actualmente el Islam es el enemigo más peligroso al que hay que derrotar.

las guerras preventivas o las denominadas intervenciones militares «humanitarias» serían necesarias para mantener la paz universal y exportar el propio pensamiento único. Por el contrario, se ha sostenido, de forma provocadora, que las guerras preventivas y la violencia son constitutivas del nuevo orden (y aún más: que forman parte de su fisiología), y no simples medios para permitirle una supervivencia sosegada[3]. No tiene importancia evaluar aquí si esos análisis son correctos. Lo que sí resulta necesario es señalar que Oriente Medio ha podido mostrarse de todas formas como uno de los pocos tableros de juego internacionales (o tal vez incluso el único) que todavía no ha sido normalizado en y por el nuevo orden, sobre todo a causa de la frustrada democratización de sus estados, por no hablar del consiguiente desafío islamista.

Con respecto al fin de la historia, el Islam puede proponerse, de hecho, como una alternativa precisamente desde el punto de vista ideológico. Y no me refiero, claro está, al Islam terrorista, al Islam perdedor que evoca improbables escenarios de aplicación de la *sharī'a* a todo el mundo conocido o pretende cambiar el mundo mediante sangrientos atentados en cualquier punto del globo, despertando en su contra las reacciones de todos los países. Me refiero fundamentalmente a otros dos tipos de Islam: el Islam que se pregunta acerca de la modernización *desde un punto de vista islámico*, no subordinado a las categorías occidentales, y el Islam como teología de la liberación.

Este último Islam es el más interesante (en mi opinión) desde el punto de vista teórico. La teología de la liberación islámica parte del doble presupuesto de que el Islam es una ideología positiva de transformación del mundo y que el papel del intelectual en los países en vías de desarrollo no puede ser sino militante y comprometido con la transformación de la realidad. Uno de los principales exponentes de esta corriente, el egipcio Hasan Hanafi (n. 1935),

---

[3] W. Hardt y A. Negri, *Imperio* (Paidós Ibérica, Barcelona, 2005).

ha sostenido ante todo la necesidad de una transformación de la teología en antropología, es decir de una nueva tendencia del interés teológico: el centro de la discusión ya no debe ser Dios, que existe pero es transcendente e inalcanzable, sino el hombre que vive y sufre en sociedad. La teología no prescinde del hombre concreto y sus pasiones, y el intelectual militante debe proceder a una relectura de la teología que haga de ella el instrumento de la liberación de los pueblos: «lo importante es reconstruir la dogmática para revolucionar el estado de cosas presente, es decir transformar toda la religión en ideología revolucionaria»[4].

Eso resulta posible en el Islam, ya que Dios es la garantía de la justicia social y el empeño en enmendar las injusticias y defender a los oprimidos. Frente a Dios «se vive en horizontal».

El Islam es por excelencia una religión revolucionaria. El *tawhīd* es un proceso de unificación futura en virtud de un hecho que tuvo lugar en el pasado. Significa la libertad de conciencia, el rechazo del miedo, el final de la hipocresía y las segundas intenciones. «Dios es grande» significa la destrucción del despotismo. Todos los seres humanos y sus naciones son iguales ante el mismo principio. No hay discriminaciones de clase ni de raza. La vocación del hombre es la de transformar la palabra de Dios, la revelación, en una estructura ideal del mundo. Lo sublime y lo eterno están delante de nosotros, no encima de nosotros: «delante» y «detrás», y no «encima» o «debajo», son las dimensiones de la vida. El hombre revolucionario vive en una dimensión horizontal, y no vertical[5].

Según esta concepción el Islam no pierde –aunque sin duda lo diluye– su carácter de religión de ley. Dios no es tan sólo

[4] H. Hanafî, *Fī Fikrinā al-mu'āsir* [*Nuestro pensamiento contemporáneo*] (Dār al-Tanwīr, Beirut, 1983), p. 83.
[5] H. Hanafî, *Dès Idéologies modernistes à l'Islam revolutionnaire* (en *Peuples Méditerranéens*, n° 21, 1982), p.13.

aquel que legisló con la *sharī'a* pero después se alejó de la vida de los hombres. Al contrario, en nombre de Dios los hombres deben luchar por su propia dignidad y reivindicar sus derechos:

> La religión no debe, por lo tanto, dar respuesta a preguntas puramente especulativas, a cómo nació o terminará el universo, si es eterno o creado, sino en la medida en que no sea un obstáculo para la solución de las cuestiones prácticas. Lo que importa es encontrar comida para todas las bocas, medicamentos para todos los enfermos, ropa para todos los desnudos, viviendas para todos los sin techo[6].

El iraní chií 'Alī Sharī'atī (1933-1977) destacó, por su parte, que el monoteísmo en general posee de por sí una carga revolucionaria:

> Todos los profetas, a excepción de los de la línea abrahámica, se dirigieron inmediatamente al poder secular existente y trataron de asociarse con él, esperando propagar su religión y su mensaje en la sociedad mediante dicho poder. Por el contrario, todos los profetas de la línea abrahámica, desde el propio Abraham hasta el profeta del Islam, proclamaron su misión en forma de rebelión contra el poder secular existente. [...] El Islam es la primera escuela de pensamiento social que reconoce a las masas como la base, el factor fundamental y consciente a la hora de determinar la historia y la sociedad —no el elegido, como pensaba Nietzsche, ni la aristocracia y la nobleza, como pretendía Platón, ni las grandes personalidades, como creían Carlyle y Emerson, ni aquellos de sangre pura, como imaginaba Alexis Carrel, ni los sacerdotes o los intelectuales, sino las masas[7].

[6] H. Hanafī, *Fī Fikrinā al-mu'āsir*, p. 94.

[7] 'Alī Sharī'atī, *On the Sociology of Islam* (Mizan Press, Berkeley, California, 1978), *pássim* [traducción castellana: *Sociología del Islam* (Asociación de Amistad Hispano-Iraní, Madrid, 1986)].

El Islam en concreto representa además un cambio completo de la orientación de las relaciones entre el hombre y Dios en una dirección que transforma profundamente el sentido vectorial de la historia:

> «Nosotros [los profetas] hemos venido a liberaros de la esclavitud de los unos respecto a los otros, para incitaros a levantar la cabeza, a poneros en pie. Hemos venido para que no os postréis más ante los hombres, sino solamente ante Dios. Hemos venido a libraros de la esclavitud de los hombres y someteros a Dios, a alejaros de las creencias injustas y conduciros hacia la justicia del Islam, y a elevaros desde la bajeza de la tierra hasta los cielos». Así se expresan las tres dimensiones de la misión islámica (social, intelectual y existencial):
> 1) «De la esclavitud de los hombres a la sumisión a Dios»: cambio total de las relaciones humanas
> 2) «De las creencias injustas a la justicia del Islam»: modificación de las relaciones entre los hombres y la religión
> 3) «Desde la bajeza de la tierra hasta los cielos»: revelación de las relaciones del hombre consigo mismo[8].

Un aspecto peculiar de la teología islámica de la liberación es la interpretación de los textos religiosos a la luz de las necesidades históricas y de reivindicación de los derechos de los oprimidos. El musulmán sudafricano Farid Esack (n. 1957), por ejemplo, ha escrito:

> Yo creo que el cometido que ha de asumir un musulmán de comprensión del Corán dentro de un contexto de opresión es doble. En primer lugar, se trata de exponer de qué manera las interpretaciones y creencias tradicionales acerca de un texto funcionan como ideología con el fin de legitimar un orden injusto. Un texto que tratase sobre la *fitna* («desorden»,

---

[8] 'Alī Sharī'atī, *Histoire et Destinée* (Sindbad, París, 1982), pp. 29-31 pássim.

literalmente) debería, por ejemplo, ser reexaminado crítica-
mente para ver cómo el término ha sido interpretado en sentido lato como desafío al *statu quo* político dominante, sea cual
sea el modo en que dicho *statu quo* es injusto. En segundo
lugar, se trata de reconocer la dimensión unitaria del ser humano, de extrapolar las dimensiones religiosas del texto en el
ámbito de esa situación de injusticia y utilizarlas para la causa
de la liberación. (Habría, por ejemplo, que preguntarse acerca
de las relaciones entre Dios y el hambre o la explotación.)
Estas dimensiones teológicas moldean la actividad de los musulmanes que están comprometidos con la lucha por la justicia y la libertad, y al mismo tiempo son moldeadas por ella[9].

Desde esta óptica el Islam se presenta como una ideología
activa de liberación, pero, de acuerdo con el punto de vista de
Esack, también como una ideología dialogante que, con el objetivo de liberar a los oprimidos, se alía con todas las fuerzas religiosas progresistas presentes en el mundo, y en primer lugar
con el Cristianismo.

El Islam que afronta la modernización *desde un punto de vista
islámico* es el que se plantea, en el terreno de lo concreto, y
precisamente *desde un punto de vista islámico*, el problema de la
relectura y la interpretación de los textos sagrados por una
parte, y por otra el problema de la democracia y los derechos.
Muchos intelectuales musulmanes se han incorporado o se
están incorporando al camino hacia una nueva apertura hermenéutica e historicista al Corán, fundamental para un nuevo
islāh como el de la *salafiyya* de finales del siglo XIX. Quiero recordar aquí (aparte del ya citado Farid Esack) tan sólo al egipcio Nasr Hāmid Abū Zayd y al tunecino Mohammed Talbī,
aunque hay muchos otros que también merecerían ser citados,
desde el argelino Mohammed Arkun hasta el tunecino ‘Abd al-

---

[9] F. Esack, *Qur'an. Liberation ad Pluralism* (Oneworld, Oxford, 2002), p. 12.

Maŷid Sharfi[10]. Nasr Hāmid Abū Zayd ha recalcado el carácter lingüístico del texto sagrado. Éste es, precisamente, un texto, y como tal debe ser sometido a la investigación crítica moderna para multiplicar sus significados y ablandar su inflexible estructura. De su perfección originaria debe salvaguardarse su valor simbólico, lo que lo convierte en medio de comunicación directo entre el hombre y Dios. Pero ni siquiera eso es suficiente, en realidad. Según Abū Zayd hay que ir incluso más allá de la limitación textual del Corán para hacer de él *un discurso* o *un conjunto de discursos* y *un diálogo*, una estructura abierta a la interpelación. El Corán no tiene un único fin ni un único sentido, sino que presenta distintas opciones según las distintas situaciones en las que fue revelado, y cada una de estas opciones puede ser utilizada hermenéuticamente en los distintos contextos históricos actuales para dirigir las acciones de los musulmanes. Por su parte, Talbī también ha insistido en el hecho de que la duda y el impulso de investigación y búsqueda son connaturales a la mentalidad islámica. Los signos religiosos y la revelación nos orientan hacia Dios, aunque alcanzar ese objetivo es fruto de un acto de libertad: una reflexión y una elección personalizadas.

Por lo que respecta a la cuestión de las relaciones del Islam con la democracia o, mejor dicho, la de la posible vía hacia la democratización de los países islámicos, ésta parece constituir uno de los temas políticos más candentes del presente y el futuro cercano de la zona de Oriente Medio. Se habrá notado que entre los términos más utilizados en este libro se encuen-

---

[10] Pueden consultarse, por ejemplo: N.H. Abū Zayd, *Islam e storia* (Bollati Boringhieri, Turín, 2002); M. Talbi, *Islam e libero pensiero* (UTET, Turín, 2005); S. Taji-Farouki, *Modern Muslim Intellectuals and the Qur'ān* (Oxford University Press and the Institute of Ismaili Studies, Londres-Nueva York, 2004). Véase también la segunda parte de M. Campanini, *Il Corano e la sua interpretazione* (Laterza, Roma-Bari, 2004).

tra «autocracia». Pero la cuestión puede, de hecho, parecer muy controvertida, empezando por la definición misma de la democracia. El concepto de democracia es considerablemente ambiguo, si se tiene en cuenta que el «poder del pueblo» puede ser declinado de maneras bien distintas, que van desde el colectivismo soviético hasta el liberalismo neoconservador de los Estados Unidos de G. W. Bush. Además, podríamos preguntarnos si de verdad tiene sentido emparejar un concepto religioso como el del Islam a uno exclusivamente político como el de la democracia. En cualquier caso, si analizamos las que muchos consideran tal vez como las características que sustentan la democracia (desde los procedimientos electorales hasta la difusión de la participación política, pasando por la forma parlamentaria del estado, la garantía de los derechos del hombre o la libertad de asociación y de expresión del desacuerdo), parece que éstas hayan sido poco o nada implementadas en los países araboislámicos de Oriente Medio, aunque sería lícito plantearse la cuestión de si existe una sola forma posible de democracia.

Para juzgar la aplicabilidad de la democracia hay que considerar tanto las cuestiones internas como las internacionales[11]. Es importante señalar desde este mismo momento que, tal y como la precedente narración de los hechos históricos ha demostrado, y como pondrá de manifiesto el siguiente análisis, el raquitismo de la democracia en Oriente Medio no tiene orígenes islámicos: no es el Islam en cuanto tal, como religión y concepción del mundo, el responsable de las dificultades del camino de los países de Oriente Medio hacia la democracia, sino un conjunto de concausas totalmente «laicas».

[11] La siguiente reflexión nace de la reciente contribución a este tema de F. Bicchi, L. Guazzone y D. Pioppi, editores de *La democrazia nel mondo arabo* (Polimetrica, Monza, 2004).

En primer lugar, es cierto que dicho camino ha sido obstaculizado por el hecho de que una significativa mayoría de los países de la zona obtuvo su independencia, se consolidó tras la independencia o conoció sus principales cambios políticos gracias a la acción de élites militares (Argelia, Túnez, Libia, Egipto, Sudán, Siria, Iraq, Turquía, Yemen e Irán). Esas élites militares gestionaron, con muy distintos resultados, la construcción del estado moderno en Oriente Medio (en opinión de algunos, la característica principal de toda la historia contemporánea de esa zona[12]). Ahora bien, no hay duda de que la experiencia militar no puede considerarse particularmente favorable al desarrollo de una democracia pluripartidista, en la que se respeten todos los procedimientos (elecciones libres, libertad de disensión, etcétera).

Otra característica común y transversal de los países araboislámicos la constituye el hecho de que en ellos se da, o se dio durante mucho tiempo, una función hipertrófica del estado (necesaria, por otra parte). Para poner en marcha las reformas económicas y garantizar el control político no podía haber, en países a menudo recién constituidos y carentes de una tradición nacional, una vía más adecuada que la intervención sistemática del estado, aunque eso, como en todas partes, haya implicado una vitalidad económica menor y una elefantiasis burocrática muy difundida. Por otro lado, y durante mucho tiempo, en países por lo general pobres han sido necesarios robustos amortiguadores sociales, y éstos no pueden ser garantizados sino por la actividad estatal.

En tercer lugar, es necesario considerar como un corolario de la hipertrofia estatal la extendida patrimonialización del poder: élites dirigentes de distinta procedencia y extracción

---

[12] Véase, por ejemplo, M. Yapp, *The Near East since the First World War* (Longman, Londres, 1996), y en especial las pp. 35 y ss.

ocupan los órganos vitales del estado y la economía, y los gestionan de acuerdo con sus propios intereses y en defensa de sus privilegios. Los dos últimos elementos que acabamos de recordar se contradicen recíprocamente. La función hipertrófica del estado presupone, de hecho, que es el estado el que desempeña las funciones del sujeto político, mientras que en realidad esas funciones han sido desempeñadas por las mismas élites que gestionan el poder. Lo que en cierta medida pone en evidencia un cierto arcaísmo de las estructuras estatales de Oriente Medio.

En cuarto lugar, en Oriente Medio se da una dialéctica muy apagada entre los partidos y la representación política. Muchísimos países han sido y pueden ser todavía considerados virtualmente, aunque no oficialmente, estados de partido único (Argelia, Túnez, Sudán y Siria). En Egipto —otro país dominado durante largo tiempo por un partido hegemónico— las elecciones de 2005 han experimentado una significativa consolidación de las fuerzas de oposición (que han conquistado 112 de los 444 escaños). En esos países, en cualquier caso, la oposición es a menudo impotente, está amordazada o bien dispone de espacios de expresión extremadamente limitados, ya que por lo general los medios de comunicación están en manos del estado. Países como Jordania, Marruecos o Yemen presentan un multipartidismo cuyos efectos dialécticos no son, sin embargo, siempre evidentes. Por lo demás, monarquías de fuerte legitimación religiosa como Jordania o Marruecos no ofrecen un ambiente natural favorable al desarrollo democrático. Turquía y el Líbano parecen los únicos países con un multipartidismo real. Las monarquías tradicionales del golfo Pérsico y Arabia Saudí no han tenido prácticamente ningún organismo de representación durante mucho tiempo, aunque actualmente algunas cosas parecen moverse en la dirección deseada. El Irán posjomeinista ocupa una posición particular: se configura ciertamente como un estado islámico, pero en Irán las elecciones se celebran con una considerable corrección, y existe un parlamento que funciona.

Existen, no obstante, elementos positivos. El progreso de la sociedad civil ha determinado y determina una mayor participación política, y en ciertos casos se puede hablar incluso de una «irrupción de las masas en la política». El uso público de la razón y la (relativa) difusión de medios de comunicación de masas como los periódicos o Internet favorecen el desarrollo de corrientes de oposición a los regímenes y la formación de una opinión pública, así como la circulación de textos e ideas que a los aparatos de censura les cuesta cada vez más controlar. La propia expansión de la esfera pública está permitiendo la consolidación de un Islam socializado, cada vez más capaz de representar una alternativa real desde el interior de la propia sociedad, y por lo tanto de ofrecerse potencialmente como un laboratorio de transformación democrática.

El hecho es que parece posible enunciar una vía islámica hacia la democracia. La revalorización de los conceptos politológicos clásicos de consenso y consulta por parte de muchos pensadores musulmanes, desde el marroquí ʿĀbid al-Ŷābrī hasta los ya citados Rashīd Gannūshī y Hasan al-Turābī, apunta precisamente en esa dirección. Los perfiles de una democracia islámica están, en cualquier caso, aún por establecerse, y probablemente ese es uno de los desafíos (o *el mayor* desafío) con el que se topará el pensamiento reformista islámico que quiera partir de un punto de vista precisamente islámico. El problema de los derechos (sobre todo en el caso de las mujeres) es el que se presenta como el más delicado. El Islam mayoritario no reconoce el derecho natural[13], si bien les reconoce

---

[13] Muy distinto es el caso de la teología mutazilista, que por otra parte está siendo ampliamente redescubierta y estudiada por los intelectuales más sofisticados.

a los hombres todo derecho posible, desde la vida a la propiedad, pasando por la libertad personal. Sólo que esos derechos lo son porque están ratificados por Dios y son concedidos por la voluntad divina, y no por ser propios de los individuos en cuanto tales, a causa del simple hecho de haber nacido hombres. La relectura de la *sharī'a* parece imponerse como algo inevitable. Es interesante realizar en este punto un breve careo entre dos intelectuales contemporáneos, siriolibanés uno, y sudanés el otro.

Ahmad Moussalli, profesor de la Universidad Americana de Beirut, ha explicado claramente desde un punto de vista islámico los términos del problema de los derechos. Los derechos humanos en el Islam tienen un carácter obligatorio, pero no derivan de una presunta «naturalidad» del derecho a la vida o a la propiedad, sino que derivan de las prescripciones de la *sharī'a*, y deben ser implementados por la intervención del estado. Los derechos humanos en el Islam conciernen a cinco ámbitos: la preservación de la religión, la persona, la razón, la familia y la propiedad. Todo ello, sin embargo, debe darse no en vista de un individualismo que se centre sobre todo en el sujeto particular, sino de acuerdo con el bienestar comunitario y los intereses de la comunidad en su conjunto[14]. Moussalli, naturalmente, reconoce la categoría de libertad como constitutiva de la reflexión islámica sobre los derechos, pero también en este caso la libertad es una ventaja y un principio ratificado por Dios, y el hombre es auténticamente libre cuando sigue las indicaciones de la ley religiosa.

Por su parte, el sudanés 'Abdullāhī al-Na'īm, que vive y trabaja como profesor en los Estados Unidos y es discípulo del reformista Mohammed Mahmūd Tāhā, se ha erigido en porta-

---

[14] A. Moussalli, *The Islamic Quest for Democracy, Pluralism and Human Rights* (University of Florida Press, Gainesville, 2001).

voz de un constitucionalismo moderno que reclama una profunda y radical historicización de la *sharīʿa*[15]. Como ya decía Mahmūd Tāhā, la *sharīʿa* es una *construcción* humana, y no una ley divina. Por ello mismo ya no es adecuada hoy en día como base para la legislación. La legislación en los países araboislámicos debe, sin duda, reconocer el carácter revelado del Corán y la *sunna*, así como la autenticidad y unicidad de la experiencia coránica, pero no seguir sintiéndose vinculada a reproducir literalmente su normativa. Ésta debe adecuarse al mundo moderno, aunque siga con la mirada puesta en los valores éticos revelados. Esta postura podría ser interpretada como totalmente laicista, pero es importante, por el contrario, recordar que al-Naʿīm resalta que el secularismo en sí *no* es la solución, ya que el secularismo no puede ser considerado «islámico». Se trata, en resumen, de encontrar una *vía islámica* hacia la modernización[16].

Dicha vía islámica hacia la modernización atraviesa distintos caminos que van desde el feminismo de la egipcia Nawāl Saʿdāwī o la marroquí Fátima Mernissi hasta la nueva hermenéutica coránica. Las mujeres están aún lejos de alcanzar la paridad de derechos con los hombres (y la subordinación de la mujer constituye uno de los aspectos del Islam moderno más difíciles de aceptar en Occidente), pero se han dado significativos pasos adelante, y no sólo en Túnez, donde está vigente un derecho de familia muy liberal (de acuerdo con los parámetros islámicos), sino también en Marruecos (donde se ha enmendado recientemente la legislación acerca del derecho de familia), en Egipto (donde las mujeres empiezan a estar pre-

---

[15] A. al-Naʿīm, *Toward an Islamic Reformation. Civil Liberties, Human Rights and International Law* (Syracuse University Press, Nueva York, 1996).

[16] A la hora de encontrar un análisis introductorio de todos estos problemas, me permito remitir a mi libro *Il pensiero islamico contemporaneo* (Il Mulino, Bolonia, 2005).

sentes en gran número en las profesiones públicas y las universidades), en países del Golfo Pérsico como Kuwait u Omán (donde dos mujeres accedieron a responsabilidades ministeriales en el verano de 2005) y hasta en la tan conservadora Arabia Saudí, donde algunas mujeres están alcanzando los puestos directivos de las empresas[17]. Naturalmente, el proceso será largo todavía, en parte porque el recurso de las mujeres a algunos símbolos tradicionales como el uso del velo en los lugares públicos a menudo no es en absoluto el resultado de una imposición por parte de padres o maridos opresores, sino una elección consciente de distinción y defensa de la identidad. Ni Nawāl Saʿdāwī ni Fátima Mernissi son adversarias del Islam en cuanto tal, sino de cierta interpretación machista del Islam que se ha desarrollado a través de los siglos a causa de ciscunstancias históricas concretas. Existe, por lo demás, un feminismo islámico cuya decana es la hermana musulmana egipcia Zaynab al-Gazālī, pero que cuenta con diversas exponentes de distintas extracciones, desde pakistaníes hasta afroamericanas como Amina Wadud[18]. Las feministas islámicas se distinguen entre quienes reivindican la paridad de derechos de las mujeres dentro del marco del Corán y quienes reivindican la capacidad del Islam en cuanto tal de concederles a las mujeres todo lo que ellas necesitan.

[17] Véase, respecto a estos temas, el número monográfico de *The Middle East Journal*, LIX, 3, 2005.

[18] Pueden consultarse, como lecturas introductorias: M. Badran y M. Cooks, *Opening the Gates: A Century of Arab Feminist Writing* (Indiana University Press, Indianápolis, 1990); L. Ahmed, *Women and Gender in Islam. Historical Roots of a Modern Debate* (Yale University Press, New Haven-Londres, 1992); F. Mernissi, *Beyond the Veil: Male-Female Dynamics in Modern Muslim Society* (Bloomington, Indianápolis, 1987) y *Le Harem politique. Le Prophète e les femmes* (Complexe, Bruselas, 1992); A. Barlas, *Amina Wadud's Hermeneutics of the Qur'an: Women Rereading Sacred Texts*, en el libro, editado por Taji-Farouki, *Modern Muslim Intellectuals*, pp. 97-124.

Es necesario, además, refutar una tergiversación. En Occidente se invoca a menudo la necesidad de dialogar con el Islam «moderado». El error está en el hecho de identificar dicho Islam «moderado» con los regímenes en el poder, cuya legitimidad es en muchos casos dudosa, y que a menudo son seculares o propensos a utilizar la retórica islámica como *instrumentum regni*. El Islam auténticamente «moderado» es el Islam de la sociedad civil, el de los movimientos políticos que rechazan la violencia y están dispuestos a la discusión parlamentaria, y que recientemente (entre 2004 y 2005) han obtenido resultados electorales significativos en países como Turquía, Kuwait, Marruecos o Egipto. Esos movimientos son los que realmente representan a la sociedad civil islámica, y no los regímenes en el poder, más o menos militarizados. El caso de los Hermanos Musulmanes, en el que siempre merece la pena insistir, es ejemplar. Los Hermanos Musulmanes están oficialmente fuera de la ley en Egipto (aunque ejercen presión para recibir un reconocimiento político), y trabajan «desde abajo», sin recurrir a la violencia, pese a ser bastante conservadores en el plano doctrinal. Hay razones para creer que, en caso de que hubiese elecciones libres, ese tipo de movimientos lograría por lo menos entre una quinta y una cuarta parte del voto popular (tal vez incluso más). Y deben ser tenidos en cuenta en la perspectiva de un auténtico camino hacia la democracia, incluso porque representan la exterioridad política de un proceso de neoislamización que implica a casi todas las sociedades arabomusulmanas. Reducir el reformismo islámico de los Hermanos Musulmanes, el movimiento al-Nahda de Rashīd Gannūshī o el grupo (relacionado con la Hermandad Musulmana) de ʿAbd al-Salām Yāsīn en Marruecos al terrorismo islamista armado significa condenarse a no comprender el regreso del Islam que impregna las sociedades musulmanas, incluso las más laicas, como es el caso de la turca. Y tiene toda la razón quien argumenta que a menudo ha sido la brutal represión llevada a cabo por los regímenes «moderados» contra las organizaciones islámicas la que ha provocado, o cuando menos favorecido, la radicalización violenta[19]. Tal vez no sea casual que precisamente en los estados cuya legitimación es monárquico-religiosa (como Marruecos o Jordania), donde, evidentemente, se les ha dejado más espacio a las organizaciones religiosas tradicionales, no se haya desarrollado un ala islámica armada orientada hacia el terrorismo.

En el plano internacional es posible preguntarse si y hasta qué punto la continua presencia e injerencia económica y, sobre todo, político-militar de Occidente pueda ser un factor que frene o bien estimule el desarrollo de la zona, y de la democracia en particular. Es un hecho que Occidente, siguiendo sus propios intereses geoestratégicos y políticos, ha favorecido y protegido en ocasiones a regímenes autoritarios (Argelia, Túnez, Egipto) o, lo que es peor, ha alimentado a fuerzas reaccionarias o ha aprobado cambios antidemocráticos (a Saddam Husein, cuando su imperialismo resultaba útil para amenazar a la república islámica iraní, a los talibanes, cuando resultaba cómodo utilizar una guerrilla tribal contra el enemigo comunista, o a los golpistas en Argelia). La cuestión puede ser formulada de otro modo: ¿la democracia debe acaecer dentro del marco de la globalización, o es posible encontrar caminos alternativos? El «tercermundismo» en el sentido que le da Bandung está sin duda agotado, o incluso puede decirse que ha fracasado. ¿Qué posibilidad hay para la «disgregación de las hegemonías»? ¿Cuáles son el papel y el peso específico de Oriente Medio en la geopolítica mundial y las relaciones internacionales? ¿Tiene el Islam alguna función que

---

[19] Se trata de un argumento bastante difundido, pero de entre las obras recientes puede consultarse M. Kassem, *Egyptian Politics. The Dynamics of Authoritarian Rule* (Lynne Rienner, Boulder, Colorado, 2004), p. 9 y cap. V.

desempeñar en ese nivel? Se trata de preguntas abiertas a las que no nos resulta posible dar respuesta (será la historia la que lo haga) sino de una manera enormemente conjetural, y por lo tanto inadmisible en este libro.

Existe una última variante del Islam que conviene tener en consideración y examinar atentamente: se trata del Islam *desterritorializado* o *mundializado*, por usar las expresiones de Olivier Roy[20] y Bassam Tibi[21], es decir el Islam que vive en Europa, y en Occidente en general. Se trata de un Islam que trata de integrarse en Europa y Occidente llevando consigo y conservando sus características específicas, pero que al tiempo se encuentra inmerso en un profundo proceso de transformación. Ese Islam de lo que podríamos llamar «diáspora» ha sido considerado el más maleable por las influencias occidentales, el Islam que con mayor facilidad puede volverse «democrático» y uniformarse con los valores de Occidente (incluso por parte de algunos de los propios musulmanes, como precisamente Bassam Tibi). Esta impresión podría quedar contradicha por el hecho de que, como han puesto de manifiesto las investigaciones posteriores a los atentados en Europa entre 2004 y 2005, muchos inmigrantes musulmanes aparentemente integrados no lo están en realidad, sino que, por el contrario, se han visto atraídos por el fundamentalismo. En cualquier caso, los hechos del cuatrienio 2001-2005 han fomentado una islamofobia indiscriminada e injustificada que afecta tanto a culpables como a inocentes y transforma el Islam en cuanto ideología y religión en una creencia asesina por naturaleza. La islamofobia es extremadamente peligrosa, ya que amenaza con marginar a las muchas voces moderadas y dispuestas al diálogo, así como con lograr, paradójicamente, que el Islam de la diáspora se trans-

[20] O. Roy, *L'Islam mondialisé* (Editions du Seuil, París, 2002).
[21] Cfr. B. Tibi, *Euro-islam, l'integrazione mancata* (Marsilio, Venecia, 2003).

forme en el más importante criadero de la radicalización. Un peligro que ha de evitarse, teniendo en cuenta que el terrorismo, como se ha dicho en varias ocasiones, es una retaguardia marginal, y que el Islam plural está buscando una confrontación abierta, aunque sea desde un punto de vista *islámico*.

Cronología

1744	El reformista Mohammed Ibn 'Abd al-Wahhāb estipula un acuerdo con la familia Āl Sa'ūd.
1798	Expedición militar de Napoleón en Egipto.
1805-1849	Bajalato de Mohammed 'Alī en Egipto.
1811-1822	Campañas de Mohammed 'Alī en Arabia contra los wahhabistas.
1826	El sultán otomano Mahmūd II abole el cuerpo de los jenízaros y abre el camino hacia las posteriores reformas.
1830	Empieza la ocupación francesa de Argelia.
1839	Gran Bretaña ocupa Aden.
	Comienza, con el edicto de Gülhane, la época de las *tanzīmāt* en el Imperio otomano.
1841-1847	'Abd al-Qādir lidera en Argelia una lucha armada contra la ocupación colonial francesa.
1867	Fundación en la India británica de la escuela tradicionalista de Deoband.
1873-1877	Reformas de Jayr al Dīn en Túnez.
1873-1894	Reinado reformista de Mūlāy Hasan en Marruecos.
1876	La constitución otomana, promovida por Midhat Bajá, culmina las *tanzīmāt*.
1881	Túnez pasa a ser un protectorado francés.
1882	Insurrección nacionalista de 'Urābī Bajá en Egipto. Ocupación británica del país.
1885	Las tropas del *mahdī* Mohammed Ahmad ocupan Jartum.

1898	El ejército angloegipcio de lord Kitchener aniquila el estado mahdista.
1904	La *Entente cordiale* entre Francia y Gran Bretaña pone de acuerdo a las dos mayores metrópolis coloniales, y ratifica la repartición del mundo árabe.
1906-1911	Revolución constitucional en Persia.
1908-1909	Revolución de los Jóvenes Turcos, que deponen al sultán 'Abd al-Hamīd II.
1911	Francia instituye el protectorado en Marruecos.
1912	Italia comienza la ocupación de Libia.
1916	Acuerdos Sykes-Picot.
1916-1918	Insurrección árabe en el Hiyaz, liderada por el jerife Husayn de la Meca.
1917	Declaración Balfour.
1919	Al margen de la conferencia de paz de París se bosqueja el sistema mandatario que reparte la Media Luna Fértil entre Francia y Gran Bretaña.
	Revolución nacionalista en Egipto, dirigida por el Wafd.
1921	Iraq se transforma en un reino bajo la protección británica.
1921-1926	'Abd al-Karīm lidera en Marruecos la insurrección contra españoles y franceses.
1922	Mustafá Kemāl Atatürk abole el sultanato y proclama la república en Turquía.
1923	Se forma el emirato de Transjordania, más tarde reino de Jordania.
	Hudá Sha'rāwī funda el movimiento feminista egipcio.
1924	Mustafá Kemāl Atatürk abole el califato espiritual.
1925	Reza Shāh se proclama sah de Persia (más tarde Irán), fundando la dinastía Pahlavi.
1928	Nacen en Egipto, por obra de Hasan al-Bannā, los Hermanos Musulmanes.
1931	Ben Bādīs funda la Asociación de Ulemas Reformistas de Argelia.

	El mariscal Graziani ahorca a 'Omar al-Mujtār, héroe de la resistencia contra la «reconquista» fascista de Libia.
1932	Proclamación oficial del reino de Arabia Saudí.
	Independencia efectiva de Iraq.
1936	Insurrección árabe en Palestina, liderada por Haŷŷī Amīn al-Husaynī.
1941	Se proclama la independencia de Siria, que será efectiva a partir de 1946.
	Las potencias europeas obligan a Reza Shāh a abdicar. Lo sucede Mohammed Reza.
1944	Michel 'Aflaq y Salāh al-Dīn al-Bitār fundan en Damasco el Ba'z.
1945	Independencia del Líbano.
	Nace la Liga Árabe.
1946	Independencia efectiva de Jordania.
1947	Pakistán se separa de la India.
1948	Nacimiento del estado de Israel. Primera guerra araboisraelí.
1952	Golpe de estado de los Oficiales Libres en Egipto.
1954	Nasser se convierte en líder absoluto de Egipto.
	Estalla la guerra de liberación en Argelia.
1955	En la conferencia de Bandung nace el movimiento de los no alineados.
	Pacto de Bagdad.
	El gobierno nacionalista iraní de Mosaddeq es derrocado por la CIA.
1956	Independencia de Túnez, Marruecos y Sudán.
	Nasser nacionaliza el canal de Suez. Segunda guerra araboisraelí.
1958	Un golpe de estado instaura la república en Iraq.
1958-1961	Egipto y Siria forman la República Árabe Unida.
1959	Yasir Arafat funda Al-Fatāh.
1961	Kuwait se independiza de Gran Bretaña.
	Nasser promulga las leyes socialistas en Egipto.
1962	Argelia logra su independencia tras ocho años de sangrienta guerra civil.

1962-1970	Guerra civil en Yemen del Norte, que concluye con la proclamación de la república.
1963	Golpes de estado baazistas en Siria e Iraq. El primero tiene éxito, mientras que el segundo fracasa.
1964	Fundación de la Organización para la Liberación de Palestina (OLP).
	Faysal asciende al trono saudí.
1966	Nasser reprime duramente a los Hermanos Musulmanes.
1967	Derrota de los árabes contra Israel en la Guerra de los Seis Días, la tercera guerra araboisraelí.
	Se proclama la República Democrática Popular del Yemen (Yemen del Sur).
1968	Segundo golpe de estado baazista en Iraq.
1969	Gaddafi instaura en Libia la república (más tarde *ŷamāhiriyya*).
1970	Los palestinos son expulsados de Jordania por la fuerza durante lo que se conoce como «septiembre negro». Muchos grupos guerrilleros se refugian en el Líbano.
	Muere Nasser. Sadat se convierte en presidente.
	En Siria, Hāfez al-Asad llega al poder.
1973	Cuarta guerra araboisraelí (Guerra del Yom Kipur).
1974	Fin del embargo petrolífero de los países árabes contra Occidente.
1975	Asesinato del rey saudí Faysal.
1975-1989	Guerra civil en el Líbano.
1978-1979	Acuerdos de Camp David y paz separada entre Egipto e Israel.
	Jomeini lidera la revolución que instaura en Irán la república islámica.
1979	Saddam Husein toma el poder en Iraq.
	Un grupo armado ocupa la sagrada mezquita de la Meca con el objetivo de derribar al régimen saudí.
	La Unión Soviética invade Afganistán.
1980-1988	Guerra entre Iraq e Irán.
1981	El presidente egipcio Sadat es asesinado por un grupo extremista islámico. Lo sucede Mubárak.

	Se instituye el Consejo de Cooperación del Golfo, formado por los estados de Arabia Saudí, Kuwait, Bahréin, Omán, Qatar y los Emiratos Árabes Unidos.
1982	Asciende al trono de Arabia Saudí el rey Fahd.
	Israel invade el Líbano, iniciando lo que muchos consideran como la quinta guerra araboisraelí.
	El presidente sirio, Assad, masacra a más de diez mil islamistas.
1985	Caída del régimen de Nimeiry en Sudán.
1987	Estalla en Palestina la primera *intifada*. Nace el movimiento radical islámico Hamás.
	En Túnez, Ben Alí depone a Burguiba.
1988	En Argelia, grandes manifestaciones populares terminan reprimidas por el ejército.
1989	El general 'Omar al-Bashīr llega al poder en Sudán gracias a un golpe de estado.
	Varios partidos islámicos obtienen importantes resultados electorales en Jordania, Marruecos y Túnez.
1990	Saddam Husein invade Kuwait.
	Las dos repúblicas yemeníes se reunifican.
1991	La coalición internacional encabezada por los EEUU inicia contra Iraq la Primera Guerra del Golfo.
1991-1992	En Argelia, un golpe de estado priva a los partidos islámicos de su victoria electoral y le da el pistoletazo de salida al terrorismo interno.
1992	Tras la expulsión de los soviéticos de Afganistán comienzan las luchas tribales y religiosas que desembocarán en la consolidación de los talibanes.
1993	Acuerdos de Oslo entre palestinos e israelíes.
1995	Un extremista judío asesina al primer ministro laborista de Israel, Isaac Rabin.
1997	Masacre de turistas en Luxor, clímax del terrorismo islamista.
	El reformista Jatamī es elegido presidente de Irán.
1999	Muere Hussein de Jordania. Lo sucede su hijo 'Abdallāh II.

2000	Fracaso de las conversaciones de paz entre Barak y Arafat. Estalla la segunda *intifada*.
	Muere Assad. Su hijo Bashār se convierte en presidente de Siria.
2001	11 de septiembre: ataque terrorista a las Torres Gemelas de Nueva York.
2002	El presidente estadounidense George W. Bush desencadena una guerra contra Afganistán.
	El islámico Partido de la Justicia y el Desarrollo gana las elecciones en Turquía.
2003	George W. Bush propone una *hoja de ruta* para resolver el problema entre israelíes y palestinos.
	Bush desencadena la Segunda Guerra del Golfo contra Iraq. Derrocamiento de Saddam Husein.
2004	Muere Yasir Arafat.
2005	Es asesinado en Beirut el antiguo primer ministro Rafīq Harīrī.
	Mubárak concede algunas reformas constitucionales. Los Hermanos Musulmanes obtienen 88 escaños en las elecciones generales.
	El primer ministro israelí, Ariel Sharón, lleva a cabo la retirada de los territorios ocupados de Gaza.
	El ultraconservador Ahmadineyad se convierte en el nuevo presidente de Irán.

Lecturas recomendadas

A continuación indicamos algunos títulos aconsejables para los lectores que quieran profundizar en los temas examinados en este volumen. Estos títulos comprenden textos de carácter general, desde algunos más recientes o accesibles hasta otros que constituyen los clásicos de la historiografía al respecto. Por lo general no hemos incluido en esta lista las obras ya citadas en las notas. Mediante los libros indicados o Internet se puede acceder a las fuentes en lengua árabe, persa o turca.

Obras de carácter general

J.M. Abun-Nasr, *History of the Maghrib in the Islamic Period* (Cambridge University Press, Cambridge-Londres, 1987).

M. Campanini, *Islam e politica* (Il Mulino, Bolonia, 2003²).

W. Cleveland, *A History of the Modern Middle East* (Westview Press, Boulder, Colorado, 2004³).

P.G. Donini, *Il mondo islamico. Breve storia dal Cinquecento ad oggi* (Laterza, Roma-Bari, 2003).

H. Enayat, *Modern Islamic Political Thought* (Macmillan, Basingstoke-Londres, 1982).

J.L. Gelvin, *The Modern Middle East. A History* (Oxford University Press, Oxford-Nueva York, 2005).

A. Hourani, P. Khoury y M. Wilson (editores), *The Modern Middle East. A Reader* (I.B. Tauris, Londres-Nueva York, 2004).

A. Hourani, *Historia de los pueblos árabes* (Ariel, Barcelona, 1992) [edición italiana: *Storia dei popoli arabi* (Mondadori, Milán, 1991)].

I. Lapidus, *Storia delle società islamiche* (Turín, Einaudi, 3 vols., 1993).

H. Laurens, *Paix et guerre au Moyen Orient. L'Orient arabe et le monde de 1945 à nos jours* (Colin, París, 2002).

B. Lewis, *La costruzione del Medio Oriente* (Laterza, Roma-Bari, 1998).

V. Lutsky, *Storia moderna dei paesi arabi* (Teti, Milán, 1975).

P. Mansfield, *A History of the Middle East* (Penguin Books, Nueva York, 1992, Londres, 2004) [versión italiana: *Storia del Medio Oriente* (SEI, Turín, 1993)].

R. Owen, *State, Power and Politics in the Making of the Modern Middle East* (Routledge, Londres-Nueva York, 2000) [traducción italiana: *Stato, potere e politica nella formazione del Medio Oriente moderno* (Il Ponte, Bolonia, 2005)].

B. Scarcia Amoretti, *Il mondo musulmano. Quindici secoli di storia* (Carocci, Roma, 1998).

R. Schulze, *Geschichte der islamischen Welt im 20. Jahrhundert* (C. H. Beck Verlag, Múnich, 2002) [traducción italiana: *Il mondo islamico nel XX secolo* (Feltrinelli, Milán, 2004)].

M. Yapp, *The Making of the Modern Near East. 1792-1923* (Longman, Londres, 1987).

— *The Near East since the First World War. A History to 1995* (Longman, Londres, 1996).

El Magreb

L. Anderson, *The State and Social Transformation in Tunisia and Lybia (1830-1980)* (Princeton University Press, Princeton, 1986).

G. Calchi Novati, *Storia dell'Algeria indipendente* (Bompiani, Milán, 1998).

J. Davis, *Lybian Politics: Tribe and Revolution* (I.B. Tauris, Londres, 1988).

R. Le Tourneau, *Histoire du Maroc moderne* (Université de Provence, Aix-en-Provence, 1992).

C.B. Pennel, *Morocco since 1830: A History* (Hurst, Londres, 2000).

K. Perkins, *A History of Modern Tunisia* (Cambridge University Press, Cambridge, 2004).

B. Stora, *Histoire de l'Algérie depuis l'Indépendance* (La Découverte, París, 1994).

— *Algerie, Maroc: histoires parallèles, destins croisés* (Maisonneuve, París, 2002).

S. Thénault, *Histoire de la guerre d'indépendance algérienne* (Flammarion, París, 2005).

Egipto y Sudán

N. Ayubi, *Bureaucracy and Politics in Contemporary Egypt* (Ithaca Press, Londres, 1980).

R. Baker, *Sadat and After* (I.B. Tauris, Londres, 1990).

K. Beattie, *Egypt during the Nasser Years* (Westview Press, Boulder, Colorado, 1994).

— *Egypt during the Sadat Years* (Palgrave, Nueva York, 2000).

M. Campanini, *Storia dell'Egitto contemporaneo* (Edizioni Lavoro, Roma, 2005).

A. Farid, *Nasser. The Final Years* (Ithaca Press, Reading, 1994).

R. Hinnebusch, *Egyptian Politics under Sadat* (Lynne Rienner, Boulder, Colorado, 1988).

P.M. Holt, *The Mahdist State in the Sudan* (Clarendon Press, Oxford, 1970).

P.M. Holt y W. Daly, *A History of the Sudan from the Coming of Islam to the Present Day* (Longman, Londres, 2000).

E. Kienle, *A Grand Delusion: Democracy and Economic Reform in Egypt* (I.B. Tauris, Londres-Nueva York, 2001).

P. Vatikiotis, *The History of Modern Egypt* (Weidenfeld & Nicolson, Londres, 1991[4]).

El Máshreq

D. Ammoun, *Histoire du Liban contemporain, 1943-1990* (Fayard, París, 2004).

P. Dresh, *A History of Modern Yemen* (Cambridge University Press, Cambridge, 2002).

M. Galletti, *Storia dei Curdi* (Jouvence, Roma, 2004).

– *La Siria contemporanea* (Bompiani, Milán 2006).

P. Guingamp, *Hafez el-Assad et le parti Baath en Syrie* (L'Hartmattan, París, 1996).

D. Hopwood, *Syria. 1945-1986* (Unwin Hyman, Londres, 1988).

P. Marr, *The Modern History of Iraq* (Westview Press, Boulder, Colorado, 2003²).

A. Pellitteri, *Il riformismo musulmano in Siria* (suplemento n° 46 de los Annali dell'Istituto Universitario Orientale, Nápoles, 1987).

M. al-Rasheed, *Storia dell'Arabia Saudita* (Bompiani, Milán, 2002).

A. Saad-Ghorayeb, *Hizbulla. Politics and Religion* (Pluto Press, Londres-Sterling, 2002).

V. Strika, *La guerra Iran-Iraq e la guerra del Golfo* (Liguori, Nápoles, 1993).

E. Tauber, *The Formation of Modern Syria and Iraq* (Frank Cass, Ilford, 1995).

C. Tripp, *Storia dell'Iraq* (Bompiani, Milán, 2003).

El Imperio Otomano y Turquía

A. Biagini, *Storia della Turchia contemporanea* (Bompiani, Milán, 2002).

A. Bombaci y J. Shaw, *L'impero ottomano* (UTET, Turín, 1981).

B. Lewis, *The Emergence of Modern Turkey* (Oxford University Press, Oxford-Londres, 1961).

R. Mantran (editor), *Storia dell'impero ottomano* (Argo, Lecce, 1999).

Irán

A. Ansari, *Modern Iran since 1921. The Pahlavi and after* (Longman, Londres, 2003).

S. Arjomand, *The Turban for the Crown. The Islamic Revolution in Iran* (Oxford University Press, Nueva York-Oxford, 1989).

N. Keddie, *Modern Iran. Roots and Results of Revolution* (Yale University Press, New Haven, Connecticut, 2003).
B. Moin, *Khomeini. Life of the Ayatollah* (I.B. Tauris, Londres, 1999).
F. Sabahi, *Storia dell'Iran* (Bruno Mondadori, Milán, 2006²).

El conflicto araboisraelí

E. Barnavi, *Storia di Israele: dalla nascita dello stato all'assassinio di Rabin* (Bompiani, Milán, 2001).
X. Baron, *Les Palestiniens. Genèse d'une nation* (Seuil, París, 2003).
G. Codovini, *Storia del conflitto arabo israeliano palestinese* (Bruno Mondadori, Milán, 2004).
A. Gresh, *Israele, Palestina. Le verità di un conflitto* (Einaudi, Turín, 2004).
H. Mejcher, *Sinai, 5 giugno 1967. Il conflitto arabo-israeliano* (Il Mulino, Bolonia, 2004).
B. Morris, *Vittime. Storia del conflitto israelo-palestinese (1881-2001)* (Rizzoli, Milán, 2003).
I. Pappé, *Storia della Palestina moderna* (Einaudi, Turín, 2005).
G. Valabrega, *Israele e il problema mediorientale*, en VV.AA., *Storia dell'età presente* (Marzorati, Milán, 1990, vol. III, pp. 303-400).
– (editor), *Palestina e Israele: un confronto lungo un secolo* (Teti, Milán, 1999).

Reformismo y radicalismo islámicos

M. 'Abduh, *Trattato sull'Unicità divina* (Il Ponte, Bolonia, 2003).
P. Branca, *Voci dell'Islam moderno* (Marietti, Génova, 1996).
– *Moschee inquiete* (Il Mulino, Bolonia, 2003).
F. Burgat, *Il fondamentalismo islamico. Algeria, Tunisia, Marocco, Libia* (SEI, Turín, 1995).
– *L'Islamisme en face* (La Découverte, París, 1995).
M. Campanini, *Il pensiero islamico contemporaneo* (Il Mulino, Bolonia, 2005).
H. Dekmejan, *Islam in Revolution* (Syracuse University Press, Nueva York, 1995).

J. Esposito, *Guerra santa? Il terrore in nome dell'Islam* (Vita e Pensiero, Milán, 2004).

J. Esposito y J.Voll, *Voices of Resurgent Islam* (Oxford University Press, NuevaYork-Oxford, 1983).

B. Etienne, *Il radicalismo islamico* (Rizzoli, Milán, 2003).

Fondazione Agnelli (editores), *I Fratelli Musulmani e il dibattito sull'islam politico* (Dossier Mondo Arabo, Fondazione Agnelli, Turín, 1996).

L. Guazzone (editor), *Il dilemma dell'Islam* (Angeli, Milán, 1995).

R. Guolo, *Il fondamentalismo islamico* (Laterza, Roma-Bari, 2002).

G. Kepel, *Jihad. Ascesa e declino* (Carocci, Roma, 2001).

– *Fitna. Guerra nel cuore dell'Islam* (Laterza, Roma-Bari, 2004).

– (editor), *Al-Qaida dans le Texte* (PUF, París, 2005).

– *Il profeta e il faraone. I Fratelli Musulmani alle origini del movimento islamista* (Laterza, Roma-Bari, 2006).

B. Milton-Edwards, *Islamic Fundamentalism since 1945* (Routledge, Londres-NuevaYork, 2004).

M.M. Taha, *Il secondo messaggio dell'Islam* (EMI, Bolonia, 2002).

A. Moussalli (editor), *Moderate and Radical Islamic Fundamentalism:The Quest for Modernity, Legitimacy and Islamic State* (University of Florida Press, Gainesville, Florida, 1999).

T. Ramadan, *Il riformismo islamico* (Città Aperta, Troina, 2004).

E. Sivan, *Radical Islam* (Yale University Press, New Haven, Connecticut, 1991).

A. Spataro, *Il fondamentalismo islamico* (Editori Riuniti, Roma, 2001).

Internet (actualizado en enero de 2009)

Los sitios web referentes a Oriente Medio son innumerables. Una primera búsqueda bibliográfica para ponerse al día puede comenzar por la lectura detallada de los catálogos en línea de las grandes bibliotecas especializadas, que siempre se encuentran actualizados con sus últimas adquisiciones. Resulta particularmente recomendable el catálogo de la School of Oriental and African Studies de Londres, que se encuentra en www.soas.ac.uk/library. Asimismo, podemos conectarnos con las grandes universidades estadounidenses en Oriente Medio, la de El Cairo (www.au-cegypt.edu) y la de Beirut (www.aub.edu.lb).

Hay además sociedades que se dedican al estudio de Oriente Próximo y Oriente Medio cuyos portales proporcionan enlaces de interés. Recordemos el sitio web de la sociedad europea EURA-MES (www.eurames.de), así como los de la sociedad inglesa BRISMES (es decir, la British Society for Middle Eastern Studies: www.dur.ac.uk/brismes), la francesa AFEMAM (www.afe-mam.org) y la italiana SESAMO (Società per gli studi del Medio Oriente: www.sesamoitalia.it). La BRISMES publica como órgano oficial el *British Journal of Middle Eastern Studies*. Como es natural, también podemos contar con los sitios web oficiales de los estados en cuestión (como los de Egipto, www.sis.gov.eg/En, o Irán, www.president.ir/fa).

Existen centros para el estudio de Oriente Medio en todas las grandes universidades británicas y estadounidenses, desde Oxford hasta Harvard, y el portal de la Middle East Studies Association of North America (MESA) se encuentra en la dirección www.mesa.ari-zona.edu. El órgano oficial de esta asociación es el *International Journal of Middle East Studies* (IJMES).

Quien desee mantenerse al día con información en tiempo real acerca de acontecimientos y evoluciones políticas puede recurrir a los sitios web de los diarios —en particular al del egipcio *Al-Ahrām*, uno de los más prestigiosos del mundo árabe (www.ahram.org.eg)—, o también a los de revistas como la *Middle East Review of International Affairs*, que encontrará en http://meria.idc.ac.il. Una reseña de prensa diaria (de pago) de los principales periódicos de Oriente Medio, tanto árabes como no, puede encontrarse en www.mideast-wire.com. Otro sitio web con información actualizada sobre la prensa de la zona es www.worldpress.org/mideast.htm.

Además, basta con teclear en un buen motor de búsqueda los nombres de los personajes más importantes de la historia contemporánea de Oriente Medio para poder acceder a un gran número de páginas web. Por ejemplo, en un sitio web editado por su hija aparecen las obras completas del presidente egipcio Nasser, así como una nutrida serie de documentos procedentes de los archivos diplomáticos británicos y estadounidenses (www.nasser.org).

Naturalmente, también pueden descargarse de la red algunos libros importantes. Por ejemplo, el texto más famoso del musulmán radical Sayyid Qutb, *Hitos en el camino*, se encuentra en la dirección www.youngmuslims.ca/online_library/books/milestones, mientras que en www.al-islam.org/islamicgovernment hay una versión en inglés del *Gobierno islámico* de Jomeini.

Índice onomástico

290